# ハピネス・カーブ

THE HAPPINESS CURVE

## 人生は50代で必ず好転する

Why Life Gets Better After 50

著：ジョナサン・ラウシュ
解説：田所昌幸　訳：多賀谷正子

CCCメディアハウス

幼年期——

—青年期

壮年期—

——老年期

オスカー・ラウシュとドナルド・リチーを偲んで

目次

第1章 人生の航路 5
トマス・コールの絵画にみる人の一生

第2章 人はなぜ幸福と感じるのか（感じないのか） 35
生活満足度からみえてくるもの

第3章 驚きの発見 66
ハピネス・カーブは類人猿にもあった

第4章 ハピネス・カーブとは何か 99
年齢と幸福との関係を示すU字曲線

第5章 期待と現実とのギャップが失望感を生む 132
中年期の不調は何でもないことなのか

第6章 加齢のパラドックス 181
歳を重ねるほど幸福になるのはなぜか

第7章 知恵の力
ハピネス・カーブには意味がある 222

第8章 いま自分にできることは何だろう
U字曲線をのりきるためのアドバイス 269

第9章 社会からのサポートが中年期を救う
中年期の不調を恥じない社会に 301

第10章 エピローグ
感謝の心を取り戻す 350

あとがき 355

謝辞 373

参考文献と調査方法について 383

解説　田所昌幸（慶應義塾大学法学部教授） 384

# 第1章 人生の航路

## トマス・コールの絵画にみる人の一生

カールは現在45歳。アメリカの大きな街にあるNPOで働いていて、その道のプロとして成功している。博士号をもち、３人の子どもにも恵まれ、完璧とはいえないまでも、それなりに幸せな結婚生活を送っている。人づきあいが上手で、見た目もよく、親しみやすい男だ。これまでの人生にはそれなりに満足している。背丈も標準程度で、髪の色も茶色の彼は、これといって目をひくような人物ではないが、いつもかぶっているツバの短い中折れ帽は少し目立つかもしれない。とにかく、好人物だ。

たいていの人と同じように、カールも20代のころに輝かしいスタートを切った。大学院修了、そしてニューヨークへの引っ越し。中西部出身の彼にとって、ニューヨークは目が回りそうな土地だった。あのころは自由奔放で生気に満ちあふれていたな、と当時を振り返って彼は言う。「一晩じゅう遊んでいたよ。いろんな女の子と寝たものさ」

30代になると責任感が芽生え、常識をわきまえるようにもなった。大学院を卒業したカールは職探しを始める。奔放で、魅力的で、陽気なガールフレンドとは泣く泣く別れた。「あれはまさしく世界の終わりだったね」

次のガールフレンドは、もっとまじめで堅実な子だった。33歳で政府機関に職を得たカールは34歳で結婚、36歳で初めての子どもが生まれる。39歳のときには第二子が誕生した。ますます責任が重くなったが、それにも慣れた。

「それが当たり前だと思っていた。自分はきちんと仕事をこなせる大人だと思うと、ちょっと気分がよかったよ」

ところが、彼の人生が変わりはじめる。外見的にではない。はた目には何もかも順調だった。だが、何かがおかしかった。仕事をこなせる大人、という点に違和感があった。

「あるときふと、それが意味のないことに思えたんだ。『なんてこった、僕の人生、仕事以外に何もないのか』ってね」

これまでカールは、〝中年の危機〟を感じる暇はなかった。40歳になるころにはふたりの子どもと、生まれて間もない赤ん坊の父親になっていた。「やるべきことを毎日必死にこなしていた」

だが、そのうち「僕の人生は、日に日に不満がつのるばかりの仕事をしに職場に行くか、家に帰って子どものオムツを換えたり持ち帰った仕事をしたりするしかないんだろうか、と思いはじめたんだ」

そこで、彼は管理職に挑戦することにした。その後、転職を決意し、政府機関をやめてNPO法人を立ち上げた。世界でも指折りの安定した職場を去るのはリスクがあったが、自分には変化が必要だと考えていた。

「気持ちが少しは楽になったよ。でも、正直にいうと、ヨーロッパのどこかに一人旅でもしたい気分だった」。だが、もちろん彼は現実から逃げなかった。逃げ出すような男ではない。しかし、「転職しても、少しばかりの自由を手にしただけだった」という。

カールはうつ病だったわけではない。少なくとも医学的な意味でのうつ病ではない。はつらつとしているし、いろいろな点で思いどおりの人生を歩んでいる成功者といっていい。だから、断じてうつ病ではない。ただ、満たされていないのだ。そして、自分が不満をもっていることに対しても不満を感じている。恐いんだ、と彼は言った。

本書を書くにあたって、過去と現在の生活にどの程度満足しているか、というアンケートを大勢の方にお願いした。人生を10年ごとに区切って、その満足度を0から10までの数字で表してもらい、それぞれの年代を表現する言葉やフレーズをいくつか挙げてもらった。カールは自分の40代を「迷い」「模索」「恐れ」と表現した。

「いったい何が〝恐い〟んだい？」とカールにたずねた。

すると、彼は少し考え込んだ後、ため息をついた。彼のような人が鬱々《うつうつ》としているのはなぜなのだろう。彼の人生が腐りきったものなら、そう感じるのも無理はない。だが、彼は自分が望んだものを手に入れているではないか。いや、望んだ以上のものを手にしているといっていいし、少なくとも、自分がこうありたいと思った以上のものを得ている。

「僕はどこかおかしいのかな？　どうしたらいいんだろう？　迷子になったような気分なんだ。他人からみれば知的な成功者で典型的なタイプAの人間かもしれないが、まるで海のど真ん中にいるようで、どこに港があるかも、港に無事に帰れるかどうかもわからない……」。彼の声は次第に弱々しくなっていった。

　セラピーや治療を受けようと思ったことはないのか、と聞いてみた。医者に診てもらうほうがいい場合もあるだろうが、いまの自分の状況は医者に行くようなものではないと思う、と彼は答えた。特に薬を飲まなければならないような症状ではない、と。私も同感だ。カールと話していて、精神疾患や精神不安、精神的な機能障害があるようにはみえない。疾患というくくりに当てはめることはできないようだ。

「このことを話せる人は誰かいるかい？」

　また少し彼は考え込んだ。

「仲のいい幼なじみがひとりいるが。そのほかには誰もいない。きみだけだ」

「奥さんはどうなんだい？」

「彼女に話してもどこまでわかってくれるかどうか」。確かに、奥さんに話せばきっと驚いて大騒ぎをすることだろう。「大変な騒ぎになると思う」

「友だちは？」

「友だちに話すのは気がひける。僕が住んでいるペンシルバニア州は慎ましい人が多くてね。みんな僕をみてこう言うと思う。『何を言ってるんだ、きみはすべて手に入れたじゃないか。なのに、まだ文句があるっていうのかい？』友だちのなかには、家族ががんで苦しんでいる人もいるんだ。中年の危機なんて、ただのたわごとにしか聞こえないだろう。そんな言葉をわざわざ持ち出して、ジョークでも言っているように思われるのも嫌だ。だいたい、おかしな話なんだ。僕はつねに腹を空かしているか？　そんなことはない。いい服も着ている。すばらしいオフィスもある。ほかの仕事をしている人より、自由な時間もたくさんある。いい家だってある。健康も問題ない。なのに、僕は何が不満なんだろう？」

「僕はいまの生活に満足していない。なぜなら……」。なぜなら、に続く言葉はない。

　ドミニクは45歳のカールよりも少し年上で、現在50歳だ。年齢をのぞけば、ふたりはよく似ている。同じ業界で働く共通の知り合いもおり、仕事で知り合った。どちらも信頼のおける人物だ。ドミニクは農家で生まれ育ち、20代はふたりとも活発で忙しい毎日を送っていた。もっともドミニクは、カールほど奔放ではなかったが。ドミニクは若くして結婚し、アメリカで（世界でも）トップ２に入る大学で学位をとり、議会で働くようになった。

カールと同じように、30代のころのドミニクは責任感が強く、常識をわきまえていた。そのころは目標を達成することが何よりも大事だと考えていた。しかし、カールとは反対に、ドミニクは自分が望んでもいない地位に就くことになる。強いプレッシャーにさらされるようになり、給料はとてもよかったものの、週に70時間も働かなければならなかった。

「目の前にある目標と、自分が本当にやりたいことや価値感が、次第にかけ離れていったんだ。一生懸命に働いて成果を収めたが、仕事をしても満足感を得ることはなかったよ」

40歳になると、ドミニクに転機が訪れる。好きではない仕事もこなさなければ、いま以上の地位に就くことはできないと気づいた彼は、カールが40代前半でNPO法人を立ち上げたように、非営利の世界に飛び込んだ。

「クライアントも気に入ったし、同僚も気に入った。皮肉屋の僕はどこかへ消えてしまったよ」。仕事はうまくいっていた。それなのに、満たされない感情は続いた。

「40代のころは、僕も妻も頑張って働いたが、期待していたような満足感は得られなかった。これからもこんな感じで仕事——僕のアイデンティティのほとんどは仕事によるものだった——が続いていくのだろうと思っていた。どこからどう見ても、僕はいわゆる成功者だった。かなえられなかった望みはない。だが、そのころ、マッカーサー基金から〝天才助成金〟を受け取った友人や、連邦裁判所の判事に任命された友人がいてね。すばらしい社会的地位を手にした友人を目にして、僕はいまの仕事を続けていても、絶対に彼らのような立場にはなれないと気づいたんだ。40代の前半はそのことがとにかく悔しかった」

ドミニクに自分の40代を表現する言葉は何かとたずねると「ストレス」という言葉が返ってきた。生活満足度には比較的低い数字をつけた。だが、50歳のいまの生活を表現してもらうと「感謝」という言葉を挙げ、生活満足度には10段階で9をつけた。

「なぜこんなに変わったのかな？」と彼にたずねた。

「40代の後半くらいから、これまで自分がしてきたことや、いまの自分を認めることができるようになったからだ」という。畑で遊んでいた子どものころの価値観を取り戻し、いい人間関係を築き、意義のある仕事をすることに価値をおくようになったのだそうだ。

「日々の生活も結婚も仕事も、かけがえのない財産だと感謝できるようになったんだ。これまでなんとか続けてこられたのはありがたいことだ」

「なるほど」と私は返した。「でも、なぜだろう？　どうして感謝の気持ちをもてるようになったのかな？」

「そいつはいい質問だ。僕は精神的なことだと思う。精神的に成長したということなんじゃないかな。以前ほど自己中心的ではなくなって、人生について自分以外の視点でも考えられるようになったからだと思う。〝ベスト〟にこだわっていると〝いい〟ことまで見失ってしまうと気づいたんだ。僕の人生は思っていたとおりにはいかなかったけれども、それでもとても〝いい〟人生だと気づいたのさ。それこそ、いまの自分があることに感謝する、ということなんだろうと思う」

「不思議なのは、客観的に見ると状況はそれほど変わっていないということだ。日々起こる問題は以前とほぼ同じ。子どもたちも大きな問題を抱えている。いまの仕事は気に入っているが、以前の仕事ほどのめりこんではいない。だから、環境ががらりと変わったというわけでもないんだ。感謝の気持ちをもてるようになったのは、多くを望まなくなったからかな」

彼は少し考え込んでから、こう付け加えた。「いや、多くを望みすぎてもいないし、感謝の気持ちももてるようになった、その両方だと思う」

ドミニクは、なぜ以前と比べて感謝の気持ちをもてるようになったのか、自分でもよくわかっていない。わかっているのは、つねに何かに失望しているような気分がおさまってきたということだ。しいて言うなら、これまで何年もの間、競争、成果、点数稼ぎに必死になっていたけれども、最近はほかのことに満足感を見出すようになったから、という説明がもっともしっくりくるという。

「たとえば、どんなことだい?」とたずねてみた。

先日、自宅で仕事を片付けようとパソコンを打っていると、11歳になる娘が、お父さんの足の爪にペディキュアを塗ってもいいか、と聞いてきたそうだ。「いや、だめだ」と答えたが、そのとき自分でも驚くような声が内側から聞こえてきて、気持ちが変わったという。

「だからいまは、足の親指の爪にニコニコマークが描かれたまま歩き回ってるってわけさ」

たとえば、そんなこと。

私がカールやドミニクとそんな会話を交わしたときから２００年ほど前の１８２８年11月、アメリカの風景画の礎を築いた画家といわれた27歳の若者が、自分の抱えている不満について友人に手紙を書き送っていた。労働者階級の出身ながら、一躍表舞台に躍りでたトマス・コールはそのころ大成功を収めており、ナショナル・アカデミー・オブ・デザインの設立メンバーにも選ばれていた。

だが、友人に送った手紙によると、彼はただ、木々や美しい風景を描く一介の画家でいることを望んでいたという。彼はこんな絵を描きたいという希望をもっていた。「偉大な詩人による一篇の詩のように、見る人の心を揺さぶるような絵をいつか描きたいと思っている。見る人の創造力をかきたて、心に幸せな感情をもたらすことができるような絵を」

30代の後半だった１８３９年、コールは『人生の航路』という４枚の連作絵画の制作依頼を受ける。「これまでの最高傑作にしようと、情熱を傾けて制作にあたった」と彼は書いている。彼の希望は失望に終わることはなかった。１８４０年に初めて展示されると、『人生の航路』は批評家からも大衆からも絶賛され、コールの作品のなかでももっとも有名で後世に残る作品となる一方、人間の一生を芸術で表現したいという彼の野望を十分に満たす作品に仕上がった。

この絵は大きく立派な絵で、額縁まで入れると横2メートル、縦1・5メートル以上もある大作だ。大きさだけでも十分印象的である。そのうえ、細部にまでこだわって描かれている。よく見てみると、木々からはまるで本物の葉が芽吹いているように見えるし、岩のごつごつした感じもとてもリアルだ。色彩は豊かで幻想的、コントラストも大胆だ。コンピュータグラフィックスの技術やテレビゲームもまだない時代に、コールはまるで異世界に足を踏み入れたかのような絵画を描いてみせた。そのなかで、彼は人間の一生を示した。

『人生の航路』は1枚目の絵『幼年期』から始まる。描かれているのは希望と喜びだ。絵の左側に描かれているごつごつした洞窟から、一艘の小舟がすべるように小川を進んでくる。その小舟に乗っているのは赤ん坊だ。この世に誕生する前の暗闇から、光輝く新しい世界へとすべり出た赤ん坊は、生を受けた喜びに満ちあふれ、すぐ後ろには旅人を導く守護天使が、まるで赤ん坊に付き添う親のように、舵を手にして控えている。

コールにとって幼年期は穏やかで安全な時期であり、無垢で驚きに満ちた時代である。船首には砂時計を手にした金色の天使像が飾られており、この航路が時間を旅するものであることを私たちに示している。

2枚目の絵『青年期』は、4枚の連作のなかでもっとも色彩が明るく、快活な雰囲気の美しい絵で、神秘的な美しさをまとった魅力的な絵である。小川は穏やかに流れ、川岸にはみずみずしい草木が茂り、空は青く晴れわたっている。幼児は青年となり、大人の世界へと足を踏み入れたところなのだろう。頬はまだ滑らかだ。いまや小舟の舵を握るのは青年自身。守護天使は青年の後ろの川岸にいて、青年からは見えないが、かろうじて声が届くくらいの場所に立ち、青年を励ますように行く手を指さしている。

小舟の進む先には白亜の城が旅人を手招きするかのように天に向かってそびえ立っており、コールも自分の作品に関するコメントのなかで「青空の向こうにはドームが重なったような形の城が浮かんでいる」と述べている。

まるで雲が重なっているかのようなフォルムをした神々しいタージ・マハルがそびえ立ち、旅人は熱い思いを胸にそこに向かう。だが、一段高いところから眺めている私たちには、旅人がそこにはたどり着けないことがわかる。小川は城の手前で曲がっており、このあと、小舟は一気に城から遠ざかり、流れが急でごつごつした岩のある川へと入っていくことが、木々の間から垣間見える風景を見るとわかる。川をたどって城に行くことはできず、城に近づくには曲がりくねった泥の道を行かねばならないが、その道も地平線にかすかに見える丘のところで消えてなくなっている。城へ続く道はない。旅人は脇道に気づいていないように見えるが、あるいはこの道がどこに続いているのか、少し思案しているのかもしれない。だが、青年の運命は川の流れと砂時計に託されている。

「華麗な白亜の城のドームがおぼろげに見えるが、その見事なドームは見れば見るほど高くそびえ立っていく。これは青年の白昼夢や、栄光と名声を手にした青年の大志を象徴している。そして、ぼんやりと見える航路は、意気盛んに人生を歩んでいる青年は自分が命の川を流れていること、その川の流れに逆らうことはできないことを忘れがちであるということを示唆している……」

『青年期』は芸術的にも寓意的にも傑作といっていいだろう。おそらく、青年が抱く果てしない希望を視覚的に描いたものとしては、西洋芸術における最高傑作だろう（文学界の最高傑作といえばジョセフ・コンラッドの『青春』（岩波書店ほか）だ）。この絵には青年の希望と大志があふれている。

3枚目の『壮年期』では場面も物語もがらりと変わる。いまや旅人は〝中年〟（コール自身がそう呼んでいる）である。現在の私たちの感覚からすると、おそらく40代の前半だろうか。ひげをたくわえた頑健な体つきの男性が祈るように胸の前で手を組んでいる。色調は暗く、雲も地平線も暗い。

「嵐と雲が暗くて荒涼とした風景を覆っている。岩肌がむきだしになった断崖が不気味な光のなかに浮かび上がっている。荒れ狂う川はすさまじい勢いで峡谷へ流れ込み、渦巻く奔流は泡をたてながら海へとなだれこむ。その様子が、雨で煙る景色のなかにぼんやりと見える。小舟は荒れ狂う川の流れに翻弄されている」

舵は壊れてしまった。旅人は小舟を操ることができず、自らの運命を守護天使に委ねるしかない。だが、守護天使は相変わらず旅人のことを気づかってはいるものの、はるか後ろにある雲間から旅人を見守っているだけだ。その神々しい姿は旅人からは見ることができないし、声も届かないほど遠い。そこで旅人はこう思う。ひとりでなんとかするしかない、と。旅人は手を組み助かることを祈るが、その目には恐怖が浮かんでいる。

「困難は壮年期の特徴である」と、コールは私たちに教えてくれる。「幼年期は厄介な気労などいっさいない。青年期は絶望というものを知らない。経験をとおして世界の現実を知ったときに初めて、人生の初期に目を覆っていた黄金のベールがはがれ落ちる。そして私たちは生涯つづく深い悲しみを知るのだ。この絵の陰鬱で暗い色調、相反する要素、嵐によって引き裂かれた木々が、それを象徴している……」。

遠方には穏やかな海が見えるが、その平穏な様子は時折しか旅人の目に映らない。川は旅人を平穏な海へと押し流すのではなく、もうもうと水しぶきのあがる急流へと容赦なく運んでいく。

連作の最後の絵『老年期』も色調の暗い絵だが、印象はまったく異なる。空はまだ暗いが嵐は過ぎ去っており、雲間から天上の光が差し込んでいる。ボロボロに壊れた小舟は、船首にあった像がとれ、舵と砂時計もなくなっている。ごつごつした岩のある河口から無限に広がる穏やかな海へと流れ出たいまは、時をはかる必要も針路を定める必要もない。頭もはげかかり、ひげにも白いものが混じった旅人の体は、小舟と同じように満身創痍だ。

旅人は青年期や壮年期とは異なり、幼年期と同じように小舟のなかで腰を下ろしている。

左を向いている横顔は穏やかで、喜びもないが不安や恐れも見えない。彼の手は何かを迎えいれるかのように頭上に突き出されている。彼の視線の先を見ると、今度はすぐ近くにはっきりと守護天使の姿が見え、天国のほうに向かって旅人を手招きしている。

「姿は見えなくともつねに旅人に寄り添ってきた守護天使に導かれ、いまや老年となった旅人は荘厳な光が差し込む雲間を見上げる。すると黄泉の国へと誘うように天使が雲の階段を下りてくる。こうして、命の川はすべての命が注ぎこまれる海へとたどり着いたのである」

この連作は人間の一生を表している。人生は幸福のなかで始まり幸福のなかで終わる。だが、このふたつの幸福はまったく異なる。人生の始まりの幸福は悦びと興奮を帯びた幸福であり、人生の終わりに感じる幸福は穏やかで諦観を含んだ幸福である。青年期でも老年期でも旅人は希望に満ちた幻影を見ているが、青年期に見る幻影が空に浮かびあがる城なのに対して、老年期に見る幻影は自分を迎えてくれる天使である。これとは対照的に、壮年期には荒々しい岩と渦巻く川しか見えない。

コールがこのすばらしい連作を描きあげると、4枚の絵はすぐに売れて個人所有となってしまったため、野望にあふれたこの画家はたいそう落胆したそうだ。是が非でもこの作品を展示したいと考えたコールは、1842年、最初の4枚とほぼ同じ4枚の絵を描いた。ふたつ目の連作は繰り返し展示され、大きな反響をよんだ。

このころ、コールは英国国教会に改宗し、もっと宗教的なテーマの作品を描くようになっていた。だが、なんと残念なことだろうか。彼は薄命の運命にあり、1848年、胸膜炎でわずか47年の生涯を閉じた。風景画と寓意的な作品の両方ですばらしい功績を残した彼の評判はとてもよく、1848年にニューヨークで開催された回顧展には50万人が訪れた。これはニューヨークの人口の半分ほどの人数にあたる。

そののち、2番目の『人生の航路』も個人所有となって一般の人の目に触れることがなくなったが、後年になって再び姿を現して病院に飾られるようになった。だが、そこでの保管状態はよくなかった。そこで1916年、ある著名な芸術家が、この4枚の絵は買い取って裏打ちをし直し、クリーニングをし、新しい額装を施すべきだと主張し、「4作すべてをニューヨークのメトロポリタン美術館かワシントンのナショナル・ギャラリーに展示すべきだ」と訴えた。

そして、そのとおりになった。1971年、ワシントンDCのナショナル・ギャラリー・オブ・アートが1842年に描かれた『人生の航路』の連作を買い取り、何百万という人がこの作品を鑑賞した。そのひとりが、私である。

あれは1980年の冬のことだった。当時大学2年生だった私は、休暇の数日間をワシントンで過ごしていた。友人と市内を観光し、初めてナショナル・ギャラリーを訪れた。ちょうど改修工事が行われていたため、建物を結ぶ連絡通路に一時的に展示されていたトマス・

コールの4枚の連作『人生の航路』が目に留まった。

たいていの人がそうだと思うが、初めはその絵の大きさに思わず立ち止まり、続いてその寓意的な場面に目を奪われた。その日に観た絵画のなかで記憶に残っているのは、この『人生の航路』とレンブラントの風景画だけだ。私はコールの作品を観ながら、長い間そこにたたずんでいた。私の人生もこのように流れていくのだろうか、と考えていた。

コールの描いた、布にくるまれたように無垢な『幼年期』はたしかにそのとおりだろう。『青年期』の空にそびえ立つ野望も共感できる。当時は私も20歳になろうとするころで、大人の一歩手前にいた。具体的な野望はなかったものの、世界に自分の足跡を残したいと息巻いていた。ちょうど、自分の才能のなさに気づいてミュージシャンになる夢を諦め、大学の新聞部に入ったところだった。文を読んだり書いたりするのが好きなので、そちらの方向に進むのがいいだろうか？　だが、作家への道は険しいだろうし、きっと父親のように弁護士にでもなるのだろうと思っていた。弁護士のことならよく知っている。

だが、具体的に何かはわからないけれども、自分は何かもっと上のものを目指すんだ、という気持ちをもっていた。『青年期』は若者の大きな希望と期待を表しているが、私自身の希望も同じように高く大きかった。穏やかな『老年期』の絵はもっともらしく見えたけれども、私にはまだ遠い先のことに思われ、さして興味はひかれなかった。

『壮年期』も私には遠い将来のことのように感じられた反面、どこか身近にも思えた。当時は

20歳になるかならないかのころだったが、中年期は難しい年代になるだろうとわかっていた。父は残業に次ぐ残業で過大なストレスを抱え、母はうつ病を患っていた。ふたりは私が12歳のときに離婚し、父が３人の子どもをひとりで育てることになった。私が14、15歳のころ、40代半ばだった父が重要な顧客を失い、仕事が半分に減ってしまったことを知った。

　コールが描いたような周囲に守られた幼年期が終わった瞬間が私にもあるとすれば、それがこのときだろう。私が『壮年期』を目にしたのはそれから数年後のことだったが、その絵に描かれている男性は、白い波頭のたつ岩場で小舟に乗って、舵もなく守護天使もいないなか、残された子どもを必死に育て、仕事をもう一度軌道に乗せようと孤軍奮闘している父の姿にほかならない、と思った。

　だが、私の人生は、この『壮年期』のようにはならないだろう、と思っていた。もちろん苦難や困難はあるだろう、まちがいなく。失望を感じることも失敗を経験することもあるだろう。父が経験したような崖っぷちの状態に陥ることもあるかもしれない。だが、弱冠20歳だった私は、どんな未来でもいまより悪くなるはずはない、と思いこんでいた。

　そのころの私には確たる目標もなく、お金もなく、愛する人もなく（そんな人が現れる気配すらなかった）、これといった才能もなく、研究とサマージョブをしていただけだ。ナショナル・ギャラリーでコールの絵を見たあと私は、いまの自分を決して忘れまい、これからの人生で自分が手にするさまざまな恩恵に感謝する心を忘れてはならない、と思っていた。

中年になるころには、何か意義のあることを自分が達成しているだろうと信じていたし、そのことに感謝しているはずだ、と信じていた。

それから目まぐるしく20年が過ぎた。ちょうど40歳になろうとするころ、私は自分の望んだ以上のものを手にしていた。17年間、ジャーナリストとしてのキャリアも順調に積んでいた。初めての恋人とも、付き合って丸3年が経っていた。にもかかわらず、私は寒さの厳しい2月のある日、ワシントンDCにて、自分の抱える不安をこう日記にしたためていた。

今朝は特別に、幸せの数を数えてみることにしよう。最近、僕はどうしようもなく不安を感じている。自分の人生はなんてつまらないんだ、僕はなんてつまらない人間なんだ、といつも考えてしまう。僕の毎日は平穏すぎる、僕はどうせモーツァルトにはなれない、僕を見てくれている人なんていない、ナショナル・ジャーナル誌から飛び出す勇気もない、などと一日中考えている。その日の気分によって、そんな自分の声は大きくなったり小さくなったりする。

今朝、ベッドで横になったまま、僕はちょっと幸せを数えてみた。

20歳のころ、僕は作家か有識者になりたかったけれども、結局は弁護士になるのだろうと思っていた。有名な雑誌に一度でも記事が掲載されればそれで十分、と考えていた。それがいまでは、有名な出版社から何冊も本を出版しているし、雑誌にも定期的に寄稿し、カバーストーリーも書かせてもらっている。ノンフィクション作家として活躍している同年代の人とも親しくお付き合いをさせてもらっている。僕の作品は、ノンフィクション作品を集めたアンソロジー『ザ・ノートン・リーダー』にも掲載された！

20歳のころ、僕は自分の体が大嫌いだった。僕を見たある女の子は、まるでアウシュビッツから逃げ出してきた人みたい、と言った。おそらく体重は51キロから53キロほどだったと思う。いまはずいぶんと筋肉がつき62、63キロはある。

20歳のころ、僕はお金をもっていなかった。いまはこのコンドミニアムを含めて60万ドルの資産がある。数年で100万ドルを稼ぐこともできる。

20歳のころ、恋とか愛とかセックスなんてものは、自分とは無縁だと思っていた。僕にキスしようなんて人はいないと思っていた。いまは、愛する男性と付き合って4年目になるし、セクシャリティのことで思い悩むこともなくなった。

僕は自分が怠けているんじゃないか、もっとできるんじゃないか、と自分に厳しすぎる面がある。いま挙げたようことすべてを20年で成し遂げるのは並大抵ではないし、自分を誇りに思っていいはずなのに、どうして僕はそう思えないんだろう。こんなにいろいろなことを成し遂げたのに！　しかもまだ若いうちに！

> 自分の変化に無感動でいることが、まるで罪のように思えてきた。なぜ、僕は自分の人生に満足できないんだろう？

なぜ満足できないのか、私は困惑していた。その前月のこと、私は母校に講演をしに行った。20歳のころに思い描いていたことが、これでまたひとつ達成されたわけだ。そのときのことを私は雑誌にこう書いた。

「母校に講演をしに行ったことで、抱えていたコンプレックスが少しなくなった。VIPとして扱ってもらい、周りの人は畏敬の念をもって私に接してくれた。みんな、私がどうやっていまの社会的地位を築いたのかを知りたがった。自分ではいまでも向上心にあふれる若者のつもりだったが、突然、自分はもうこちら側の人間になったのだ、と気づいた。そして、学生だったころ、自分の書いた記事がひとつでもいいから有名な雑誌に載ったら夢のようだ、と思っていたことをありありと思い出した。そう、いま私がいる場所は、私がいつも切望していたところなのだ」

それなのに、なぜ自分の人生に満足できないのだろう？　そのころ、私はハピネス・カーブ（幸福曲線）の谷底にいたのだ。

不満に思うべきことなど何一つないのに不満を感じてしまうのは、中年期にはよくあることは知らなかった。ましてや私がちょうどその端境期にいること、そしてこれは人間だけでなくチンパンジーやオランウータンにも起こる現象であるなど、知りもしなかった。

　私が40歳になった２０００年は、〝生活満足度のグラフはＵ字曲線を描く〟というエビデンスを、学者たちが発表しはじめたころだ。この現象の本格的な研究が初めて行われたのは、その４年後のことになる。

　研究結果の一部は、すでに私たちが知っていることを裏付けるものだった。たいてい、中年期というのはもっとも不安で、ストレスが大きく、幸福を感じないものだ。この時期は仕事での責任も重く多忙なうえに、10代の子どもと年老いた親の面倒をみなければならないので、ストレスを感じることもあるだろう。だが、この研究によって、世間一般でいわれていることとは少し違う結果も導き出された。ストレス、緊張感、それに人生の浮き沈みという要因を除外してもなお、中年期には幸福度が下降する、というのだ。むしろ、ストレス、緊張感、人生の浮き沈みを除外すると、幸福度の低下が浮き彫りになる。年齢そのものが、満足感や感謝の気持ちを左右する要因となる。

　つまり、年齢によって満足感や感謝の気持ちをもちやすかったり逆にもちにくかったりするということだ。青年期は活力のみなぎっている時期で、ディケンズの有名な小説にもあるとおり〝大いなる遺産〟の時期であるとともに、不安定な時期でもある。だから、この時期の生活満足度は高い反面、移ろいやすく不安定だ。

青年期が終わると、それまで積み上げてきたものの総まとめをし、成就に結びつける時代がくるが、その一方で失望感が増し、前向きな考え方が徐々にできなくなっていく時代がくる。精神的な落ちこみは徐々に、そして静かに訪れるが、やがてそれが積み重なって深い谷となり、これまでの自分の功績を認めるのではなく、これでよかったのかと自問したり、自らを否定したりして、長いスランプに陥ることがたびたびある。このときは、たとえ十分に満足できるようなことがあっても、少しも満たされることがない。

だが、このような心理的な谷底はじつは〝転換点〟であり、感じ方が変化するときなのだ。自分でも気づかないうちに価値観が変化し、自分が真に望むものをもう一度問い直し、物事の考え方が変わる時期なのであり、その時期を経るからこそ中年期の後半には心理的に好転し、その先は思いがけず幸福感に満ちた成人期の終わりを迎えることができる。

いま私が言ったことは一般的な話で、すべての人にあてはまるというわけではない。これから繰り返し述べるように、人生の道筋は人それぞれだ。だが、私にかぎっていえば、このパターンがまさにあてはまる。45歳のころ、私は何冊か本を出版し、ジャーナリズムの賞もいただき、作品をアンソロジーにも入れてもらった。数えきれないくらい講演会もテレビ出演もした。この職業において成功したといっていいだろう。体は健康だし、金銭問題もない。のちに結婚することになる男性との関係もうまくいっていたし絆も深まっていた。

他人からみれば、私には何一つ、不満の種などなかったはずだ。それでも私は、自分ができなかったことがどうにも気にかかって仕方なかった。悩ましい一日が始まる朝の時間帯が最悪だった。朝、目覚めると、頭のなかで自分をとがめる声がする。

「僕は自分の人生を無駄にしている……もう何年もやりがいのあることをしていないじゃないか……新しい世界へ踏み出して何かしなくちゃ、何でもいいから……日曜のトーク番組に出てるのが僕じゃないのはなぜなんだ？　会社の経営者とか、何か責任ある立場にいなくていいんだろうか？」

　こうした自己批判が明らかにばかげていると自分でもわかっているだけに厄介だった。そもそも日曜のトーク番組に出たいとか、会社を経営したいとか思ったことはない。これまでたくさんの目標を達成してきたので、ちょっとひねくれた私の脳みそが、新しい目標をでっち上げたのだろうか。また、自分を他人と比べてしまうのも、どうしてもやめられなかった。

「あの人がやっていることを、どうして僕はやっていないんだろう？　あの人と比べて僕ときたら！　ひどいもんだ！」

　実際にあるものでも、頭の中で勝手につくりだしたものでも、何だって不平不満の種になる。きっと頭のなかに気難しいやつが住んでいて、自分がつくりだした不平不満を大きく育てているのだ、と私は思うようになっていった。

　45歳までに私が成し遂げてきたことの一部は、はつらつとして感謝の気持ちにあふれていた20代の私が成し遂げたことなのだとよくわかっているので、過去の自分に申し訳ない気持ちにもなり、不平不満を言っていることが恥ずかしくもなった。パートナーにこのことを話したことはない。こうした話題になることを避けていた。

「プロザック*を飲むといいよ」と、相談した友人が言った。だが、私はうつ病なのではなく、ただ満足感が得られないだけなのだ。そこには大きな違いがある。私は朝ベッドから問題なく起き上がれるし、好きなことをしたり、精力的に働いたり、音楽を味わったり、セックスをしたり、友人をもてなしたりすることが楽しいと感じることもできていた。

もちろん〝中年の危機〟というものがあるとは知っていたが、私の状況はそれにあてはまらないと思っていた。〝危機〟というのは、もっと劇的な状況を指す言葉だろう。ある日突然訪れて、ほかのことがまったく考えられなくなり、早急に解決しなければならないもの、というイメージだ。典型的な〝中年の危機〟というのは、自暴自棄になったり身勝手な振る舞いをしたりするらしい。

だが、私にはそんな傾向はなかった。次の仕事や身の処し方をまったく考えていないのに、今日にでも雑誌の仕事をやめてやる、と思うことはあっても、実際にそんな早まったことをすることもなかった。それどころか、私はリスクを嫌うタイプで、どちらかというと身動きがとれなくなってしまうほうだ。

月日が流れ、40歳だったのが45歳、46歳、47歳と歳を重ねていくにつれ、私が感じているこの満たされない感情は、危機とはまるで反対のものではないかと思うようになっていった。

この先ずっとこんな気持ちのままなのだろうと思っていた。こんな気持ちを抱いたまま生きていくことが、新しい日常になるのだろうと考えていた。

　このまま頑張って働きつづけていれば安定した生活を送れるだろうと思いながらも、どことなく不安だった。このままずっと満たされない毎日が続いたらどうなるのだろう？　そう考えて私は徐々に元気を失っていった。あるときふと、自分が自分の嫌いなタイプの人間になりつつある、と気づいた。感謝の気持ちをもてない人間になってしまったと思った。

　ところが、時が経つにつれ、どういうわけか明らかに霧が晴れはじめたのだ。その時期も少し変だった。40代後半のころ、母が亡くなった。私と仲のよかった父も、たちの悪い神経症を患って亡くなってしまった。50歳のとき、アメリカのメディア業界が混乱に陥った影響で、雑誌の仕事がなくなった。そこで私は、ライターたちがアイディアを売ることのできるスタートアップ企業を立ち上げようとしたが、うまくいかなかった。ここにきてとうとう、私は激流に飲みこまれ、中年という岩に激突したのだ。

　だが、そんな状況だったにもかかわらず、私のなかの声は以前と比べて少し小さく聞こえづらくなり、そのうち聞こえなくなった。自分を他人と比べてしまう悪い癖にいつも悩まされてきたが、それもなくなった。その変化は本当にかすかで少しずつ起こったものなので、

＊ 抗うつ薬。

気のせいなんじゃないか、そのうち元に戻るんじゃないかと思い、これを変化と呼んでいいのかどうか迷うほどだった。だが、つねに不満の種を見つけようとしていた自分は、いつしかいなくなっていた。

いま私がわかっていることを、当時の私が理解していたはずはない。コールの絵に描かれた壮年期の旅人のように、当時の私は中年という時代に翻弄されていた。

中年期が難しい年代であることは、とりたてて新しい発見というわけではない。トマス・コールも明らかにそのことを知っていた。ダンテも14世紀初頭には知っていた。ダンテが地獄を訪れたのが中年期だったのは偶然ではない。

ひとのいのちの道のなかばで、
正しい道をふみまよい、
はたと気づくと　闇黒の森の中だった。
ああ、荒涼と　棘だって　たちふさがる
この森のさまは　口にするさえ　せつないことだ。

ダンテ『神曲　地獄篇』（角川ソフィア文庫）より

ダンテは暗い森を隠喩として用いているが、コールの『壮年期』に描かれた激流と同じだ（どちらも激しく、険しく、荒れている）。コールやダンテのように聡明な人でも、当時は年齢と幸福感についてはよくわかっていなかったようだ。トマス・コールが描いた旅人の道をたどりながら私はこの章を書いているが、それも最近の経済学、心理学、神経生物学上の発見を知っているからこそできることだ。

本書では、〝陰鬱な科学〟とも呼ばれる経済学の観点から、幸福感というものにスポットをあてようと思っている。そして、思ったようには得られない人生の満足感についても書こうと考えている。私たちの予想に反して、生活満足度は物質的な豊かさや功績の多さとは関係がない。中年期とは、自分をとりまく環境に関係なく、満足感を得ることが難しい年代である、という発見に異端の経済学者を導いたセレンディピティ*についても触れよう。

また、中年期を過ぎると、徐々に感情面が好転しはじめ、驚くほど満たされた時代が訪れること、そしてその変化がなぜ起こるのかについても述べるつもりだ。さらに、その変化はまったく新しい大人の段階への幕開けであり、退職、教育、人間の可能性についての自分の考え方をがらりと変えてしまうものだということもお伝えしようと思う。

そのためにまず、とりたてて理由もないのに中年期には幸福感が薄れる、という負のフィ

＊　求めずして思わぬ発見をする能力。

ードバックが繰り返し起こることを発見した、ある若きエコノミストのことをご紹介しよう。また、スランプを抜けたときには、個人的にも社会的にも、思いも寄らなかったものを手にすることができるとした、心理学者や神経科学者の話にも触れよう。科学から学べる知恵についてや、年齢を重ねて体は弱くなっても、より幸せで愛情にあふれた人になることができるとする精神科医や社会学者らの話も紹介しよう。大人として新しい段階へと成長する道筋を示してくれる社会思想家や革新家の説もご紹介する。

彼らの考えが正しければ、中年期をのりきる方法はすでにわかっているはずだ。年齢と幸福の関係についての従来の知識の多くは間違いであることを私たちは理解しなければならない。そして、ほとんどの人にとって、中年期に満たされない感情をもつことは〝危機〟ではなく、自然に起こる健全な変化なのだと理解することが大切だ。それが理解できれば、本書でご紹介するように、ハピネス・カーブ（幸福曲線）にうまく対処することができるだろう。曲線の谷底を迂回することはできなくても、そこをどうのりきればいいかがわかるはずだ。

また、同じように谷底で悩んでいる人を助けることもできるようになるだろう。私はハピネス・カーブと、年齢と幸福の関係についてのエビデンスを何年も調査してきたが、これは何も私だけのことではないのだ、と気づいたときに初めて、人間がたどるハピネス・カーブについて心から理解できるようになった。これはあなただけがたどる曲線ではない。誰もがたどる曲線なのだ。

中年期におけるハピネス・カーブの下降は、年齢が上がるにつれ社会的な役割が変わっていくときに、自分の人生の意義を問い直そうとして起こる現象だ。どれだけ野心をもっているか、どれほど競争に勝つことができるか、といった観点で自分に価値を見出す時期から、人とのかかわりや人への思いやりを重視する時期へと、私たちは変わっていく。

ハピネス・カーブにどのように対処するかは、社会的な問題でもある。人間がひとりだけで、個人的に、頭の中だけで対処できるものではないからだ。社会からのサポートが必要になる。中年や老年について社会全体の考え方を変える必要もあるし、赤いスポーツカーを乗り回す偏屈な老人の姿は痛々しい、といったような考え方は捨てなければならない。社会は、中年期特有の谷底にいる人たちを揶揄するのではなく、手をさしのべなくてはならない。

もしいま、あなたが谷底にいるなら、あるいは知り合いが谷底にいるなら、魔法のような治療法はない（実際、ないのだ）と言っておかなければならない。けれども、役に立つ方法ならあるし、それを本書の最後の数章にまとめておいた。また、勇気が湧いてくるような、こんな説もある。

まず、中年期にスランプ（〝危機〟ではない！）に陥るのは、ごく普通で自然なことだということ。歯が生えるときの歯ぐきの痛みや、体が大きくなるときに起こる成長痛と同じように、ときに痛みを伴ったとしても、それは健全な変化だし、スランプは人生の新しい段階へと自分を押し上げるときに起こる変化なのだ。スランプのときは不満を感じることもあるだろうが、そのことを気に病む必要はない。

次に、中年期以降にハピネス・カーブが上昇に転じるのは、たんに気分が変わったことを示しているのではないということ。ハピネス・カーブが上昇するのは、自分の価値観が変化し、満足感を得る事柄が変化し、自分という人間の有り様が変わるからである。自分が変わることで、老年期になってからも思いがけない充足感を得ることができるようになったり、自分の抱える弱さや病気まで受け入れられるようになったりする。

最後に、最新の医学や公衆衛生のおかげで寿命が延び、ハピネス・カーブが上昇に転じてからの期間が以前より10年以上も長くなった。この先もさらに延びると考えられている。社会的な役割を終えたあとのもっとも満たされた時期を、私たちは20年も長く過ごすことができるようになりつつあるのだ。社会学者のなかには、人生におけるこの新しい段階のことを〝大人のアンコール時代《アンコール・アダルトフッド》〟と呼ぶ人もいる。呼び方はどうあれ、これはこれまでの人間がもつことのできなかった、新しい時間という天からの恵みだ。

この恵みを理解し十分に活用するためには、これまで私たちの親や祖父母世代（そのまた親や祖父母世代）が当然と考え、たどってきた人生の型というものを、見直す必要がある。ありがたいことに、そのための知識は日々進化している。まずは「幸福とは何か」を少し違った角度から、あるいは非論理的な観点から考えてみよう。

# 第2章 人はなぜ幸福と感じるのか（感じないのか）

## 生活満足度からみえてくるもの

つややかでサラサラした茶色の髪のキャロル・グラハムは、体つきもすらりとしているので、とても50歳を超えているようには見えない。ほぼ毎日10マイル（約16キロ）走っているそうだ。歯に衣着せぬ率直な話し方からは、人生に対してつねに前向きな彼女の姿勢が伝わってくる。初めて会ったときに彼女がエコノミストだと聞いて驚く人はいないだろうが、何を専門にしているのかを聞くと、驚くかもしれない。

キャロルと私は同年代で、40代の前半に知り合った。同じシンクタンクに勤めていて、気がつくと、よく一緒に時間を過ごすようになっていた。そのころ、私は自分が中年期特有の不満足感を抱いていることを誰にも話せずにいて、自分の弱さを同僚にさらけ出すつもりもなかった。

けれども、何度もランチを一緒にとるうちに、キャロルとの会話は次第にプライベートなものになっていった。話をしているうちに、彼女も40代のころは順風満帆なわけではなかったとわかった。キャロルには子どもが3人いるのだが、旦那さんは年中仕事で飛び回っていたし、彼女自身も管理職に就いたばかりで、家でも職場でもとても大変だったらしい。そのうえ、彼女のお母さんがアルツハイマー病を、お父さんが肺気腫を患い、彼女の結婚生活は次第に破綻していった。結婚後18年でふたりは離婚したという。

「あのときは本当につらかったわ」と彼女は言う。別れた夫とはその後も冷戦状態が続き、仲直りするのに7年かかったそうだ。そのころの彼女がイライラしていたのをよく覚えている。当時の心の傷が原因で、いまでも心的外傷後ストレス障害（PTSD）が少しあるという。

「いまでも朝起きると、何か恐ろしいことが起こるんじゃないかと考えてしまうのよ」

そんな状況にあっても彼女は最高の仕事をし、2010年には『人類の幸福論――貧しくても幸せな人と裕福でも不満な人』（西村書店）を出版した。

彼女と出会ったころ、人間というのは、私自身も含めて、物事がうまくいっていれば幸せなのだろう、いや幸せなは
ずだと思っていた。他人から見て幸せそうな人は、実際に幸せだろうし、自分でも幸せと感じているはずだと思っていた。だから余計、自分が不満を抱くなんておかしいと感じていて、キャロルにもほかの誰にも、自分の気持ちを話せずにいた。

けれども、キャロルが自分の著書について話すのを聞いているうちに、私の考えは間違っているのではないか、と思うに至った。そのころの私はトマス・コールが描いた旅人のよう

に、曲がりくねった川の流れに翻弄され、どうしたらいいかわからなくなっていたのだ。ハピネス・カーブを理解するには、幸せというものは非合理的で予測不可能なもの、そして他人から見た状況とは違う、と知ることが大切だ。そのことを経済学の観点から考えてみようという人はこれまでいなかったが、最近になって新しいタイプのエコノミストが独自の見解を打ち出し、この説を経済学の観点から裏付けてくれた。そのひとりが、キャロル・グラハムだ。

キャロルは1962年にペルーの首都リマで生まれたが、そのころ、同国は動乱期にあった。父親は優秀なアメリカ人医師で、母親は生粋のペルー人だった。6人きょうだいの末っ子だった彼女は、4歳のときに家族でアメリカに移住するまで英語が話せなかった。「いろいろな意味で、私はペルー人でもアメリカ人でもなかったの」と、ある春の日、ワシントンにあるオフィスで彼女は話してくれた。子どものころ、とても貧しい人と、とても裕福な人の双方を目にしたそうだ。「格差は歴然としていた」という。子どものころに抱いた社会の不平等と経済発展についての疑問を、その後ももちつづけた。

大方の人と同じように、彼女にとっても20代は冒険と発見の連続だった。大学を卒業したあとブルッキングス研究所のリサーチアシスタントになり、仕事も楽しかったが、その後、開発経済学と政治経済学の博士号を取得し、ペルーの貧困層がどのようにハイパーインフレーションをのりきったのかを論文にまとめた。彼女はそのまま学者の道へは進まず、さまざまな団体を渡り歩いては有名なエコノミストと共同研究をしたり、急速な社会変革や経済変動が起きている中国、ベトナム、モンゴルなどの国々を訪れて、貧困層への支援を行ったりしてきた。スラム街を歩き回り、子どもの栄養失調にも自ら取り組んできた。

「自分がやりたいと思ったことをしてきたわ。恐い思いをしたこともあったけれどね。アフリカ行きの飛行機に乗りながら、こう思ったことを覚えてる。『私ったら正気なの？ フランス語圏だということ以外、アフリカのことなんて何も知らないのに！』」

彼女は30代前半で結婚し、1人目の子が生まれた。ちょうどそのころ、『セーフティネットと政治と貧困——マーケット経済への移行（*Safety Nets, Politics, and the Poor: Transitions to Market Economies*）』という書籍を出版した。

1990年代になると北米自由貿易協定や、そのほかの国際的な貿易交渉が行われ、グローバル化に反発する動きが出てきた。エコノミストは経済発展によって広がる社会の格差にもっと目を向けるべきだ、と社会運動家は主張した。

そのころ、キャロルはペルーの貧困層の社会的、経済的流動性についてのデータを集めていた。そのデータから、アメリカよりペルーのほうが、貧困層から上の階層に上がったり、逆に貧困層に転落したりといった動きが予想外に多いことを発見した。当時のほかのエコノミストならまず思い浮かばなかっただろうが、彼女はこの発見から次のように考えた。

「彼らは自分のことをどう考えているのだろう？ グローバル化は貧困層にとっては打撃だ

といわれているけれども、実際のところどうなのか、直接彼らに聞いてみればいいのでは？」

そこで、彼女は貧困層の人に直接こうたずねてみた。「いまのあなたの経済状況は、10年前と比べてどうですか？」

彼女の手元には現在の彼らの賃金状況がわかるデータがあるので、この質問をすることで客観的な事象と主観的な満足度とを比べることができる。調査結果は控えめにいっても、想定外のものだった。

「一生懸命に働いて収入が上がった人のおよそ半数が、いまの自分の経済状況は以前よりも悪くなったと答えたことがわかった」。さらに想定外だったのは、まったく逆の回答をする人もいたことだ。もっとも、想定外という点では同じだが。

「もともと貧しかった人で、階層も上がらず収入も上がらなかった人は、以前よりも経済状況がよくなったか、ほぼ同じ、と答えた」

初めはキャロルも調査結果を疑ったという。ペルー人は少し変わっているのかもしれない。ペルーの状況はほかと少し違うのかもしれない。そこでキャロルは、ロシアでもデータをとった。１９９０年代のロシアはソ連崩壊に伴う混乱期にあったが、上の階層へ上がった人の70パーセントが、自分の状況は以前と比べて悪くなっている、よくなってはいない、と答えた。さらに多くの国でデータをとっても、同じパターンがみられた。

２０１５年、爆発的な経済成長を遂げた１９９０年から２００５年までの中国の状況も調べた。平均寿命は75歳になり、1980年の67歳から飛躍的に延びた。2015年、彼女はシャオジー・ジョウ、ジュンイ・チャンというふたりの同僚とともに、『中国における幸福と健康——進歩のパラドックス（逆説）（*Happiness and Health in China: The Paradox of Progress*）』という報告書をまとめた。

それによると「1990年から2005年までの期間における中国人の生活満足度には、経済成長とはまったく異なる傾向がみられた。急速な経済成長が始まると、彼らの生活満足度は急速に落ちこみ、その後いくらか回復がみられた。生活満足度が低下しているときは、自殺率が増加し、精神疾患も増えた」。中国でもロシアやペルーと同じように、経済的に裕福になると国民の満足度が低下したのである。

このおかしな現象は産業民主主義の国でもみられた。「どの国の結果を見ても、平均的な国民は50年前に比べて少しも幸せになっていないことがわかる」と、著名なイギリスのエコノミスト、リチャード・レイヤードが2005年の著書『幸福とは何か——幸福の科学から見えてくるもの（*Happiness: Lessons from a New Science*）』のなかで述べている。「この間、平均収入が倍になっているにもかかわらず、このような結果が出た。このパラドックスはアメリカでもイギリスでも日本でもみられる」

アメリカでは物質的に豊かになっても、自分のことを「とても幸せ」と表現する人の数は増えないが、逆に「幸せでない」と表現する人の数が減ることもない、と彼は指摘している。

つまり、個人レベルで見ても国家レベルで見ても、自分の人生をどう感じるかは、いわゆる経済人（ホモ・エコノミクス）としての個人の物質的な豊かさと関係があるわけではないということだ。むしろ、物質的な要因と幸福感の関係は相反する（寿命や健康など、経済的な変動以外の要因を除外して数字を調整しても結果は同じようになる）。

「急速に経済成長が進んでいる国の人は、経済成長の遅い国の人よりも幸福を感じていない」とキャロルは言う。「急激な変化があると、人はまったく幸福を感じられないようね」。彼女はこれを〝不満だらけの成功者と幸せな農民〟のパラドックス、と呼んでいる。

１９９０年代に彼女がこのパラドックスを提唱したときは、なんとも珍説だとしか受け取られなかった。従来の経済学では、収入が上がればもちろん、人はより幸せでより満たされるようになり、社会的に安定すると考えられていたからだ。

「当時はどう説明したらいいかわからなかった」とキャロルは言う。「けれども、そのことをいつも考えているうちに、当時はまだまだ認められていなかった分野だったけれど、これこそ幸福の経済学なんだ、と気づいたの」。そうして、彼女はリチャード・イースタリンに出会ったのである。

晩春のある日、私はイースタリンに電話で約束を取りつけたあと、カリフォルニアまで訪ねて行った。彼は南カリフォルニア大学の経済学部で教授をしている。これまで私が会ったことのあるノーベル賞受賞者のエコノミストと同じように、彼もまた親しみやすく、謙虚な一面をもった人物だった――経済学の新しい分野を築いたというのに、彼がノーベル賞を受賞していないのは、まことにアンフェアなことだと思う。

長い間、近代経済学では、人間の言葉よりも行動をみること、人間がどう感じるか、ではなく、どんな振る舞いをするかをみることが大切だ、とされてきた。これまで、経済学とはあくまで科学的なもの、つまり現実社会に存在する厳然たる事実のみに依拠していると考えられてきた。

たとえば、ある月の自動車の販売台数は何台であるとか、どれくらいの雇用が創出されたか、などといった事実だ。従来型の教育を受けてきたエコノミストは、需要を左右する要因としての消費者心理を除けば、人々がどう感じるかを知ることは、たいして重要なことではないと考えているだろう。

たしかに、人間の感情を正確に知ることは難しい。質問をすることはできるかもしれないが、聞き方によって答えも変わってくるかもしれない。それに、人間が自分の真の欲求や感情をつねにわかっているとはかぎらないし、もしわかっていたとしても、正直にそれを話してくれるかどうかはわからない。人の好みや欲求、主観的な考えを知るには、顕示選好《けんじせんこう》*に注目するほうが効果的だ。

たとえば、アメリカ人はハンバーガーよりホットドッグが好きだと答えるかもしれないが、販売数は嘘をつかない。販売数を見れば、アメリカ人は本当はハンバーガーのほうが好きなのだとわかるかもしれない。人は毎日、自分にとって価値があるものを手に入れようと品物やサービスを売り買いしているが、それがまさに人の好みというものだ。市場がうまく機能していれば、当然、満足度は高まるはずだ。

リチャード・イースタリンは40代の半ばごろ、人口統計学に携わっていた。そのとき、人口統計学の学者たちが、心理学者と同じように、人が述べる主観的な証言に注目していることに気づいた。

そのころのイースタリンは、人が抱く気持ちや幸福感が、主流派経済学でいっさい考慮されていないのは〝とてもおかしい〟と考えていた。そんなとき——１９７０年ごろのある日のことだった——スタンフォード大学で先端研究を行っている研究所でランチをとっていると、ある社会学者が幸福についての調査の話をしてくれた。イースタリンは、その側面から経済学をとらえてみればいいのではないか、と考えた。

それが１９７４年に発表された論文『経済成長は人間を幸福にするか？　経験から導き出される証拠（*Does Economic Growth Improve the Human Lot? Some Empirical Evidence*）』につながった。** この論文では、根本的な疑問がいくつか挙げられている。

*　消費支出行為に表れる消費者の好みのこと。
**「幸福のパラドックス」あるいは「イースタリン・パラドックス」として知られている。

「社会のなかで裕福な人は貧しい人に比べて幸せなのか？　豊かな国と貧しい国を比べた場合はどうか——先進国に住む人はより幸せなのか？　経済発展にともなって国の収入が増えれば、国民の幸福度も増すのか？　経済成長は人を幸福にするのか？」

経済学はとうの昔からこうした根本的な疑問を把握してきたではないか、と思う人もいるかもしれないが、そんなことはない。

「経済学でも〝幸福〟という言葉は漠然と使われることもある」とイースタリンは書いている。「だが、私の知るかぎり、この論文は経済学の観点から幸福を立証しようとする初の試みだ」

イースタリンは19の国で行われた調査結果をまとめた。この調査は幸福に関するいくつかの質問に答えてもらうというものだ。そのひとつは、ごく簡単なものだ。

あなたは自分がどれくらい幸せだと思いますか——とても幸せ、幸せ、あまり幸せではない。次の質問は〝キャントリルの梯子質問〟と呼ばれるもので、20世紀のアメリカの世論研究者ハドレー・キャントリルにちなんで名づけられた質問の形態だ。

キャントリルは人々に、自分の生活は11段の梯子のどの辺りにあると思うか、という質問をし、〝梯子の最上段は考えうる最高の生活、最下段は考えうる最悪の生活〟を表すものとした。個人の幸福度を本人にたずねるのはとても簡単だけれども、簡単だからこそ「このアプローチの仕方には意味がある」とイースタリンは述べている。

「幸福度——主観的満足度——を調べたければ、幸福の基準や幸福の感じ方は、個人の主観に任せればいいのではないだろうか」

調査結果を調べていたイースタリンは、奇妙な現象に気づいた。ある国では「収入と幸福には相関関係がみられた」。たとえばアメリカでは、もっとも収入が高い人のグループは、もっとも収入が低い人のグループよりも2倍近くの人が〝とても幸せ〟と答えた。経済的な地位と幸福とに相関関係があることは特に驚くことでもないし、程度の差こそあれ、すべての調査結果でみられた。

裕福な人が貧しい人に比べてより幸福ならば、豊かな国の人は貧しい国の人に比べてより幸福度が高いということになるのだろうか。理屈のうえではそうなる。だが、実際はそうではなかった！

「さまざまな国でデータをとったところ、裕福な国の人と貧しい国の人の幸福度には、国の経済状況の違いから当然あると想定されていたような差異はみられなかった」とイースタリンは書いている。ほかの国と比べて豊かだからといって、その国の国民の満足度がほかと比べて高いとはいえないのである。

そのほかにもおかしな現象がみられた。もっともデータの揃っているアメリカの例を見ると、国民の収入は1940年代の半ばから大幅に増えている。いまでもエコノミストは、第二次世界大戦が終結してからの2年半を、繁栄を共有する黄金期と呼んでいる。だが、「収入が上がっても幸福度は増していなかった」。裕福な人は貧しい人よりも幸福と感じるのに、国が豊かになってもその国の人の幸福度は上がらない。

この矛盾は、どう説明すればいいだろう？　もしかすると、一見矛盾しているように見えるだけなのかもしれない。そこで、イースタリンはこんな仮説をたてた。まず、幸福とは周りの人と自分を比べて感じるものだと仮定する。すると「個人の収入が上がるとその人の幸福度も上がるが、全員の収入が上がると幸福度は変わらないということになる。だから、国レベルで見た場合は、豊かな国の人が必ずしもより幸せであるとはかぎらない」ということになる、とイースタリンは考えた。

結局、遠く離れた国にいる人と自分とを比べることに労力を費やす人はいない。人が自分と比べるのは友人、同僚、そして同じ国にいる人だ。イースタリンはこれを、身長にたとえて説明している。

自分の背が高いと感じるかどうかは、周りの人の背丈による。自分の背が伸びても、比べている人たちの背も同じくらい伸びていれば、結局自分の背が高いとは思わないものだ。もし周りの人の背が伸びているのに自分の背が伸びていなければ、実際は背が縮んでいるわけではないのに、自分は背が低いと感じるだろう。実際、誰もが金持ちになろうとして必死に働いていれば、人は周りの人すべてと自分を比べざるをえなくなり、社会は幸福の経済学者が呼ぶところの〝ヘドニック・トレッドミル〟*の状態に陥る。

イースタリン・パラドックスは経済学を根本から変える可能性を秘めていた。顕示選好や物質的な観点から幸福度を測るそれまでのやり方に異議を唱えるものだった。エコノミストがたんに物質的にではなく、より深く人生を楽しむという意味において人々を豊かにしたいと考えているならば、彼らの行動を見ているだけでは、不完全で不正確な情報しか得られないだろう。そのギャップを埋めようと思ったら、エコノミストは主観的な幸福度という尺度を取り入れなければならない。人々がどう感じているのか、それはなぜなのかを知らなければならない。それには、経済学の意味をもう一度問い直す必要があるかもしれない。

だが、現実には、このイースタリンの革命的な論文が何らかの革命を起こすことはなかった。エコノミストは調査データを疑うばかりだった。そもそも「幸福」とは何なのかを彼らは知りたがった。キャントリルの梯子質問のように、幸福をひとりひとりに定義してもらえば、その答えは人によってさまざまだろう。

いずれにしても、エコノミストたちは、それまでの常識を覆すような新しい考え方を理解できなかった。イースタリンの説に基づけば、幸福とは、簡単に測ることのできる、物質的な面での生活満足度などではなく、もっと複雑で奥深いものである。だが、それがわかったところで、いったいなんだというのだろう？　人がもっと稼ごうと頑張ったり、企業が利益をあげるのをやめたりすることはないだろう。人が自暴自棄になったり神経症を患ったとし

＊　幸福感が増大しても、期待や大志も大きくなるため、結局はほどほどの幸福感が維持される傾向のこと。

ても、それを治療するのは心理学者の仕事であってエコノミストの仕事ではない。

そう考えると、イースタリン自身も述べていたように、1974年に彼が発表した論文が当時は受け入れられず、せいぜい会話の端にのぼるくらいだったのもそう驚くことではない。いま見ても、彼の論文はすばらしくよく書かれている。だが当時は、彼自身も答えることのできない難問が多々あった。それから数十年の間、イースタリン・パラドックスは一風変わった論文として扱われていたが、その後彼の説を解明する後継者たちが現れることになる。

イースタリンが投げかけたもっとも基本的な質問は、ごく簡単なものだ。「幸福」と言うとき、人は何を意味しているのか、人によって言うことが違うのはなぜなのか？　聖書が誕生して以来、この観念的な問いに哲学者たちは挑んできたし、いまでも活発な議論が繰り広げられている。1980年代から1990年代にかけて、イースタリンが論文を執筆したころよりもはるかに多くの調査が世界じゅうで行われた。

そのデータを見ると、人が幸福を言い表すときには、共通点があることがはっきりとわかった。普通の人が幸福について語るとき、哲学者のように観念的なことを述べるのではなく、自分が実感としてもっていることを語る。そして、自分の主観的な幸福感を評価するとき、人は友人や第三者からの評価とほぼ同じことを答え、それは脳の電気活動が示すものとも一致する、というのだ。キャロル・グラハムはこう話してくれた。

「注目すべきなのは、幸福の基本要素として挙げるものが、どの人の場合もほぼ同じだということ。お馴染みの答えがいつも返ってくるの」

幸福の条件として人が共通して挙げるものにはある特徴がある。一口に「幸福」といっても、いくつかの意味がある。まず、楽しい、不愉快、不安などといったように、いまの気分を表す場合。これは、金曜日の仕事帰りに友人と飲んでいるところとか、交通渋滞にはまってバスの排気ガスを吸っているとか、締め切りを守れなかったとか、そのときの状況によって変わる感情だ。こうした一時的な心理状態は「幸福感」と呼ばれる、つかの間の感情だ。研究者たちは、次のような質問をすることでこの幸福感を測った。

「昨日は何回笑いましたか？　いまあなたが抱えているストレスはどれくらいですか？」

ふたつ目の幸福は、まったく違った面を評価するものだ。「あなたは自分の生活にどれくらい満足していますか？　考えうる最高の生活と比べて、いまのあなたの生活はどうですか？」

質問によって表現はさまざまだが、典型的なものは「自分の生活全般を考えた場合、全体的にみてあなたはどのくらい幸福ですか、あるいは不幸ですか？」という質問だ。この質問はそのときの気分をたずねているのではなく、自分の生活全般の評価をたずねており、幸福度、あるいは「主観的生活満足度」をたずねるものである。

幸福感と主観的生活満足度とは、ある程度関連性がある（つねに精神状態が落ちこんでいれば、生活満足度は当然低くなるだろう）が、その関連の度合いは思ったより低い。データから、人は本能的にこのふたつの概念の違いを理解し、それを見分けることができるとわかったのである。

昨日は幸福——気分的に——だったか、とたずねれば、週末のほうが幸福だった、と答えることだろう。だが、自分の生活は幸福だと思うか、とたずねれば、〝週末の生活は幸福だった〟というような答え方はしないだろう。40代のころ、私の生活満足度は低かった。状況から考えるともっと高くてもいいはずなのに。それでも私の気分はそうひどいものではなかった。医者にかかる必要はないと思っていたのは、そのためだ。私は気分障害だったのではない。満足感を得られないという障害だったのだ。

イースタリンは幸福感と主観的生活満足度の違いについて解説してくれ、1974年に執筆した論文をはじめ、幸福の経済学を研究しているキャロル・グラハムらが関心をもっているのは、主観的生活満足度のほうだと教えてくれた。彼らが知りたがったのは「お金があっても生活満足度が上がらないならば、どうすれば上がるのか?」ということだった。

調査では、ある結果が一貫して出た——多くの研究者は調査結果から導き出された基本的な教義が事実として確立されていくだろうと考えている。グラハムは世界じゅうから集めたデータを精査して2011年に『幸福の経済学——人々を豊かにするものは何か』(日本経済新聞出版社)を出版した。そのなかで彼女はこう述べている。

「幸福について調査をしたどの国でも、ごくシンプルなパターンがみられた。すなわち、安定した結婚生活、健康、十分な収入(それほど多くなくていい)は、幸福に寄与することがわかった。逆にどの国でも、失業、離婚、経済的な不安定さは、幸福にはつながらないことがわかった」

グラハムの挙げたリストを見てみよう。まずはお金。お金は大切だ。私の父が言っていたが、「金持ちだったときも、貧乏だったときもあったが、お金はあるほうがよかった」というのは真実だ。貧困の状態にあったら、次にいつ食べ物を食べられるかわからないし、雨風をしのぐ方法も考えなくてはならない。だが、お金と生活満足度との関係は、そう単純ではない。「収入は個人の生活満足度を左右するが、ある点を過ぎると、今度はたとえば周りの人の収入など、ほかの要因に左右されるようになる」と、ジョウやチャンと共に執筆した２０１５年の報告書のなかでグラハムは述べている。

「周りの人の収入」がなぜ問題になるのだろうか。人間は寛容ではないからだ。人は自分の収入がある一定レベルに達すると、今度はそれを隣近所や友人と比べるようになり、その結果、自分の望む収入レベルを高く設定し直す。これはよくない。レイヤードはこの現象について こう解説している。

「この調査結果から、周りの人が高収入である場合、自分は幸福ではないと感じてしまうことがあるとわかる」

若干、気が滅入るような話ではあるが、ケニアで行われた実験で印象的な実例がある。この実験については2015年に報告書が出され、こんな見出しがつけられた。『あなたの喜びは私の痛み――現金給付プログラムがもたらす負の心理的影響(*Your Gain Is My Pain: Negative Psychological Externalities of Cash Transfers*)』

貧困層を支援する非営利団体〈ギブダイレクトリー〉が60箇所ある貧しいケニアの村から無作為に家庭を選び、無条件に400ドルか1500ドルの現金を一括給付した。これらの村の平均的な家庭の財産は400ドル以下なので、どちらの金額も彼らにとっては大金だ。プリンストン大学のヨハネス・ハウスホーファーとジェームズ・レイジンガーが、行動経済学を研究しているナイロビのブサラセンターにいるジェレミー・シャピロとともにこの実験の結果を分析したところ、大方の予想どおり、現金給付を受けた人たちの生活満足度は向上したことがわかった。

問題なのは、現金給付を受けた人の生活満足度の上昇度よりも、現金給付を受けなかった人の生活満足度の落ちこみのほうが大きかった、という点だ。「この(負の)波及効果の大きさは注目に値する。なぜなら、実際の金額の4倍以上もの影響がみられたからだ」と研究者は述べている。つまり、ケニアの貧しい村では、ある人が儲かれば、その人の満足感の4倍もの不満足感をほかの人が抱くことになる、ということだ(幸か不幸か、村人たちもそのうち現状に慣れてしまうので、現金給付のプラス面とマイナス面は、1年もすれば相殺されてしまうとの見方もある)。

こうもいえる。幸福とは主観的なものなので、現実がどうであるかにかかわらず、どう感じるかが重要なのである。貧しいアフリカの村ではなく、ある経済大国にいたずら好きな悪党がいたとする。その悪党が、金持ちと貧しい人との幸福の差をもっと大きくしてやろうと考え、誰がどのくらいの還付金をもらっているのかをすぐに見られるような形にして、ネット上で公開したとしたらどうなるだろうか。

じつは、2001年にノルウェーで実際にこれと同じことが行われた。2016年、マイクロソフトの研究員、リカルド・ペレス＝トゥルグリアが、情報の透明性がどのような影響を与えるかを検証するために、統計学の手法を使って2001年の前と後でノルウェー人の幸福度が変化するかどうかを調査した。結果は予想したとおりだったが、またしても、あからさまな現実を映すものだった。

まず、情報が公開された当初、多くの人がネット上のページを閲覧し、友人や知人がどれくらいの金額を手にするのかを確認したことがわかった。とても多くの人がこのページを検索したので、YouTubeの検索数の5分の1を占めるにいたった。そして、自分がどのくらいの位置にいるのかがわかると、ここ何年も変わっていなかった幸福度の差が広がった。金持ちと貧しい人との幸福度の差は29パーセントも広がり、生活満足度の差は21パーセント広がった。

「この結果は、情報が公開されたことで、ノルウェー人の生活満足度に大きな影響があったことを意味する」とペレス＝トゥルグリアは淡々と書いている。

注目したいのは、ノルウェーで起こったこの変化は、実際に社会において格差が広がった結果、生じたものではないということだ。社会に格差が存在することを彼らが知った（知ったと彼らが思いこんだ）ことにより生じた変化だった。

主観的な生活満足度とは、物質面における絶対的な豊かさに左右されるものでもなければ、他人と比べたときの自分の位置によって変わるものでもなく、自分はこの程度の位置にいるという自分の思いこみによって左右されるものなのだ（他人にどう見られているかもおおいに影響する）。

調査結果を受けて、ノルウェー当局は2014年、他人の納税記録を匿名で検索、閲覧できないようにした（自分が友人や隣人の納税記録を閲覧していたことが知られるかもしれないとわかると、彼らの閲覧数は9割も減り、その代わりに、自分の納税記録を誰が閲覧していたかを突き止めようと躍起になった）。

つまり、イースタリンの仮説は証明されたということになる。国民総生産が増えても、ある点を超えると、必ずしも国民総幸福量が増すわけではない。格差――実際に存在するか、存在すると思いこんでいるかは問わない――が生まれるような状況ならなおさら、国民総幸福量は増えない。社会全体が裕福になるだけではだめなのだ。社会的な富の分配が公平に行われないならば、たとえ経済成長したとしてもフラストレーションと怒りを生み出すことになる――中流階級の富が増えたとしてもだ。

収入の格差が大きくなるにつれ、収入という梯子の一段一段の間隔は、どんどん広がっていく。自分よりも上の段にいる人はさらに上へと行ってしまい、取り残された人はそのことに憤慨する。同じように、上の段にいる人は、そのさらに上の段にいる人を見て、自分は落ちこぼれだと感じる。目に見える形で格差が広がると、ノルウェーの例からもわかるように、自分は落ちこぼれていると感じる人が多くなる。

アメリカでは、どちらの現象も顕在化している。格差も広がっているし、格差の可視化も進んでいる。経済界のエリートは同じような人が暮らす社会のなかだけで暮らし、特定の学校に通い、かぎられた隣人とだけつきあい、独自のライフスタイルと嗜好をもつようになってきている、と社会学者は指摘する。

さらに、たとえば、あなたが中流階級出身の教師や、サンフランシスコでタクシー運転手をしている労働者階級の人だとする。毎日、どう見ても10代にしか見えない金持ちたちが、バン・ネス・アベニューで列をつくってグーグル社行きのバスを待っているのを目にしていたら、実際の収入格差以上に、自分との地位の差を感じざるを得ないだろう。格差――現実に存在するにせよ、存在すると思いこんでいるにせよ――の広がりは、経済成長のマイナス面だ。特に問題なく生活をしているのに、ほかの人がはるかにいい生活をしているのを目にするだけで、格差を感じてしまう。これこそが、いまアメリカで起こっていることだ。

幸福の経済学が導き出したもっとも重要な調査結果は、幸福を決定づける要因は、物質的なものではなく社会的なものである、ということだ。結局のところ、人間とは、きわめて社会的な生き物なのである。だから、(ある一定レベルを超えると) 人間がお金を欲しがるのは買いたいものを買えるからではなく、お金のあるなしで仲間内での自分のランクが決まるからだ、と聞いても特に驚きはしないだろう。ここでもまた私の父の言葉を借りるなら「金持ちは敬われる」のだ。

では、幸福を決定づけるほかの要因はなんだろう? そのほとんどはご想像のとおりだろう。リチャード・レイヤードは著書のなかで7つの要因を挙げ、こう述べている。「家族関係、家計の状況、仕事、コミュニティや友人、健康、個人の自由、そして個人の価値観。健康と収入を除けば、すべて人間関係の質にかかわるものだ」

ジョン・F・ヘリウェルも幸福の経済学の第一人者だが、彼も同じような結論を導き出している。ヘリウェルは自分のことを「アリストテレスのリサーチアシスタント」と公言している。アリストテレスは幸福とは何か、どうすれば幸福を得られるかを、あの時代から研究していた。そして、利那的な喜びや痛みと、懸命に生きることで得られる人生への深い満足感とは異なること、生活満足度を得るには懸命に生きることが大切であることを説いた。彼は、より深い満足感は、いい気分になることで得られるのではなく、たとえば、自分の生活に見合った高徳な習慣を身につけてそれを続けるとか、他人と絆を築いてそれを深めるなど、いい行動をすることから得られるものだ、と説いた。

アリストテレスの洞察は今日まで受け継がれている。ヘリウェルと彼の同僚は、世界価値観調査（*World Values Survey*）によって得られた膨大なデータを定期的に調べている。この調査は、150カ国以上の人に生活満足度を問うとともに、そのほかの個人的な事柄や社会的、経済的な状況を問うものだ。ヘリウェルとそのほかの研究員がデータを精査したところ、次の6つの要因が生活満足度の4分の3を決定づけるものだということがわかった。

- **社会からのサポート**——困ったときに頼れる人がいる。
- **寛大な心**——誰かに対して思いやりのある行為をしたり、思いやりのある人たちのなかにいたりすることで、より幸せを感じる。
- **信頼感**——信頼関係の崩壊や不誠実さは生活満足度を低下させる。
- **自由**——人生において重要な決断をする自由を十分にもっていると感じる。
- **個人の収入**
- **健康寿命**

右に挙げたものを見ると、6つの要因のうち4つまでが、社会的な交流に関係があることに気づくだろう。なかでも社会からのサポートがもっとも大切だが、この4つの社会的な要因――専門用語では〝関係財〟という――が揃うことで、私たちは幸福を感じる。

2015年の世界幸福度報告（*World Happiness Report*）で指摘されているように、他者とのつながりをもっていることが生活満足度につながるという結果は、「地域や時代に関係なく、生活満足度に関するほぼすべての実証的分析においてみられる」

心理学実験でも、同じ結論が導き出されている。この実験では、健康状態はよくなくても社会的なつながりが多いほうがいい、と答えた人が、その逆の場合を選んだ人よりも多かった。収入も重要だ――だが、これまでみてきたとおり、収入がもっとも大切だというわけではない。周りの人が自分以上に物質的に豊かな生活をしている場合もあるからだ。

さらに、イタリアのエコノミスト、ステファーノ・バルトリーニとフランチェスコ・サラチーノが27カ国（ほとんどは先進国）の調査結果を調べたところ、国民総所得の増加と生活満足度の相関関係は、およそ1年というごく短期間しか持続せず、その後、人は所得の増加に慣れてしまうということがわかった。長い期間で見ると、経済成長が幸福度に与える影響が消えていくこともわかった。

これとは対照的に、仲間が増えたり社会的なつながり増えたりすると、短期的に見た満足度の上昇度は緩やかだが、長期的に見ると満足度は大幅に上昇する。社会的なつながりをもつことによる好影響は積み重なり、持続することがわかる。収入を得ることだけに満足感を見出そうと思ったら、満足感を持続させるためには、つねにいまよりもっと稼がなければならなくなるが、信頼関係や他者との絆を築いたり、そのほかの社会的なサポートを構築したりすることは、いってみれば生活満足度を銀行に貯金していくようなものだ。

逆の見方をすれば、社会的なつながりは、家計が苦しいことで感じるみじめな気持ちを和らげてくれる面がある。国民の間の信頼関係や相互援助がしっかりとできている国は、大不況のときも、社会の絆が弱い国よりも生活満足度がはるかに高かった。困ったときは助け合うという意識があれば、社会や景気の大幅な後退による打撃も少なくなるだろう。このことは第二次世界大戦が勃発した時代を生き抜いてきたアメリカ人や英国人なら知っているはずだ。真の富とは、物質的なものではなく社会的なものなのである。

たいていの人にとって、もっとも親密でもっとも大切な社会的なつながりといえば、結婚だろう。あなたの伴侶はあなたが真っ先に相談する医者であり、看護師であり、カウンセラーであり、セラピストだ。子育てをしたり人生の難関に立ち向かったりするときのパートナーだ。結婚によって親戚や知人の数はほぼ倍になり、もっとも大切な関係である家族ができる（同性愛者が何としても結婚する権利を勝ち取りたいのはそのためだ）。それならば、概して結婚は、特に新婚のころは、幸福を得るためにはいいもので、離婚するなどとんでもないことだ、といわれるのも当然かもしれない。ある試算によれば、統計学的に考えると、破綻した結婚を金銭的に〝補償〟しようと思ったら、年間10万ドルを要するだろうとのことだ。

２０１０年、50歳のときに、私が住んでいる地域で同性婚が法律で認められるようになり、私はマイケルと結婚した。一緒に暮らすようになって10年以上も経っているので、ふたりの関係の大切さを証明するためだけならば〝婚姻届〟（これを提出しなければ結婚と呼べないという懐疑論者もいる）など特に必要なかった。その当時、私たちの結婚が認められるのはほんの数州しかなかったが、それでも結婚することには少なくとも10万ドルの価値はあったといえる。なぜなら、結婚することでふたりの絆が深まったこともさることながら、一組の夫婦としてコミュニティにしっかりと受け入れられたからである。

ここ数年、社会関係資本《ソーシャルキャピタル》と生活満足度についてのデータが示していることは正しい、ということを私は身をもって体験してきた。私はバージニア州北部の住宅地にあるタウンハウスに暮らしている。同じ通りには中流階級の人、労働者階級の人、ネイティブ・アメリカン、他国からの移民など、さまざまな人が暮らしている。通りの先は袋小路になっていて、それ以外にはこれといった特徴もない所だが、この通りにある家はどれも、細長い形をした土地に建っている。だから資産価値もほどほどといったところだろう。

だが、ここ、アードリーコートは、これまで私が暮らしたなかでもっとも豊かなところだ。夏の夕暮れになると、芝生やデッキにはいつの間にか若者も年寄りもみな集まってきて、一緒に飲み物を飲んだり食事をしたりし、大人が会話を楽しんでいるそばでは、子どもたちが自由に走り回ったりしている。お互いに子どもの面倒を見合ったり家のことを手伝い合ったりもしていて、ここでは犯罪がほとんど起きないのもうなずける。金曜日に家に帰ってくると、近所の子どもたちとハグしたり、ご近所の家の犬に舐められたりしながら、今日はどんな一日だったかとお互いに話したりできるのは、私にとってとても価値のあることで、とうてい資産価値になど反映できるようなものではない。

失業すれば金銭的な問題に直面してしまうのだから、幸福を得るための経済的な要因として仕事は大切だ。だが、くり返して言うが、より大切なのは社会的なつながりと社会における地位だ。もちろん、仕事をすればお金を稼げる。だが、仕事をすることで私たちは人脈を広げることができるし、使命感をもつこともできるし、家計を支えているという自負も、コミュティの一員であるという意識も、もつことができる。

統計学的に見ると、失業による幸福の損失額は年間6万ドルほどと試算されているのもよくわかる。これはアメリカの平均年収よりも少し高いくらいで、結婚の破綻による損失より多いわけではないが、それでも十分に大きい額だ。

子育てと幸福との関係はどうだろうか。これは少し複雑だ。子育ては人間の大切な仕事だ。私自身は子どもをもたないことを選択したが、ずいぶん前に私が父に、なぜ子どもをもつことにしたのか、と聞いたときの父の答えをいまでも思い出す。父はこう言った。「子どもをもつくるくらいしか楽しみがなかったんだ」

もちろん、ほかにも楽しいことはあったろうが、子育ての楽しみは大きい。親になって初めて、自分はこんなにも人を愛したり人に怒りを抱いたりできるのだとわかる、というのは昔からいわれてきたことだが、現在の学問でもそのとおりだと考えられている。

経済学者のアンガス・ディートンと心理学者のアーサー・ストーンは、170万人のアメリカ人のデータを検証したあと、親になったことによる感情の起伏の激しさが「自分の生活に対する評価に影響するわけではないが、子どもがいない人よりもいる人のほうが、自分の生活に対する評価の平均は低い」とした。

後から振り返って見れば、うまく子育てできたことで達成感が得られた、ということもできるのだろうが、数々の調査結果を見ると、子育ての最中は、親であることは生活満足度を上げるものではなく、かえって減少させるものであるとわかっている。特に、若い親たちはとても多くのストレスを抱えている。ドイツで行われたある調査では、じつに3分の2以上の親たちが、子どもが生まれてからの2年間に、生活満足度が低下したと答えている――しかも急激に低下したという人が多かった。

「みんな口にはしないけれど、幼い子どもを世話する厄介さは、結婚の代償のようなものよ」と、友人のひとりが言った。ふたりの子どもが生まれたときはとても大変だったという。彼女の結婚生活は続いており、いまではふたりの子どもも成長している。「とてもいい子たちよ。子どもと一緒にいる時間を楽しんでいるわ。子育てに勝った、という気持ちよ」

どこか満たされない気持ちを子どもをもつことで埋めようと思っている人は、実際に満足感が得られるのは、たいてい少し先のことだと知っておいたほうがいい。

思ったほど幸福感を左右しないものは、性別だ。２０１５年の世界幸福度報告では、女性の平均的な生活満足度は男性よりも少し高かったが、その差はたいしてなかった。本書を執筆するために行ったインタビューや調査でも、同じ結果が出た。

40歳のときに幸福のパラドックスのことを知っていれば、いまの自分を評価できないことに思い悩むこともなかっただろう。40歳の私は、自分を20歳のころの自分と比べて嘆いていたわけではない。私が比べていたのは、同じ40代の同僚だ。みんなうまく（そして長く）人間関係を築いていて、（私よりも多くの）財をなしていて、（私よりも高い）仕事上の地位を得ていた。

たしかに、私もたいていの人よりは裕福だったが、私の比較対象はそういう人たちではなかった。困ったことに、人生を無駄にしているんじゃないか、と私を責め立てる私のなかの自己批判の声は、自分より上にいる人と比べるべきだと主張していた。だが、これはもっともやってはいけないことだ。リチャード・レイヤードが書いているように「幸福になるための秘訣のひとつは、自分よりも成功している人と自分とを比べないことだ。上にいる人ではなく、つねに自分より下にいる人と比べること」

彼のアドバイスは健全だが、それに従うのは難しい。そのアドバイスに従えるかどうかは、私たちの気持ちの問題もあるが、年齢にもよる。

つらく、ときに深く傷つくこともあったが、それでも実り多かった40代を超えると、キャロル・グラハムは危機を脱した。幸福の経済学も認められはじめた。彼女の専門分野は学界の主流になり、報道機関もこれに飛びついた。

「50代になってから、リサーチにのめりこんだわ」と彼女は言う。「私が取り組んでいる幸福の経済学には影響力があると思うと、とても満足感がある。人の考え方にも影響を与えている。若い学者たちもこの分野で、私が考えもつかなかったような研究をしているわ」

彼女は10代になったふたりの子どもとも、楽しい時間を過ごしている。一緒にギターを弾いたり、レースに出て走ったりしているそうだ。

「それで、きみ自身はどこか変わったかい?」と私は聞いてみた。

彼女は少し考え込んだあと、息子さんの話を例に挙げた。10代の息子は恋人にぞっこんだったらしいが、別れたあとはすっかり打ちのめされた様子だったという。

「年齢が上がるにつれて、悲しい経験もほかの経験と比べて評価できるようになるので、違う見方ができるようになるものよね。つまり、賢くなるってことね。以前の私なら悩んでいたようなことが、いまでもたくさんあるわ」。たとえば、彼女の著書に対する批判的なコメントなどだ。

「40代のときだったら、『なんて、ひどいのかしら』と思っていたでしょうね。でもいまは、あまり気にならないわ。私は自分の書きたいことを書くだけ。自分のことを認めさせてやろうという気持ちは、いまはないわ。とても内面的な問題なんだけれど。いまは人が自分をどう見ようと、いっこうに気にならない」

彼女はハピネス・カーブの谷底を過ぎたということだ——このハピネス・カーブこそ彼女が発見したものだ。２００１年、キャロルと開発経済学の学者、ステファノ・ペチナートは『幸福と苦難——新しい市場経済学における機会と不安（*Happiness and Hardship: Opportunity and Insecurity in New Market Economies*）』という著書を出版した。そのなかには、南アメリカの人たちの生活満足度が20代から48歳まで低下していき、そこから上向きに転じる様子を表したグラフが掲載されている。

「先進工業国で行った調査でも同じような傾向がみられた。ただし、ハピネス・カーブのもっとも低いところは、もう少し早い時期だったり遅い時期だったりする」と彼らは書いている。話は少しそれるが、数行先では、こんなことも書かれている。ハピネス・カーブが描くパターンは骨董品の形のようだ、と。そう思ってみてみると、骨董品のようにみえてくる。そう思わない人もいるかもしれないが。

# 第3章 驚きの発見

## ハピネス・カーブは類人猿にもあった

ハピネス・カーブを探しあてようという人はいなかった。誰もそんなものがあるとは思っていなかったからだ。

中年期は精神的につらい時期だが、老年期になると心が穏やかになっていく、という考え方は特に目新しいものではない。ナショナル・ギャラリーのトマス・コール展を見にきた人はみな、そう思ったことだろう。だが、中年期にある独特な症状が表れることを指す「中年の危機」という言葉そのものは、意外に歴史が浅い。

1965年、カナダ生まれの精神分析学者エリオット・ジャックが、インターナショナル・ジャーナル・オブ・サイコアナリシス誌に寄稿した記事『死と中年の危機（*Death and the Midlife Crisis*）』のなかで初めて使った。予想どおりとでもいおうか、このときジャックは40代後半だった。

「偉人たちの著作物が30代半ばから後半にかけて破壊的な色合いを濃くしていくことに気づき、中年期は人間の一生のなかでも非常に不安定な時期なのだと感じた」と記事のなかでジャックは述べている。じつに精神分析学者らしいといえるが、ジャックは持ち前の鋭い洞察力と大胆な推測で、自らの所見を一般論として展開した。「中年の危機は、一部の芸術家だけに起こることではなく、すべての人に何らかの形で起こる反応である」と書いている。

何に対する反応なのだろうか。ジャックは次のような仮説をたてた。30代の半ばから、これまでは漠然と遠い将来のことと思っていた「死」が、具体的で身近なものとして感じられるようになるのではないか。

「人の成長は止まり、老いはじめる。すると、新しい状況に対応しなければならなくなる。これまでは大人の第一段階だった。家族をもち、仕事での地位を築いてきた（まったく社会に適応できないという場合を除けば、たいていは築いているはずだ）。いまや親は年老いて、子どもは大人になろうとしている」。自分の生涯もこの先そう長くはないのだという思いが頭から離れなくなる。「これが中年期特有の難しい精神状態だ」とジャックは言う。

この後は、1960年代にはすでに時代遅れとなっていたフロイトの専門用語を使って説明されている（「自我は破壊的な衝動につねに苛まれているが、心のなかでは無意識にこれを抑圧しようとしている」）。つまり、中年期になると、なれなかった自分や、自分がやれなかったことを、諦めざるをえなくなるというのだ。

「達成したかったことや、こうなりたいと願った姿、手にしたいと思ってきたものが、実現することはないと知るのだ。このときに感じるフラストレーションは、非常に強い」

ジャックの記事が掲載されてから50年以上経ったいまでは科学的な説が多数あり、彼の説に同意するのも否定するものもある。それについては、後の章で詳しく述べることにする。ともかく、ジャックの説いた基本的な概念や言葉は大衆に受け入れられて広がっていき、すぐに目新しい考えではなくなったとだけ、ここでは述べておこう。

だが、科学者たちは彼の説を裏付ける証拠を見つけられずにいた。たしかに、中年期に苦難を抱える人はいるが、それ自体は特に興味をひかれるような発見ではない。心理学者が中年期だけに見られる何かを見つけようとしても、何も見つからないのがおちだった。

「学者たちは、中年期の何がほかと違うのかを見つけることができなかった」と、コーネル大学で人間発達学の教授をしている社会学者のエレイン・ウェシントンが話してくれた。彼女が2000年に寄稿した『ストレスを予期する――アメリカ人と〝中年の危機〟（*Expecting Stress: Americans and the 'Midlife Crisis'*）』（モチベーション＆エモーション誌に掲載）によると、無作為に選んだ調査対象者の4分の1が「自分の年齢を意識したり、身体の衰えを感じたり、不本意な役割を負わされたりしたときに、混乱し、人生の目標やライフスタイルが突然変化した」と述べている（女性も男性も同じように中年の危機があると申告されている）。だが、「大人が経験する精神的な苦痛を疫学的に研究しても、男女共に、中年期が異常なほど苦痛を感じる年代だと示すものは何もない」。中年の危機を経験したという人は多いが、それは40代という年代が難しい問題を抱える年代であるからではないかと、ウェシントンは推測した。

「中年の危機はたしかに存在すると信じている人もいる」と彼女は言う。「自分の人生を振り返ってみれば、〝中年の危機〟という言葉も腑に落ちるのだろう。長い中年期のどこかで、自分も実際に危機に直面した覚えがあるからだ」

科学的に正しいかどうかはともかく、中年の危機というものがあると考えれば、自分の人生に波があるのはそのせいなのだと納得できるにちがいない。「あると信じれば、その存在は現実のものになるし、重要な意味をもつようになる」と彼女は語る。

だがこれは、科学的に確かめられたものではなく、どちらかといえば、生活の知恵や社会的な慣習からそう考えられているだけだ。ほかの心理学者は、中年期に明らかな危機が訪れるという考え方をどうしても受け入れられないようだ。「データにはその証拠がほとんど見られない」とウィスコンシン大学加齢研究所の所長キャロル・リフは言う。

心理学者の多くが考えるように、彼女はとにかく、すべての人間と人生にあてはまるものとして一般化して語ることには意味がないと考えている。なぜなら、もっと関心を寄せるべき大切なことは、その人特有の人生の歩みであり、そこで起こった出来事だからだ。

「結局これは、一般的で大まかな話をしているだけで、実際に存在する個人の話をしているのではありません」と彼女は言う。「これは誰にでもあることなのだろうか、それとも私だけなのだろうか、と人と比べてあれこれ思い悩むのをなくすことで、心を軽くしようとするのが心理学です。その人が誰で、どういう状況にいるのだろうかと、ひとりひとりのことを考えることこそが大切なのです」

個々の感情や発達を研究するのは、まさに心理学者の仕事だ――通常は少人数のグループを対象に実験室や制御された環境で行われる。少人数のグループやある特定の状況で実験が行われる場合、周囲の環境やその人特有の性格が行動を決定づける。だから、研究結果で得られた統計をみて、これが幸福／不幸の原因であろうと、ひとつの要因を特定したところで、何の意味もない。なぜなら、人間というのは統計学的に理解できるものではないし、どんなリスク要因があるかわかったところで、人生というものはそう単純ではないからだ。

たしかに、中年期にはストレスの原因になるものがある。親の介護をしながら子育てをしている人に聞いてみれば、それがよくわかるだろう。だがそれは、ある年齢になるときまって起こる症状というわけではない。そうしたこともあって、2000年代の初頭に主流だった心理学では、中年の危機という概念が支持されることも関心をもたれることもなかった。心理学者の考えが変わることもなかった。

2011年、科学に関するニュースを発信しているライヴ・サイエンスというウェブページで、「中年の危機はたんなる神話だった」という見出しの記事が掲載された。これでこの問題には決着がついた、と多くの人が思った。

２０１５年には、高名な心理学者スーザン・クラウス・ウィットボーンが「サイコロジー・トゥデイ」というウェブサイトにこんな見出しをつけた記事を寄稿した。「中年の危機が心配？　心配無用。そんなものは存在しない」。この記事のなかでウィットボーンは、こう結論づけている。

「誰にでも中年の危機が起こるという説を裏付けるデータはないに等しい」（それは正しい）。「そもそも危機と呼べるものではない」（それも正しい）。「５００人近くの人を対象に、それぞれ30代、40代、50代、60代のときに調査を行ったが、中年の危機があったという証拠は得られなかった」（心理学にしては相当多いといっていい数の調査対象者だ）。

だが、中年期と幸福について、まったく違う考えがあることが、ある人物のおかげでわかったのである。

２０１５年に初めてアンドリュー・オズワルドに会ったとき、彼は61歳だった。平均より少し背の高い彼は、グレーの髪がはげかかっているものの、日課としている2時間のウォーキングのおかげで、スリムでアスリートのような体つきを保っている。背筋のピンと伸びた礼儀正しい人物で、柔らかな声をしているが、鋭く分析的な話し方をする。彼は自分のことを〝イギリス紳士〟だと称しているが、たしかに私もそう思う。

ある晩春の日に、私はウォーリック大学にあるオフィスで彼に会った。堅苦しさなど微塵も感じられないようなキャンパスだったが、彼自身は紫色とオレンジ色のストライプ模様が入ったダークブルーのスーツに、クリーム色のネクタイを締め、足元は茶色の靴、頭には中折れ帽をかぶっていた。スーツでビシッときめるのが好きでね、と彼は言った。

オフィスの中には数脚の椅子、おびただしい数の本、そして方程式が一面に書きなぐられたホワイトボードがあった――仕事に使ったわけではなさそうだ。仕事はすべて家でやると彼は言っていた。ローマ神話に出てくる火の神のような堂々とした印象だが、ときおり会話の最後に発する笑い声がその印象を和らげてくれる。

オズワルドは1953年、イギリス西部ブリストルで生まれた。父親は優れた精神医学者で、家族を連れてスコットランドのエジンバラ、オーストラリアなどへ移り住んだ。オズワルドは父親の期待以上の若者となった。初めてのガールフレンドと結婚し、オックスフォード大学で学位を取得し、まずまず有名となった論文を執筆し、ふたりの子どもをもった。これをすべて、まだ20代のころに達成したのだ。「つねに何かに急き立てられていた感じだった」と当時を振り返って彼は言う。

1970年代になるとオズワルドは、サッチャー政権以前のイギリス経済の疲弊ぶりと、税金に苦しむ人たちに注目するようになる。「当時のイギリスは失業率もインフレ率もとても高かったし、社会も混乱していたんだよ。それで経済学に興味をもったんだ」。そして笑いながらこう付け加えた。「それを解決してやろうと思ったのさ」

いまから考えるととてもおかしな議論に思われるが、当時イギリスでは、失業問題は失業者にとって本当に深刻な問題なのかどうか、という議論が巻き起こっていた。自ら進んで失業者になっているのではないか、仕事より遊びを優先した結果、失業しているのではないか、と。あるいは、彼らの状況はそれほど深刻なものではないのではないか、といわれていた。「スキルをもっていない人は、失業手当がもらえるならそちらを選ぶだろうし、そうすることが彼らにとって合理的なのではないか、と右翼はずっと主張していた。これは100年以上も前から経済学の大きな論点だ。失業は経済学でいうところの均衡状態なのか、それとも人間に起こる災厄ととらえるべきなのか」

オズワルド自身は、失業はまちがいなく人間に降りかかる災厄だと考えていたので、労働と賃金について研究する労働経済学の道へと進んだ――仕事と賃金が主観的な生活満足度にどの程度寄与するかというのが、彼の研究テーマだった。1979年に彼が初めて執筆した論文は、自分の収入を他人の収入との比較で評価するという現象――今日ではよく知られているが、当時はこうした現象はあまり知られていなかった――つまり人は〝相対的に〟物事を評価するという内容の論文だった。労働組合は他と比較したときの賃金にこだわっていて、他と同等かそれ以上でなければならないと考えていることに彼は気づいた。「人間は相対的な評価によって突き動かされるものだ、と直感的にわかった」のだという。

当時、主観的な要因に着目した彼は変わり者と思われ、彼の研究も異端視された。だが、本人はいっこうに気にしなかった。いまの若い学者たちにもよくいっているらしいが、そのころの彼は自分自身にこういいきかせていたという。

「誰からも文句をいわれない研究なら、たいした研究ではないということだ。自分は信じたことを曲げない。何が本当に大切かわかっているのは、この私だ」

彼は理論よりもデータを重視すべきだ、と信じている。いまでは当たり前のことなのだが、当時こうした考え方は一般的ではなかった。「私はオックスフォードで教育を受けていたのだが、データなど必要ない、と刷り込まれていたんだ」

賢いエコノミストには実証研究で得られたデータの裏付けなど必要ない、自分で数理モデルをつくって仮説をたてるものだと教えこまれてきたが、いまではこれを〝危険で恐ろしいこと〟と考えている。数式をたてるのが得意だった彼はそれを武器にプリンストン大学のフェローとなり、彼が考えた数理モデルを発表したが、周りからは冷ややかに受け止められた。「『アンドリュー、数理モデルはよくできているが、裏付けはあるのかい?』と聞かれたよ。当時はずいぶんしごかれて大変だった。『それはどういう意味かね? 裏付けは?』という具合だ」。混乱したオズワルドは、考えを変えていった。「本当に賢い人の話には裏付けがある」と。

そうして〝ビッグ・データ〟を活用するようになっていった(当時はまだ〝ビッグ・データ〟という言葉は存在していなかったが)。おそらく、彼がビッグ・データに関心をもち、人と違う考え方に傾倒していったのは自然な流れだったろう。主観的幸福度を測るには幸福の経済学が必要だと考えるに至った。

「失業が人に与える影響に興味をもったんだ。自分の幸福度について大勢の人に回答してもらった調査結果があってね、それは本当に膨大な数のデータだった。それで、その調査結果から何かしらのパターンを読み取れないか考えてみようと思ったんだ」

その当時もまだ、過去にイースタリンが行った画期的な研究は注目されておらず、主観的な生活満足度を経済学の観点から考えようとする人はいなかったが、誰も注目していないテーマだからこそ、かえってオズワルドには魅力的に映った。

「誰にも注目されないとわかっていたよ。そんな論文を書いても掲載されない可能性もある。だが、私にとっては興味深いテーマだった。間違いなくもっとも重要な問題だと思っていた。人間の幸福とは何かを解明しようとしていたのだからね。人間の幸福には、経済的要因やそのほかの要因がどのようにかかわってくるのか？　それこそ社会科学のなかでもっとも大切な問題だといってもいいかもしれない」

ジョシュア・ウルフ・シェンクが『二人で一人の天才』（英治出版）のなかで述べているように、すばらしい創作の多くは、創造力の豊かな二人組によって生み出されてきた。まったくタイプの違う二人が互いを補完しあうからこそ、偉大な思想家やクリエーターたりえる。

ザ・ビートルズのジョン・レノンとポール・マッカートニーがいい例だ。あるいはアップルの創業者であるスティーブ・ジョブズとスティーブ・ウォズニアック。ふたりの政治家トーマス・ジェファーソンとジェームズ・マジソンも互いに協力した結果、個人の自由という概念と憲法が確立された。二人組のどちらも傑出した天才だが、二人が出会ったことで化学反応が起き、すばらしいものが生みだされてきた。

幸福に関するビッグ・データの分析に取り組んでいるとき、オズワルド自身もまた化学反応をもたらしてくれる相手、デイヴィッド・ブランチフラワーに出会った。「彼は天才だよ」とオズワルドは言う。「データ分析の天才だ」

アンドリュー・オズワルドとの面会もまだ記憶に新しかった6月のある日の午前10時、私はダートマス大学の経済学部を訪ねた。床のきしむ廊下を歩いていた私は、オズワルドの化学反応の相手、ブランチフラワーに会った。彼は私に手招きをして、オフィスに迎え入れてくれた。

当時63歳だった彼は、骨太でがっしりとした体格に、白いものが混じった茶色の髪をしていて、その分厚い手は握手をしたときに私の手がすっぽりと包まれてしまうほど大きかった。彼はおおらかでじつに陽気な人物だった。その日の彼は夏の装いで、花柄のシャツ（裾の脇にスリットが入っているタイプで、ズボンの外にシャツを出して着ていた）に、カーキ色のショートパンツ、サンダルといういでたちだった。どうやら季節に関係なく、一年のほとんどをこの格好で過ごしているらしかった。雑然としたオフィスのなかで特に目をひくのはソファで、彼は私のインタビューに答える間はほとんど、このソファにゆったりと腰かけていた。もっと目をひくのは、机の上に並んだ3台のパソコンだった。

私が質問をするより先に、ダニー（彼の愛称だ）が話しはじめた。私がここに来る30分ほど前、新しいデータを手早く解析したところ、生活満足度と年齢との関係を表したグラフがUの字をした曲線になったのだという。

「面白いと思わないかい？」と彼が言い、私は彼の肩越しに、パソコンの画面に並んでいる数字に目をこらした。「まだ詳細は確認していないんだがね。ご覧のとおりさ！」

そのデータは37カ国から集められたもので、ほとんどはアメリカやデンマークなど先進国のデータだった。だが、なかには中国、ラトビア、トルコなどのデータもあった。こうした国々のデータに注目したことは、これまでなかったらしい。

「一風変わった国だからな」とブランチフラワーが言った。今回の調査では、次のような質問をしてデータをとったという。「生活全般を考えたとき、あなたは自分がどれくらい幸福／不幸だと思いますか？」

データとしてあがってきた数字をどのように分析したのかたずねてみた。「アメリカで得られた回答は１２００人分だけだ」とデータを見ながら彼が言った。有意な結果を得るには十分な人数ではない。そこで彼は、西欧諸国のデータを選んだ。パソコンのキーボードの上を、彼の指が目に留まらぬほど素早く動き、カーソルを画面のあちこちに移動させてはデータと書かれたタブを開き、方程式の変数を指定し、回帰分析を始めた。作業をしながら彼はときどき悪態をつく。

「あの忌々しいやつはどこだ?」「まいったな、しっかりしろ、ダニー!」(「独り言さ。作業にはかかせないもんでね!」だそうだ)

ほかの分析者なら何時間もかかるようなことも、彼の手にかかればものの数分でできてしまうようだ。はたして画面にはUの字をした曲線が現れた。50代半ばあたりが曲線の一番低いところになっている。

次に、私たちは東欧諸国のデータを調べた。またしてもU字曲線が現れた。曲線の一番低いところは中年期後半で、西欧諸国ほど、その後の上昇が見られない(「東欧で暮らしている人たちは、つらい思いをしているようだ」)。

次は発展途上国。ここでもU字曲線が現れる。今度は50代前半がもっとも低くなっている。彼はさまざまな統計的手法を使ったり使わなかったりしたが、統計から見えてくるストーリーは変わらなかった。

私がなんとか彼の話についていこうと必死にメモをとっている姿が愉快なのだろうか、彼は楽しそうな様子で、今度はイギリスでとった30万5千人分のデータを引き出してきて、ストレスや不安についての回答を調べはじめた。データによると、イギリスで調査した生活満足度もU字曲線を描いており、曲線の一番低いところは49歳になっていた。一方、不安とストレスが一番高くなっていたのも、同じく49歳だった。

「私が分析してきたデータファイルの数は膨大だ」と、一息ついたときに彼が言った。「それこそ何百とある。基本的に私の仕事は、さっきお見せしたとおりだ。データから理論を導きだす。理論など導きだせるわけがない、という人もいるが、それほど難しいことではない」

ブランチフラワーは昔からデータを分析する天才だったわけではない。イギリス南岸のブライトンにいたころは、ちゃらんぽらんな子だった。家族のなかで大学に行った者は誰もいなかったし、彼が家族のなかで初めて大学に進学するような子になるとは思えなかった。13歳のときは一番下のクラスで一番悪い成績をとったりして、両親が学校に呼び出されることもあった。

ところが、高校生になると勉強にも興味が出てきて、オックスフォード大学の試験を受けたらどうかといわれるくらいよく出来るようになったが、結局、イギリスのレスター大学という中流の大学に進学し、経済学を専攻した。あまり勉強しなかったが、たいして努力をしなくても十分にいい成績がとれた。

大学時代は〝ヒッピーのような〟生活をして、変わったこともいろいろしていた——カリフォルニアでナイトクラブの用心棒として働いたり、ロックバンドのサポート業務をしたり。だが、旅行に行けるだけのお金が貯まるとそれらもすっぱり辞めて、アフガニスタンまで徒歩で旅行をした。「この時期はちょっと横道にそれていたのさ」と彼は話してくれた。

だがそのうち、彼は経済学の面白さ、特に統計学の面白さに気づく。イギリスのコミュニティ・カレッジで経済学の基礎を教えるという何とも先の見えない仕事をしていたときに〝ひらめきの瞬間〟があり（「なんてこった、俺は天才かもしれないぞ！　という感じだった」そうだ）、28歳のときに経済学の博士号をとろうと決意したという。それまでの遅れを取り戻すかのように彼は必死に勉強し、2年で博士号を取得した。それが1970年代のことだ。

当時イギリスではストライキや失業によって、才能のある若者の多くが見捨てられていた。彼が書いた論文はアンドリュー・オズワルドと同じく労働組合と賃金に関するもので、オズワルドと同様に彼が重要だと考えていたのは、データをよく検証することと、社会の現状を見ることに重きをおくことだった。

「自分では〝歩き回って学ぶ経済学〟と呼んでいるんだがね。経済学は気に入っていたよ。だが、本当にやりたかったのは、若者の失業について考えることだった」という。

だから、オズワルドとの出会いは必然だったといえるだろう。ふたりは1980年代の半ばにロンドンで出会った。すぐに共同研究をしようという話になったが、その後数えきれないほど多くの論文を共同執筆することになろうとは、そのときは思いも寄らなかった。「何百という論文を共同で執筆したよ」とブランチフラワーは言う。「私たちはお互いに足りないものを補いあっている。私がデータ分析をし、彼が論文のドラフトを書くんだ」

ふたりの論文の多くは賃金と労働市場に関するもので、1988年に書かれたものもそうだった。あまのじゃくなふたりの本領発揮とでもいおうか、ふたりはいまの学説が旧態依然とした経済学であると示すために次のような文言を入れた。

「この論文では数理モデルも……計量経済学もいっさい使わない」。こう公然と書かれているのを読んで、エコノミストたちの間に波紋が広がったが、ブランチフラワーとオズワルドのふたりはそれを楽しんでもいた。

「1988年当時、私たちは鼻つまみものだったよ」。1980年代の後半に、ふたりは自分たちと同じような考え方をもつエコノミスト、アンドリュー・クラークとともに、イギリスのダートマスで小さな活動グループをつくり、世間からほとんど忘れられているリチャード・イースタリンの幸福論の研究を始めた。

オズワルドはまず、幸福というものに興味を抱いた。そして初めは無関心だったブランチフラワーの興味をなんとかひこうとした。

「オズワルドは幸福に関するデータから何か見えてくるはずだ、と私を説得しようとした。私は『そうかそうか』と言って受け流していたんだがね。だが、幸福に関するデータを見たところ、賃金のデータと同じように、おかしいくらいに変化がないことがわかったんだ」

ビッグ・データの解析が得意な者にとって、変化がないとか、同じパターンが繰り返されるとかいった現象は、何かおかしなことが起きていることのサインに見える。そこで、1993年、オズワルドとアンドリュー・クラークらは、幸福の経済学に関する研究会を開いた。

「研究会のことは大きく宣伝したよ。学界じゅうにね」と当時を振り返ってオズワルドが話してくれた。「椅子を100個並べたんだが、ほとんど誰も来なかった」。登壇してくれた数人が用意してくれた資料も、幸福に関する話が漠然と書いてあるだけだった。

後先考えずに幸福に関するデータに飛びついて、何らかのパターンが見られないか研究しはじめたこの〝あまのじゃく〟ペアにとっては、学界の無関心さがかえって、このテーマに向かう情熱をかきたてるものになった。

彼らはまず年齢に着目した。何か関係があると思ったからではなく、ただ年齢に関するデータがそこにあったからである。すると、同じパターンが現れた。1994年にオズワルドとアンドリュー・クラークが発表した、失業は不幸のもとになるか（答えはイエスだ。おおいに関係がある）を論じた論文（イギリス経済学協会のエコノミック・ジャーナル誌に掲載）のなかに、こんな一文がある。

「精神的な幸福と年齢との関係を表すグラフはU字曲線を描く」。1996年にオズワルド、クラーク、そしてピーター・ウォーという心理学者が発表した論文（ジャーナル・オブ・オキュペーショナル＆オーガニゼーショナル・サイコロジー誌に掲載）には、仕事満足度と年齢の関係も「U字曲線を描く」と書かれている。

そのころはまだ、この結果は興味をそそる変わった現象としか見られていなかった。この現象を説明することのできる学説もこれといってなかったし、確かめる方法もほとんどなかったため、研究員たちはこの現象を特に気に留めることもなかった。

「こんなときは、ともかく前に進むしかない」とオズワルドは言う。「研究とは霧のなかにいるようなもの。そう考えるようにしている。霧で周りが見えていないだけなんだ、と」

だが、年齢と幸福の関係は、彼らの研究以外でも報告されていた。たとえば、キャロル・グラハムは彼らが研究した国とはまったく違う国のデータを使っていたけれども、同じようなパターンを発見している。

２００4年、ブランチフラワーとオズワルドは、十分なデータと十分な自信をもって、年齢そのものが幸福の決定因子として重要な役割を担っている、と発表した。また結婚は幸福にとってとてもよいこと、失業はマイナスの影響があること、イギリスの生活満足度は停滞しており、アメリカの生活満足度は低下していること（一方アメリカの黒人の幸福度は上がっている）、さらに周りと比較したときの収入も幸福に影響することを、ジャーナル・オブ・パブリック・エコノミクス誌に掲載された『イギリスとアメリカにおける年齢と幸福との関係（*Wellbeing over Time in Britain and the USA*）』のなかで述べている。さらに、年齢はほかの決定因子とは関係なく、それ単体で、生活満足度に影響を与えるとも発表している。

「人が自分の幸福度を答えるとき、年齢が大きく影響することは注目に値する。グラフにするとU字曲線になる」

結婚の有無、教育、雇用状況といった主要な変数を調整しても、年齢の影響はアメリカでもイギリスでもみられた。性別が違っても同じだった。時代によって変わる社会的、経済的状況が原因ではないと考えられた。なぜなら、どの世代の人にも同じパターンがみられたからだ。「何か体系的なものが働いていると思われる」と彼らは論文のなかで述べている。「この現象は、心理学でもまだ説明がつかない」

年齢が上がるにつれて何かが変化する、とはっきり公言した2004年の論文は、世間の耳目を集めた。4年後、ソーシャル・サイエンス&メディスン誌は、年齢と幸福についての特集記事を掲載した。

『生活満足度はライフサイクルにともなってU字曲線を描くのか?』

多数の国の何十万という人から得られたデータをもとに彼らが導き出した答えは「イエス」だ。このうち50万人はヨーロッパとアメリカでとられたデータだ。「生活満足度は中年期に最低になる」と記事には書かれていた。「規則性があることは興味深い。U字曲線は男性の場合も女性の場合も同じように現れるし、大西洋のどちら側の国にもみられる(ただし、アメリカ人男性の曲線がもっとも低くなる時期は、ほかと比べて少し遅い)」

U字曲線が見られなかった国も二十数カ国あったが、これらはおおむね発展途上国で調査対象者の数もとても少なかった。統計においては、調査対象者が少ない場合、個人をとりまく千差万別な環境が生みだす〝ノイズ〟のせいで、パターンを見つけることが難しくなる。

たとえば、調査対象者が3人だけだとすると、ひとりは25歳のときに失業、ひとりは45歳で幸せな再婚、残るひとりは65歳でがんに罹患、ということもあるだろう。このように対象者の数が少ないと、年齢に応じて見られる影響と年齢そのものによる影響を見極めることはできなくなる。

２００８年までに、ブランチフラワーとオズワルドは、U字曲線を見つけたという20あまりの論文を目にした。ほかにもこの現象を裏付けるものはないかと、精神面の健康にも着目することにした。中年期の生活満足度が低いとすると、精神的な落ちこみも大きいにちがいない。そこで彼らは、16歳から70歳までの１００万人のイギリス人のデータベースを入手した。すると予想どおり、グラフはUをひっくり返した曲線、つまり山なりの曲線を描いた。精神的に落ちこむ確率は40代半ばにもっとも高くなることがわかったのだ。

２０１２年、この発見をさらに検証しようと、彼らはヨーロッパの27カ国で処方された抗うつ薬の数量を調べた。すると、同じ結果が得られた。抗うつ薬を使用する確率がもっとも高くなるのは40代の半ばだった。翌年、彼らはアメリカのニューハンプシャー州とニューメキシコ州でとられた、向精神薬の使用に関するデータを入手した。

「このデータでは、向精神薬を使用する確率がもっとも高くなるのは45歳から49歳までの間であることがわかる。中年期にピークがくることはこのデータでも明らかだ」

２０１０年、イギリスの週刊新聞エコノミストが『人生のU字曲線』という記事を掲載したことで、この現象がさらに広く知られることとなった。この記事では、ブランチフラワーとオズワルドの研究が紹介されているが、南カリフォルニア大学のアーサー・A・ストーンというアメリカの心理学者が新しく発表した論文から引用したグラフも掲載されており、さらにその論文の共同執筆者である3人の名前も挙げられていた（ジョセフ・E・シュワルツ、ジョアン・E・ブローデリック、アンガス・ディートン）。

『アメリカにおける精神的な幸福度の年齢分布』と題されたその論文は、30万人以上のアメリカ人を対象にしたギャラップ調査の結果をもとに書かれたもので、40代後半から50代前半に一番低くなるようなU字曲線が現れたとしている。統計学的補正をしなくても、その曲線は目にも明らかだった。

幸福度がこうした曲線を描くのはなぜなのか、それは後の章で述べることにしよう。ともかく、このころ、研究員たちが何か——これまで行われてきた中年期に関する研究では見落とされていた何か——が起こっていることを突きとめつつあった。生活満足度は大人になったころから徐々に下がりはじめ、中年期で最低となり、そこから徐々に上がっていく。オズワルド自身は、こうしたデータの潜在的意義を公言してはばからない。初めて会ったとき、最初に彼はこう言っていた。

「これは人間に関する第一級の発見ですよ。何百年先まで生き残っていく学説だ」

だが、すべての人がこの説に納得したわけではない。U字曲線説には問題が隠れている可能性があったからである。調査を思わぬ方向に導いてしまう恐れもあるため、よく検討しなければならなかった。覚えているだろうか。U字曲線はビッグ・データ現象だということを。

ブランチフラワー、グラハム、オズワルド、そのほかの研究者は何万人、何十万人、ときには何百万人から集めたデータを分析してU字曲線を発見した。調査対象者がとても多ければ、調査員は統計学上のテクニックを使って、故意に特定のパターンを引き出すこともできてしまう。彼らが分析したのは幸福に関する大がかりな国際的調査のデータだったが、エリオット・ジャックが中年の危機があるという仮説をたてた1960年代にはこのようなデータは存在していなかった。

また、データはあくまでデータであって人間そのものではない。だから心理学者はこの説に納得しなかったのだ。人がどんな生活をし、満足度がどのように上下するのかを知ろうと思ったら、調査対象者はグッと絞って少なくし、ひとりひとりをよく見て、彼らの生活をじっくりと観察する必要がある。ひとりひとりの経験は、ビッグ・データには表れない。表れたように見えるだけだ。

U字曲線にはほかにも問題点があった。もし仮に、1975年に、さまざまな年齢の100万人のアメリカ人に、あなたは自分の生活にどれくらい満足していますか、と質問したとすれば、数多くのデータを手にすることはできるだろう――だが、そのデータはあくまで断片でしかなく、1975年時点で人々はこう感じていたという統計上の記録でしかない。

1975年に30歳と60歳が45歳の人よりも幸せだとわかったところで、この3世代はこれまで異なる状況下で生きてきたことがわかるだけだ。大不況の時代に生まれ育った45歳の人は、不況の影響を受けて人生に対してあまりポジティブになれなくなったのかもしれない。

いま挙げた例は何も憶測で述べているわけではない。大不況のせいで私の父は悲観的になり、お金に対する不安をいつも抱えていて、貯金を怠らなかった。U字曲線になる要因が、統計学者が呼ぶところの〝コホート効果*〟ではなく、本当に年齢によるものなのかどうかを調べようと思ったら、違う年代に生まれてはいるが、同じような時期に同じような経験をしている人同士を比べなければならない。

だが、それは不可能だ。あるいは、調査員が人の一生についてまわらなければならないことになる――だが、一生ついてまわるのは当然一生かかるわけで、調査対象者のほとんどは音をあげるか、逃げてしまうことだろう。残った対象者についてまわるのも並大抵ではない。たった1年でも人を追跡するのはとても大変なことだ。数人の調査員が数人の一生についてのデータを手に入れて分析したところで、U字曲線が必ずしも現れるとはかぎらない。

2002年のこと、ウォーリック大学に通うある若い大学院生がオズワルドのもとを訪ねてきて、彼の研究室に入れてくれないかと頼みにきた。その大学院生、ニック・ポータヴィーはタイからイギリスに移住してきた若者で〝仏教経済学〟を学びたいと考えていた。だが、オズワルドは彼に南アフリカの幸福に関するデータの分析を担当させた。当然、彼もU字曲線を発見した。

私がポータヴィーに初めて会ったとき、彼はすでに30代後半で二十数篇もの論文も発表し、幸福の経済学に関する書籍も1冊出版していた。当時教授を務めていたロンドン・スクール・オブ・エコノミクスの地下にあるカフェテリアでコーヒーをのみながら、彼はこう話してくれた。

「いつも発見していましたよ。どのデータを分析してもU字曲線が現れました」

繰り返しになるが、南アフリカのデータもまた、あくまで一場面を切り取ったものに過ぎない。そうではなくポータヴィーが欲しいのは、いってみれば動画だ。そこで、ポータヴィー、オズワルド、そしてもうひとり、哲学者のテレンス・チェンは、この問題に真正面から取り組むことにした。

彼らはオーストラリア、イギリス、ドイツの3カ国で、国民を何年にもわたって追跡調査して得られた4種類のデータを探し出し、統計学上のテクニックを使って、生活満足度の〝個人内変化〟を調べられるようにした。その結果、4種類のデータすべてにおいてU字曲線が見られ、曲線の一番低いところはいずれも40代だった。これは、年齢とともに人の生活

＊　生まれた年代によって共通性が見られること。

満足度はU字曲線をたどる、という証拠だ。もちろん、すべての人にあてはまるわけではないが、このパターンの有効性を示している。

「U字曲線はたしかに存在します」とポータヴィーは言った。そしてこう付け加えた。「人間の根幹にかかわるものだといえます」

だが、どのくらい人間の根幹にかかわるのか？　これは生物学的な現象といえるのか？　それとも文化の影響？　外からの圧力が原因なのか、それとも本能的なものなのか？　それを解明するためにアレキサンダー・ワイスに連絡をとってみよう、と直感的に思ったオズワルドは、彼にメールを送った。

これまで積み上げてきたキャリアや重要な発見が一瞬にしてひっくり返ってしまうような出来事が、ときとして起こる。アレキサンダー・ワイスの場合、それは夜盲症だった。ワイスはアメリカ人で、スコットランドのエジンバラ大学で比較心理学を研究している。比較心理学とは、動物の心理を研究することで、人間の心理をより深く学ぼうという学問だ。彼はイソギンチャクとカリフォルニアドチザメで修士号を取得すると、次は蛾についての研究で博士号を取得しようと考えた。だが、夜盲症がそれを阻んだ。ほかの研究テーマを探しているとき、指導教官からチンパンジーの研究に加わってみないか、と誘われたのだった。

人間の場合、個人の性格や幸福の度合いは、5つの基本的な特性に大きく左右されるが、その特性は遺伝子の影響を強く受ける。よく耳にすると思うが、５つの特性とは、神経症的傾向、外向性、開放性、協調性、誠実性だ。明るくポジティブな特性がいくつかある場合は、互いが互いを強化して、さらに明るくポジティブな性格になる。ワイスや彼の同僚たちがいうところの〝肯定的要素の相互作用〟だ。

私たちの性格や基本的な幸福度のレベルは、その多くを両親から受け継いでいる。人間の場合、主観的幸福度（幅広い意味での幸福）と性格は緊密に関係しているだけでなく、遺伝によるところが非常に大きい（おおざっぱにいえば50パーセントほど）。では、生物学的な要因はどれほどの影響があるのだろうか？　それを知る手がかりは、人間にもっとも近い動物にある。

ある日、ふたりの同僚、R・マーク・エンズ、ジェームズ・E・キングとともに、ワイスは動物園のチンパンジーを観察しにいった。すると、驚くような発見があった。チンパンジーの優劣関係を観察しているとき――優位に立つことはチンパンジーの性格と幸福度に影響を与える主な要因であり、優位な立場にあるチンパンジーの特性は人間でいえば外向的で神経症的傾向が低い――ワイスは、優位性は親から受け継がれることが多く、それが幸福度に大きく関係していることを発見したのである。

これは人間の場合と同じであることから、幸福には生物学的な影響が強いこと、そして性格的な特性が幸福度を上げる要因になることがわかる。

「このときに確信したんです。チンパンジーやほかの類人猿を研究することで、人間の性格や幸福について多くを学ぶことができる、と」。霊長類に関する研究について話していると き、彼がそう話してくれた。

類人猿の心理と性格の研究において、ワイスはふたつの発見をした。ひとつは、ジェームズ・キングとともに開発した、チンパンジーとオランウータンの幸福についての評価方法。むろん、類人猿は自分がどれくらい幸福であるか、言葉で説明することはできないが、彼らは感情表現が豊かだし、その動物のことをとてもよくわかっている飼育員の話は信頼できる。たとえば、ある類人猿の気分はどうか、社会的な交流をすることでどの程度の喜びを得ているか、目的をどのくらい達成できているか、という質問をすると、複数の飼育員の答えはおおむね一致するし、体の健康など客観的に観察できる要因とも一致する。こうした方法で、ワイスは類人猿の気持ちについて多くの情報を手に入れることができた。

ふたつ目の発見は、チンパンジーの性格には年齢が大きく関係していること、そしてそれは人間ときわめて似ているということだ。

「人間の性格は年齢が上がるにつれ、より内向的になる、競争しなくなる、感情をあまり出さなくなる、行動を自制するようになるのが特徴だ」とワイスとジェームズ・キングは書いている。「このパターンはチンパンジーにもおおいに見られる」

チンパンジーの性格も年齢によって変わるという発見は重要だ。なぜなら、人間の人格形成

――あるいは人格構造――は高等類人猿の生態と共通点があることを示唆しているからだ。「チンパンジーは仕事をして暮らしているわけではありません」とワイスは言った。「人間とまるで違う環境ですが、それでも同じことが起こっています。チンパンジーやオランウータンの寿命が50歳から55歳程度であることを勘案して見てみると、年齢による変化の大きさは人間の場合ととても似ています」

それならば、人間と類人猿の感情の変化が似ていることが発見されても、そう驚くことではないだろう。

ある日突然、ワイスのもとにアンドリュー・オズワルドという名前も聞いたことのないエコノミストからのメールが届いた。

「彼のメールにはこう書いてありました。『チンパンジーとオランウータンの幸福度について研究されていると聞いています。私の研究では、年齢と幸福度の関係がU字曲線を描くことが発見されましたが、同じことが類人猿にもあてはまるとお考えになったことはありますか？』」

ワイスは、そう考えたことはなかった。オズワルドと直接会って話をした後すぐに、ワイスは336頭のチンパンジーと172頭のオランウータンのデータを見直した。これらのデータはほとんどがアメリカと日本でとられたものだったが、なかにはオーストラリア、カナダ、シンガポールでとられたものもあった（調査対象となったのは動物園、研究センター、保護区域にいる類人猿だった）。

結果は目にも明らかだった。「類人猿にもU字曲線が見られるという十分な証拠があるのです」とワイスは語った。類人猿の曲線が一番低くなるのは、人間の年齢でいえば45歳から50歳の間だった。

この調査結果をまとめた『大型類人猿の中年の危機が、人間の幸福度を表すU字曲線と一致する証拠（*Evidence for a Midlife Crisis in Great Apes Consistent with the U-Shape in Human Wellbeing*）』は２０１２年に米国科学アカデミーの機関誌に掲載された。そのなかでオズワルドとワイス、それから幾人かの共同研究者（数人の霊長類学者も研究に参加していた）がこう書いている。

「我々の発見は、人間の幸福度を表す曲線は人間特有のものではないこと、ある程度人間の生活や社会に影響される面はあるにせよ、その根本的な要因は、人間と大型類人猿に共通する生態にあることを示唆している」

この論文はセンセーションを巻き起こした。猿にも中年の危機があるとは！「ちょっとした騒ぎになりました」とワイスは語ってくれた。なかでも一番驚いたのはアンドリュー・オズワルドだった。自分の直感があたるとは思っていなかったからだ。オズワルドは3回目の調査結果が出るまで半信半疑だったが、その調査結果が出たときのことは、数年前に私が彼に会ったときも、まだ鮮明に覚えていると言っていた。

「『これはきっと後世まで語り継がれるぞ。まったくの見当違いか、人間の根幹にかかわる発見か、そのどちらかだ』と思いながら机の前に座っていたときのことを、何度も思い返すよ」

経験主義のオズワルドは、類人猿の調査結果と同じ現象を実際に誰か人間が経験したときに初めて、この説が信頼に足るものといえるだろう、と述べた。それでも、この結果をどう考えるか、と聞いたところ、彼はこう答えた。

「私はこれが人間に表れる普遍的な現象だと考えている」。〝普遍的〟と彼がいうのは、幸福度の変化の傾向が普遍的だということを意味しているのであって、誰もが中年期に同じような痛みを抱えるということではない。「心が変化していく道筋は、人間誰しも同じであると考えている。私が間違っていると証明されることがあるかもしれないし、そうした意見も私は受け入れるつもりだが、幸福度の変化の傾向が普遍的であることを示すエビデンスがある」

類人猿の調査結果を聞いて、私はとうとうハピネス・カーブに注目した。あらゆる調査結果が、四十数歳の私がつねに抱えていた不満足感は私を取り巻く環境のせいでもなければ、私のせいでも、私の意識のせいでも、考えすぎるせいでもないと教えてくれた。類人猿がそれを教えてくれた。

自分がいけないのではないし、落ちこんだりイラついたりしたのも自分が悪いのではない。なぜ自分がそう感じるのかを完璧に理解する必要はないのだ。類人猿と同じように。何らかの理由で、進化の過程で中年期に不満足感を覚えるようになったのだ。その理由を理解することは無理だろう。心理的、精神的な変化のプロセスが生来備わっているものだとするなら、それを理解することはできないだろう。私が作家になりたいという馬鹿げた夢をどうしても捨てられなかったのも、生来備わっていた性質なのだ。

「ところで、私自身もU字曲線を経てきたのは間違いないと思っている」と、あるときオズワルドが、突然思い出した、というような口調で言った。40代のときに彼は離婚を経験している（「それが最悪の出来事だったとは思っていない」と言う）。そのときはまだ、幸福に関する研究がこれほど重要だとは思っていなかった。「人生の後半はそれほどいいものではないと考えていた。いろいろなことが少しずつ悪化していくのが普通だと思っていたよ」

ブランチフラワーも、中年期の難しさに直面した。

「私が人生に求めるものは何だ？　私は有名になりたかった。アイビーリーグの大学で教授になって『賃金曲線（*The Wage Curve*）』（ブランチフラワーとオズワルドが出版した労働市場についての有名な書籍だ）という本を執筆したとき、私はまだ40代だった。私たちはふたりとも『しまった、予定よりもはやくここまで来てしまった！』と思っていた。あのときが中年の危機だったと思う。『他にも何かしなくては！』と感じていた」という。

そのときは、抜き差しならない状態だと思いましたか、と聞くと、ブランチフラワーはクスッと笑って、そんなことはない、と言った。ただし、彼の奥さんは夫のことで悩んでいたようだ。夫であるブランチフラワーは、スノーモービルやボートを買ったり、仕事に打ち込んだりして、自分のストレスには対処していた。

「ふたりともいつも仕事をしていた。仕事をするか、子どもと遊ぶかのどちらかで、夫婦関係を維持するために何かをすることはなかった」

オズワルドと同じように、ブランチフラワーの結婚生活もそのうち破綻し、そのうえ、がんと診断された。だから、その時期のことを彼は一言でこう表現する。「苦痛」

50代になるころ、オズワルドはいまの奥さんとの付き合いを始めた。以前の結婚は自分には合っていなかったが、今度の相手は自分にぴったりだと思った。人生に対する考えが変わったし、展望が開けた。

「自分に対して以前より寛大になれるんだ」と彼は言う。「仕事がうまくいったとか、ほんの些細なことに気持ちが向くようになったよ。嫌なことに悩まされることもない」

ブランチフラワーも同じような転換点を経験している。50代になってすぐのころ、彼は私に「人生が上向いてきたよ」と言った。離婚も成立したし、7年間のつらい闘病生活を経てがんも治癒した。幸せな再婚をし、健康を取り戻し、有名な新聞でコラムを担当し、イングランド銀行の理事にもなった。そして、以前より肩の力が抜けた人物になった。

「退屈な学界への興味はなくなったよ。もう自己主張をする必要もないしね」。彼はよく釣りに行くそうだが、エコノミストらしい厳格さで、この趣味にも取り組んでいる。「日が沈んだあとの夜7時半ごろに出かけるんだ。海が凪いでいるときは釣りをしやすいが、そういう日は虫も寄ってくる。どっちもどっちだな」

再婚が彼らの考え方を変えたのだろうか。それとも考え方が変わったから、再婚がうまくいったのだろうか。ふたりと交わした会話を後で思い返してみても、私も彼らも、ハピネス・カーブの変化と、彼らの生活や選択がどのようにかかわっているのかを理解していなかったことがわかる。

この不思議な現象を解明できるデータはない。私はただ、ハピネス・カーブの谷底を通り過ぎた、ふたりの幸せな男性に出会っただけだ。初めてアンドリュー・オズワルドに会ったとき、私は50代前半で、自分の満足感が少しずつ上向いてきたようだ、と彼に告げた。すると彼はこう叫んだ。「60代はもっとよくなるぞ！」

# 第4章 ハピネス・カーブとは何か

## 年齢と幸福との関係を示すU字曲線

すべての人が45歳になると不幸せになったり、それ以降、幸福に転じたりするわけではない。この章ではハピネス・カーブとはどういうものか、そしてその重要性について考えてみようと思う。だが、ハピネス・カーブを知ってもらうもっともよい方法は、ハピネス・カーブといえないものは何か、を知ってもらうことだろう。ハピネス・カーブとは必ず起こる現象のことを指すのではない。あくまでそういう傾向があるということを示すものだ。

このふたつには、天と地ほどの違いがある――ハピネス・カーブが現実世界に及ぼす影響はほんのわずかなものだが、思いもかけないかたちで影響をもたらす。『人生の航路』の川は一定の速度で流れ、ある場所で曲がってはまた流れていく。だが、人生の旅人が経験する旅はひとりひとり違う。誰にでも中年の危機が起こるというのはただの神話にすぎない、と心理学者は言う。

「たしかに中年期には幸せを感じられなかったり、急にスポーツカーを買ったりすることがあるかもしれない（あるいはスポーツカーを買うことを夢見たりするかもしれない）」とサイコロジー・トゥデイ誌にスーザン・ウィットボーンが書いている。「だが、それが年齢による直接的な影響なのかどうかは疑わしい。日々努力していれば、どんな年齢でも何かしらの変化――危機にしろそうでないにしろ――が起こる可能性がある」

彼女の意見はたしかに正しい。U字形のハピネス・カーブを経験した人もいれば、生活満足度のグラフがまったく違うかたちをとる人もいる。

すでに述べたように、私は約300人の中年期以降の人に、これまでの生活の満足度を10年ごとに評価してもらう調査を行った。*調査の結果、U字曲線のほかに生活満足度を表すグラフとしてよく現れたかたちは、右肩上がりの直線だ。右肩上がりの直線を示した人は、大人になったばかりのころに不幸や激動の時代を過ごしてきた人が多く、当時のことは二度と振り返りたくないと思うような時期を過ごした人たちだ。

ジョーの例をみてみよう。私が話を聞きにいったとき彼は57歳だったが、彼の生活満足度は10年ごとに上がっていた。20代のころの満足度は4、30代は5、40代は6、そして50代では7をつけていた。彼は南部で生まれ、その土地から出たことはなかった。大学には進学せず、高校を卒業してすぐにトラック運転手になり、その後は溶接工として働いた。

たくさんの間違いも犯してきた。23歳で結婚したが、30歳になる前に離婚をした。お酒を浴びるように飲み、ドラッグにも手を出した。離婚によって生活を一から立て直さなくてはならなくなり、請求書がたまる一方だった。結局両親のもとへ帰るしかなくなったのは屈辱的なことだった。だが、30歳のとき、いい相手に出会って再婚、息子が生まれた。そのころ、製鋼所でクレーン車を運転する仕事を得たのだが、それから20年たったいまでもその仕事を続けている。仕事は気に入っているし、安定していて給料もいいこんな肉体労働は、近ごろでは少ない。だが、彼がもっとも大切にしているのは家族だ。

「僕たちが子どものころ、みんなの憧れの職業といえば消防士か警官か宇宙飛行士だった。でも僕は父親になりたいと思っていた」

中年期に入ると、ジョーはもっと神に近づきたいと思うようになった。それまでも日曜の礼拝は欠かさないような人物だった。「けれども、自分が理想とする生活とは程遠かったし、理想とする人間にもなれていなかった」と彼は言う。父親になったことで、よりよい人物になりたいと思うようになったのだ。

＊注：昔から用いられてきたキャントリルの梯子質問を使って、回答者の生活満足度を0から10までの数字で評価してもらった。そして、これまでの人生を10年ごとに区切り、それぞれの年代を表す言葉やフレーズを3つずつ挙げてもらった。回答者のなかには私の知り合いもいたし、無作為に選ばせてもらった初対面の人もいたし、イリノイ州ピオリア市にあるブラッドリー大学のオーシャー生涯学習プログラムに通う大人の学生もいた。この調査を行えるように手配してくれたブラッドリー大学のマジョリー・ゲッツ教授に感謝する。というのも、私の行った調査はあくまで本書を執筆するためであり、科学的な妥当性を検証するためのものではなかったからだ。だが、結果は、彼女の学術調査の結果と一致するものとなった。

57歳になったとき、彼は自分と神との関係が強くなっていると感じていた。「先日、妻と一緒に出かけたとき、ひとりの青年に、結婚生活をうまく続ける秘訣は何ですか、と聞かれたんだ。僕達はふたりとも、『神とともにあることだ』と答えた。神とともになければ、生活はとてもつらいものになると固く信じている」

これから先の人生はどうなると思うか、とたずねると、60代には8の評価をつけることになるだろう、と彼は言った。

「そのころも妻と仲良く暮らしているだろうと思う。孫も生まれているかもしれない。ビーチのそばや湖のほとりに住んでいたら最高だな。年齢が上がるにつれて、人生はどんどんよくなっているよ。毎日、新しいことを学び、知識も増えている」

生活満足度のグラフがよく示すもうひとつの形はV字形だ。U字形でもないし、右肩上がりの直線でもない——幸いに、といっていいのかもしれない。なぜなら、このパターンは破滅的な挫折や深刻な危機状態に陥った時期があることを示しているものの、悪い状態がずっと続いているわけではないからだ。知り合いのトニーが、このパターンにあてはまる。

1990年代に知り合ったころ、優しい性格で可愛らしい顔つきをした彼はまだ22歳で、南部の町からワシントンDCに出てきたばかりだった。穏やかで明るく多才な人だったので、特に周りが気をもむような人ではなかった。ところが、46歳のとき、彼は突然姿を消したのだ。私は彼の消息を尋ねまわったが、仕事をやめてフロリダへ引っ越したということしかわからなかった。だが、あるとき、もう二度と連絡がくることはないだろうと思っていた彼が再び私の前に現れ、中年期に味わった大きな挫折の話を聞かせてくれたのだ。

若い頃、トニーの生活満足度は上昇する一方だった。レストランのウェイターをしていたころはアパートを友人とシェアして住んでいたのだが、20代で芸術関連のレポーターになる。30代になるころには、大きなメディア会社で映画の編集を担当するようになり、彼よりも人生経験が豊富なライターたちを束ねる仕事に就いた。その後、ボーイフレンドについてアジアに行き、フリーランスで記事を書くようになる。人気ブロガーとなり、賞ももらった。

「30代は最高にイケてた」と、再会した彼が話してくれた。「自分は成功者だと思っていたよ。脂ののりきった時期だった」

ところが、彼はインポスター症候群*に襲われる——自分の成功は労せずして手に入れた、じつに不確かなもので、まるで詐欺師ではないか、と自分を非難する声が自分のなかから聞こえるようになったのだ。郊外への引っ越しでさらに気が滅入ったし、性生活もうまくいかなくなった。トニーはパートナーに対して誠実でいることができなくなり、パートナーから別れを告げられてしまう。そのころは、仕事にも意味を見いだせなくなっていた。

「自分の存在意義を見失ってしまい、人に感動を与えられるはずのこの仕事でさえ、はたし

＊　自分は成功に値しない人間であると考えてしまうこと。

て何か価値のあるものを生み出しているのだろうかと、自問する毎日だった。それで僕はお酒とセックスに逃げ込んだんだ」

それが身を滅ぼすもとだった。酒量が増えるにつれ、仕事でトラブルを起こすことが多くなった。十分な金額の退職金をもらって会社を辞めたが、それがまたいけなかった。

「家にこもってお酒を飲むようになったんだ。そんな生活を半年も続けていたら、体をこわしてしまってね。どうにもならなくなった。バーボンで酩酊した頭でも、この状況をなんとかしないと冬をのりきれないと思ったよ」

幸い、彼は自分を取り戻してフロリダにいる親戚に電話をかけ、飛行機でフロリダへ飛び、まずは入院して解毒をした。その後、数週間にわたるリハビリテーションを行った。

1年も音信不通だった後にこの話を聞いたとき、私はとてもショックだった。いまはもうアルコール依存症から抜け出せたのか、と不安になって聞いてみた。治療のせいで貯金はほとんどなくなってしまったが、酒はもう飲んでいない、と彼は答えた。この先どんな人生が待っているのか自分でもわからないが、楽観的にいこうと思っている、とのことだった。

「もう道を踏み外すことはないと思う」

生活満足度のグラフが下降しはじめたとき、これはいつもどこかしら満たされない感情を抱く、例の中年期によくある不調だとトニーは思い、そこまで深刻な危機だとは思わなかった。実際、もしトニーが自分の不安や不満足感にうまく対処していれば、そこまで大事には至らなかっただろうし、よくあることで済んだだろう。事態が深刻な場合は、グラフはU字曲線ではなくV字型になることがあり、自分自身や周りの人を傷つけたり、ときには生活満足度を元どおりに回復させることもできないほどの間違いを犯してしまったりする。

そのいい例がアランだ。トニーは私の知り合いだったが、アランにはインタビューのときに初めて会った。65歳の彼はすらりと背が高く、威厳のある人物だった。サウスカロライナ州出身で、家族のなかで初めて大学に進学し、会計学の修士号を取得した。ベトナム戦争に従軍したあと政府系機関で事務仕事をし、30代になるまでキャリアを積んだ。

アランは常に忙しくしているのが好きなタイプで、責任感も強かったので、管理職に昇進した。そうしているうちに40歳になったが、そのころ、怪しい人たちと付き合うようになった。そのなかの1人が、彼にドラッグ取引の仲介をしないかと持ちかけてきた。アランはそれを引きうけ、仲介料を手にした。数カ後、売人がまた取引を持ちかけてきた。アランは自分がとんでもない事態に巻き込まれているとわかっていた。情報提供をしようか、警察に通報しようかとも考えたが、〝海に沈められる〟のが関の山だと思うと躊躇してしまった。結局、コカイン密売の罪で刑務所に1年間服役した。

じつに彼らしいことだが、彼は服役中の時間を有効に活用した。刑務所内の法律図書館で働き、反ドラッグプログラムにもかかわった。釈放後は、なんとかデータ入力の仕事につくことができ、そこで数年働いたが解雇されてしまう。

「無職に逆戻りさ」と当時を振り返る。「だが、当時の僕は前科者。以前と同じような仕事をすることは難しかった。前科のことを話さないわけにはいかないからね」

その後、アランはある企業で郵便係の職を得た。管理職をしていたころとは雲泥の差だが、それでもなんとか安定した収入を得られるようになった。インタビューをしたとき彼はすでに65歳だったが、まだ退職できるほど貯金はたまっていなかった。ミレニアル世代の若者と一緒に働いているらしいが、彼に言わせれば、やつらは仕事をこなすこともできない、という。40歳になって道をはずれてしまった自分に対して心から怒りを感じているそうだ。ずいぶん後悔もしている。若いころに身をおいていた、努力次第で昇進していけるホワイトカラーの仕事に戻ろうとしたところで、二度と戻れないのだ。

「いつも思い出すんだ。成功したと思った矢先、壁にぶち当たって一巻の終わりさ。それまで付き合いのあった人との関係を続けることも難しい。もう元には戻れないんだ」

この本を書くために多くの人にインタビューして、年齢を重ねるごとに彼らの生活満足度がどのように変わっていったのかを、より深く、より生々しく理解しようとした。そこからわかったことは、すでに私たちが知っていることだった。それは、人間の幸福度の変化に決められた道筋はない、ということだ。あるのは人による違いだけだ。私の（これまでの）道筋はU字曲線になっていて、ちょうどキャロル・グラハムが示したグラフのうちのひとつと同じパターンだ。トニーとアランの幸福度の変化はV字型で、ジョーの場合は右肩上がりの直線だが、どちらも同じようによく見られるパターンだ。

すべての人がU字型のハピネス・カーブをたどるわけではないが、それでもハピネス・カーブは、多くの人に影響を与えるのではないかと考えている——右肩上がりの直線の人にとっても、V字型の人生を歩む人にとっても。それはなぜだろうか。それを考えるには、人生という川の流れをもっとよく観察しなければならない。

私がこの章を執筆しているとき、デイヴィッド・ブランチフラワーからメールが届いた。件名欄には「ちょっと見てくれ」と書かれてあり、本文を読むと「これはイギリスから届いた最新の結果だ」とあった。イギリスはどの国よりも熱心に国民の主観的生活満足度を計測しようとしており、毎年、国家統計局が調査を行っている。

メールには、２０１４年から２０１５年にかけての最新の統計結果が添付されていた。年齢の異なる30万人を対象に「全体的にみて、あなたはいまの生活にどれくらい満足していますか？」という質問をして得られた回答をまとめたものだ。次頁に示したのがその結果をグラフにしたもので、「満足」あるいは「とても満足」と答えた人の割合を年齢層ごとに示しているものだ（その残りが「不満」「どちらでもない」と答えた人の割合になる）。

見てのとおり、満足度は若いころから中年期にかけて下降し、50代前半で最低になる。その後上昇して70代で最高となり、それ以降は80歳以上の高齢まで下降していく。

**生活満足度**

「満足」あるいは「とても満足」と答えた人の割合（イギリス、2014年）

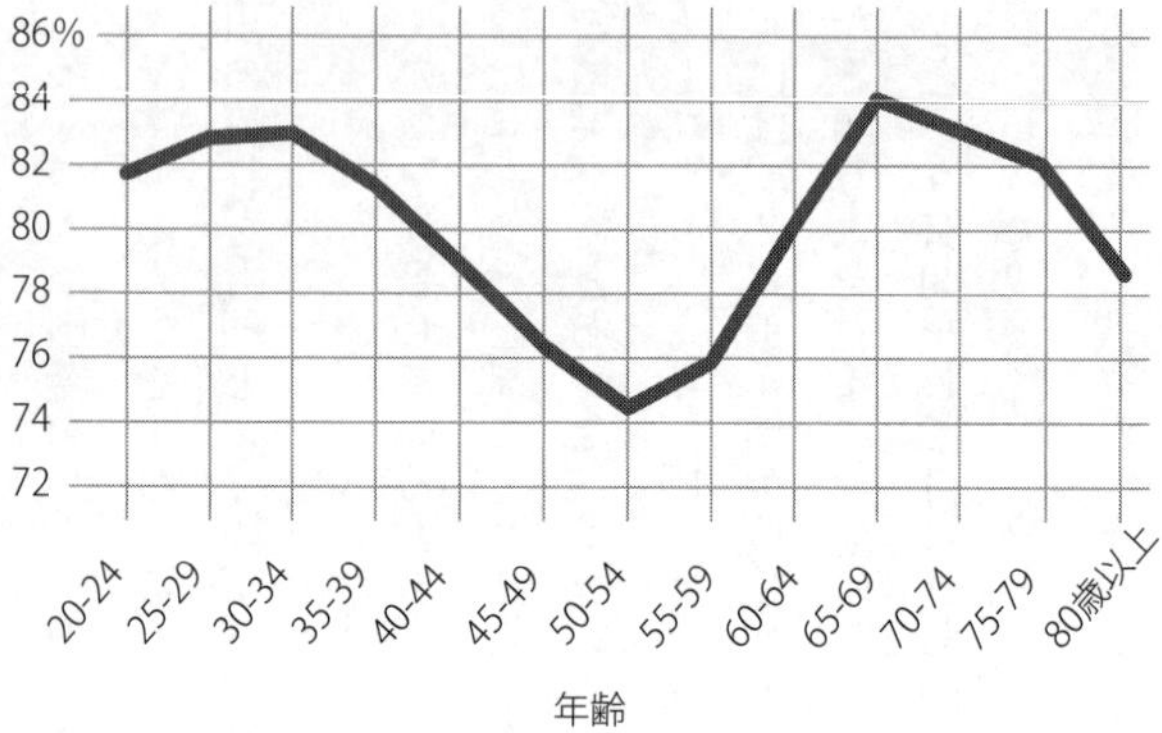


出典：国家統計局

このとき調査対象者には、昨日は幸せや不安をどのくらい感じたか、という質問もして、生活における満足度とは別にそのときの気分も測定した。すると、そちらも生活満足度と同じパターンを示し、不安や不幸な気持ちを抱えている人は50代前半が最多となり、そこから60代にかけて減っていることがわかった。別に博士号などなくても、このグラフの意味はわかるだろう。ブランチフラワーなら、心理学者がU字曲線が見つけられなかったときのように、あきれてこう言うだろう。

「このグラフの意味を理解するのは、そんなに難しいかね？」

このグラフから、年齢による幸福度の違いについて面白いことがわかる。２０１４年のイギリスでは、平均的な中年の人は、平均的な若者あるいは老人よりも幸福度が低いということだ。だが、それは年齢が原因だといえるのだろうか。年齢によって幸福度に違いがあるからといって、幸福度の差を生む原因が年齢であるとはいえない。

なぜそうといえないのか。ある日ランチを食べながら、アンドリュー・オズワルドが最近お気に入りの野菜と果物を使ってそれを説明してくれた（そのとき、たまたま野菜サラダをふたりでシェアしていたのだ）。

数年前のこと、彼がイギリスのあるデータを分析していたところ、野菜や果物を食べることと生活満足度には〝明らかに関連がある〟ことを発見したのだそうだ。そのことを、彼はブランチフラワーとサラ・ステュワート＝ブラウンとともに論文にまとめたという。食生活と幸福には誰もが関心をもっていることを考えると、両者の関係を明らかにするには大がかりな調査が必要だったであろうと思うかもしれないが、オズワルドによれば、そのふたつの関係を調べるために実際に行われた調査は、ほんの数種類だったという。

その調査からわかったことは「幸福度と精神の健康は、一日にとる野菜や果物の量が増えると上がる」ということだった。７皿目までは、野菜や果物の摂取量が増えるにしたがって幸福度と精神の健康も上がることがわかった。

だが、ちょっと考えてみよう。野菜をたくさん食べる人とあまり食べない人とでは、さまざまな点で違いがありそうだ。たとえば、たくさん食べる人のほうが高収入で（貧しい人は新鮮な野菜や果物を食べる量が少ない）、より健康的な生活（喫煙量が少なく、よく運動をする）を送っているのかもしれないし、野菜や果物をたくさん食べる人のほうが若くて、進学率もいいかもしれない。つまり、もともと幸福なだけなのかもしれない。

一見、食生活と幸福との関係を表しているように見えても、じつは食生活と幸福の双方に影響を与える第三の要因だといえる根拠はいくつもある。だとするならば、ここで本当に知りたいことは、野菜を多く食べる人は、平均するとより幸せといえるのかどうかではなく、野菜を食べること自体が、幸福と精神の健康に関係するのかどうか、である。興味深いことに、野菜や果物の調査で「関係はある」ということはわかっていた。

オズワルドと論文の共同執筆者は、幸福に影響を与えそうなすべての要因、たとえば、年齢、収入、結婚の有無、雇用状況、性別、人種、運動量、喫煙の有無、宗教、体型、魚、肉、アルコールやそのほかの食べ物の消費量などを差し引いて調整したうえで、データの分析を行った。具体的には、あらゆる志向の組み合わせを比較するという統計学上のテクニックを使ったわけなのだが、これはデータの数が膨大だからこそ使えるテクニックだ。

たとえば収入、教育、魚の消費という要因を差し引いて調整した場合に、野菜や果物の摂取量と幸福度との間に関係がみられなくなるのなら、収入、教育、魚の消費が幸福に影響を与える真の要因ということになる。

だが、実際は「人口統計や社会的、経済的な要因を調整しても、野菜や果物の摂取量と幸福度との関係性は変わらないことがわかった」。このことから、いわゆる「青果物勾配」があるとわかり、青果物が幸福度や精神の健康に有意な影響があることがわかった。

この結果は、野菜や果物をたくさん食べることは幸福に関係があるが、それ自体が人をより幸福にするわけではないことを示している。そう聞いても特に驚きはしないが、社会科学においては因果関係を証明することは難しい。さきほどの例では、野菜と果物の摂取量が減ったことでわかったのは真の関係性だ。ふたつの変数の独立性を検証することで、因果関係があるかどうかを説明することができる。

もちろん、年齢は自分でコントロールすることができないので、食事とは異なる。もし誰かが若返りの方法でも発見して、中年期の憂鬱から逃れられるというなら、誰もがその方法を試してみるにちがいない。だが、そんな日がくるのは、はるか未来のことだろう。オズワルドとブランチフラワー、そして中年の危機を自分でも経験した私がもっとも知りたかったことは、年齢そのものが明らかに幸福度に影響を与えるのかどうかである。

答えは「イエス」である。実際、生活環境による影響を取り除くと、ハピネス・カーブが以前より鮮明に、一貫して現れる。例を挙げてみよう。ギャラップ調査で得られた過去最大のデータを、キャロル・グラハムと彼女の同僚ミレーナ・ニコロヴァが分析したものだ。ギャラップ調査は１６０カ国以上の国で行われ、世界の人口の99パーセントの意思を測定することができるといわれている。

## 年齢ごとの生活満足度の平均

（調整前の世界全体の数値　2010年—2012年）

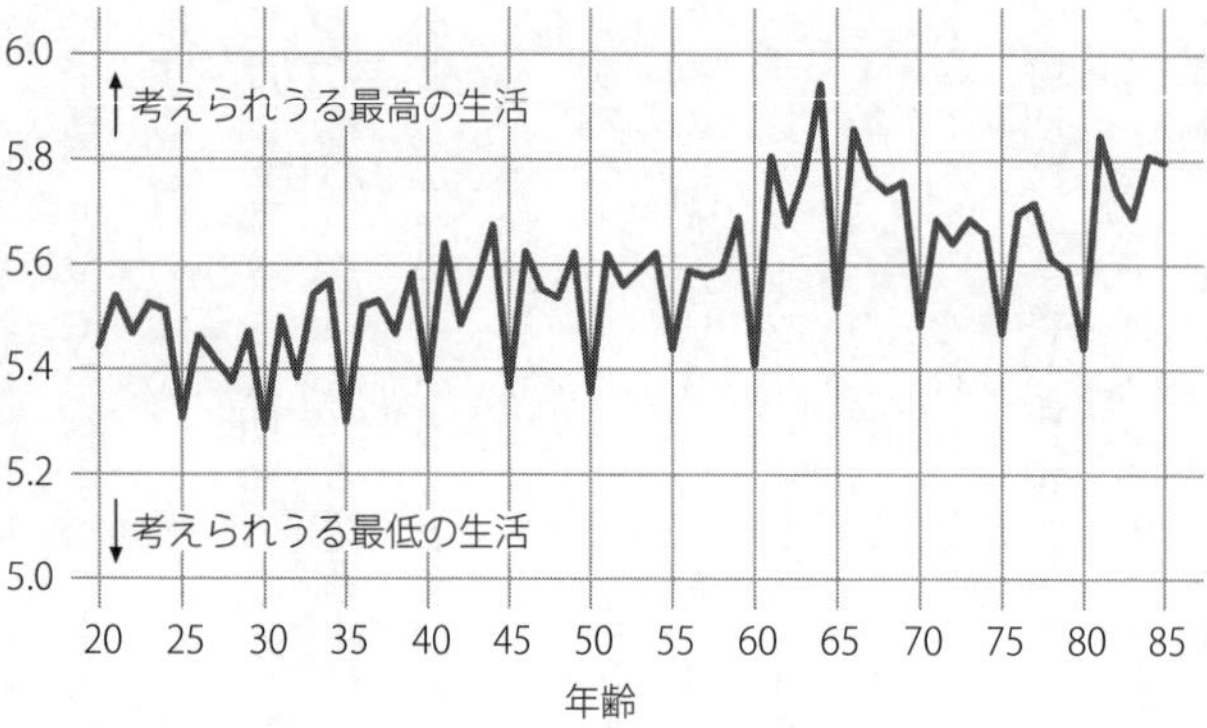


出典：ギャラップ世界調査　ブルッキングス研究所調べ

この調査で、自分のいまの生活を考えられうる最高の生活と比べた場合の評価をたずねたところ、上のようなグラフになった（この評価方法は、全般的な生活満足度を測定するのに広く使われる方法だ）。

明らかな傾向があるとすれば、年齢が上がるにつれて人はより幸福になっていて、もっとも高くなっているところは、ちょうど退職する年齢にあたるということだ。

だがグラハムとニコロヴァが収入、性別、教育、雇用状況、結婚の有無、健康などの要因を差し引いて調整すると——つまり、生活満足度に影響を与えるほかの要因を取り除くと——年齢と生活満足度との関係を表すグラフは次のようになった。

このグラフはU字曲線を描いている。グラハムとニコロヴァがほかの要因を取り除

**年齢ごとの平均的な生活満足度**

（調整後の世界全体の数値　2010 年—2012 年）

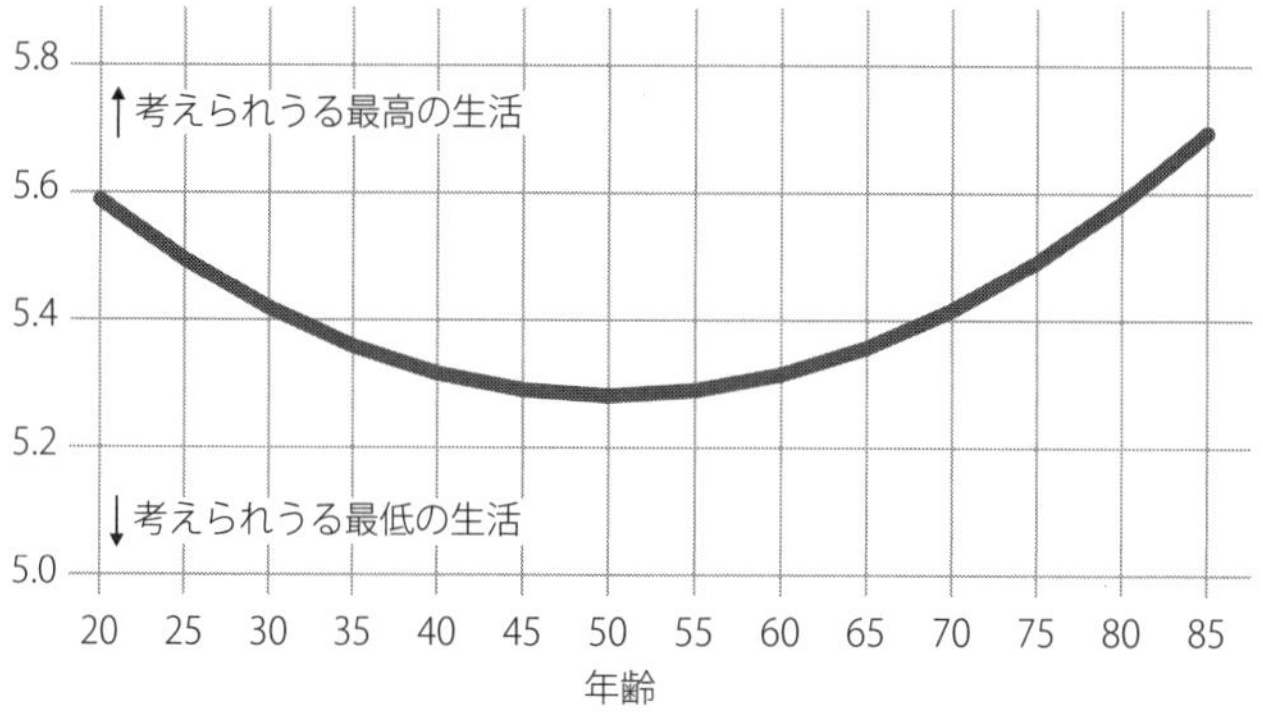


出典：ギャラップ世界調査　ブルッキングス研究所調べ

いた結果、年齢そのものが幸福度と明らかに関係があることがわかったのである。

　グラフが緩やかなカーブを描いているのには理由がある。現実の世界で実際に人が答える内容はとても流動的だ。このU字曲線はあくまで、年齢以外の計測可能な要因がすべて同じであると仮定したときの予測であり予想だ——もちろん、現実にはそんなことはありえない。初めてこの結果を目にしたとき、私の反応は「だから、何？」というものだった。

　人間というのはさまざまな変動要因を抱えているもので、私たちが気になるのは、それらすべてがどう影響するのか——実際にどれくらい幸福だと感じているか——であって、生活のなかで何かひとつだけが重要だと仮定した場合、どのくらい幸福を感じうるか、ということではない。

仮に20歳の私が40歳になったときの自分は幸せなのか不幸なのか想像するとすれば、いい結婚生活を送っているだろうかとか、食べるのに困っていないだろうかとか、健康に問題はないだろうか、などといったことがまず頭に思い浮かぶだろう。野球の試合でピッチャーが誰かわかっても試合の行方は誰にもわからないのと同じように、年齢が幸福に影響を与えるとわかったところで、実際の生活について何かいえることはあるのだろうか。ハピネス・カーブが意味することを理解すれば、次のようなことがいえる。

「もちろん、中年期にも満足感を得ることはできるだろう。ただ、その時期に満足感を得ることは、ほかの時期に比べると難しい」

トマス・コールの絵が示す川の隠喩を思い返してみよう。ハピネス・カーブは川の底を流れる逆向きの流れのようなもので、中年期の私たちを流れとは反対方向に押し戻す。もちろん、その流れに逆らって進むことはできる。荷物が軽くなったり、舟をこぐ腕があがったり、筋肉がもっとついたり、舟を改良したりすることもあるだろう。あるいは、ジョーのように、若いときにもっとも激しい流れを乗り越えてきたために、川の中ほどは比較的穏やかだと感じることもあるかもしれない。

そんな状況がいくつか重なれば、たとえ中年期の川の流れが激しかったとしても、そのことに気づかないかもしれない。どうして川のこの辺りは大変だ、とみんな言うのだろう?

と思うかもしれない。あるいは、ついぞそんなことは思わないかもしれない。

私の個人的な話になるが、自分の性的指向のことで葛藤を抱えていた10代から20代前半の時期を過ぎたあとは、とても幸せに暮らしている。健康で、仕事も順調だし友人も大勢いる。20代から30代前半の時期は、ジャーナリストとしても認められ、ゲイであることを周りに打ち明けたことで、生き生きと活気に満ちた日々を送ることができた。まさに勢いよくオールを漕いでいた。自分を急き立てて大きなリスクをとったこともあった。

たとえば、安定した仕事を辞めて独創的な本を出版しようとしたこともあった。その本は出版されるまでに二度も頓挫したのだが。それでも、いつだって私に不利な流れはなかった。さまざまな出来事や状況が私を後押ししてくれた。だから、30代後半になって、U字曲線が下降しはじめて流れが変わったとき、私にはその変化がとても激しいものに感じられた。川底の逆流に抗って舟を漕ぐのは本当に大変だった。川はどこまでも続くように見えたし、私の目的地もはるか彼方に思われた。流れが急に自分に不利になったことを、周りの状況からひしひしと感じていた。

大人の初期にたいした苦難を味わわなかった人は、えてして中年期になってから苦難を感じるものだ。ジョーは40代のころの幸福度を6とした。6というのは比較的低い数字だ。だが、彼は不幸せで不安定な20代と、それより少しはましだったけれども、まだまだ苦難の多かった30代を過ごしてきただけに、40代は安堵できる年代だった。

一方、トニーの人生は私とよく似ている。早くから頭角を現し、若いころにあらゆる強みを手に入れただけに、30代の後半になってから倦怠感をより強く覚えるようになった。彼の場合、40代の半ばに破滅的な状況に陥った原因は、ハピネス・カーブそのものではないと思っている。お酒を飲みすぎたり、ふさぎこんだり、どうにもならなくなる前に助けを求めることができなかったりしたことが、よくなかったのだと思う。それでも、ハピネス・カーブの下降が彼の不安を増長させたのだろうし、そのせいでトラブルに陥ったのだろう。

もっとも、逆流が緩やかであれば、たいした影響はないだろう。それでも、普通は気づかない程度のかすかな変化、あるいは私のように、何もかも順調で、すべて思いどおりにいっているにもかかわらず、何かおかしいと思うときの変化まで、統計に表れるのは面白い。世界的な調査でわかったハピネス・カーブのグラフでは、もっとも幸福なときと幸福でないときの差は1ポイントもないということにお気づきだろうか。

もっとも、1ポイント以下でも極めて大きい差ではある。たいていの人は真ん中よりやや高めの、ごく狭い範囲の数字を答える。80パーセントの人が7から9までの点数をつけており、6未満をつける人はあまりいないため、6未満はとてもみじめな状況ということになる（10をつける人はまずいない。これからまだよくなるという余地を残したいのだろう）。

アメリカは幸福だと答える人がほかの国に比べてとても多い。世界平均だと5か6をつける人が多いので、アメリカの場合よりも1か2低い結果になる。いずれにしても、点数が1下がったり、0・5下がったりするのは大きな変化だ。

どれほど大きな変化といえるだろうか。エコノミストが幸福に影響を与える特定の変数をあぶりだすために用いる統計学の手法を使えば、その変数が与える影響の大きさも同時に予測することができる。ブランチフラワーとオズワルドが2008年に発表した画期的な論文（前章を参照のこと）では、失業した20歳から45歳までの人の生活満足度はおよそ3分の1減少すると書かれており、人に降りかかる災難のなかでは最悪なものであることがわかる。「このことから、失業は幸福度に大きな影響を及ぼすことがわかる」と論文には書かれている。ヨーロッパの二十数カ国に関する論文では、他の変数を取り除くと、中年期という要因によって、抗うつ薬を使用するリスクが2倍になることがわかると書かれている。もっと最近では、年齢が幸福にどのような影響を与えるのかを調べた長期的な研究（前章を参照のこと）で、オズワルド、ニック・ポータヴィー、テレンス・チェンが、20歳から45歳になることによる影響の大きさは「離婚や失業といった重大な出来事が幸福に与える影響の大きさ」に匹敵することを発見している。

ただ、その影響が大きいからといって、その逆流を感じるか、それを感じて思い悩むかどうかは人による。私の場合、うつ状態になるほど強い逆流ではなかったが、10年以上にもわたって、つねに悩まされるほどには大きい影響だったといえるだろう。

私がのんきだった、ということなのかもしれない。まだ若い頃に人も羨むようなことを成し遂げて、たいした困難やトラウマに襲われることもなかったので、U字曲線の降下はなぜ起きたのかわからない異例な経験だった。けれども、すでに、うつ状態にあったりどこか満たされない感情を抱いていたり、あるいは苦難と闘っていたならば、年齢が上がることによってU字曲線が降下していくことで、ほかの問題もさらに深刻化するかもしれない。

本書を書くために行ったインタビューのなかでも、特にナンシーという女性の話は聞くのもつらいものだった。彼女とは知り合いではなかったが、私がハピネス・カーブについての記事を書いたことに感謝する内容のメールを送ってきてくれたことがきっかけで知り合った。「42歳のとき、理由もわからない、激しい気分の落ちこみを感じたのですが、記事を読んで気持ちが軽くなりました」とメールには書いてあった。

その後、インタビューで自分はいつも憂鬱な気分と闘っている、と話してくれた。家族はみな、そういう傾向があるという。彼女の曾祖母は施設に入っていたし、祖母は入院、母親も〝気が狂っていた〟という。20代のころの彼女は、ほかの人と同じように明るく活発だったそうだ。活気のある町で事務仕事をしていたが、その後は学校に戻り、のんきに毎日を楽しんでいたという。それでも「心の奥ではうつうつとした気持ちがいつもありました」

20代後半になって抗うつ薬を飲みはじめてから人生が変わったが、それでも気分の落ちこみはなくなったわけではなく、多少ましになっただけだった。30代になってすぐに母親になったが、親になることは彼女にとってストレスと不安のもとだった。40歳になるころには、いつも気分が落ちこんでいることが当たり前になった。

「40歳になったころから、事態はさらに悪くなりました」と彼女は言った。「数年前でしょうか――たぶん――朝、ひどく悲しいような、腹立たしいような気分で目が覚めたんです。それからずっと、ひどくなる一方です。体の不調ではありません」

そこで、気分が落ちこむ原因に何か心当たりはあるかどうか、と聞いてみた。ありません、と彼女は答えた。生活のなかで特に何が悪くなったということもないという。

「ずっとこの症状に悩まされています。お給料はよくありませんが、自分に向いている仕事もしているのですが」。お子さんはもう大きくなって手が離れているので、精神的な重圧も、もう軽減しているはずだ。結婚生活も特に問題はない。

「これまでにも増して、悲しい気分なんです」と、涙をこらえながら途切れ途切れに彼女は言った。「気分の落ちこみ具合も生活も特に変わりがないのに、なぜ私は以前よりも悲しくて仕方ないんでしょう？」

私と同様に、彼女は気分が悪いだけでなく、気分が悪い自分を恥ずかしく思っているのだ。だが、私と違う点は、彼女にはもともと気分の落ちこみがあったことだ。ほかの点が大体私と同じならば、中年期の谷底に入ることで事態がよりひどくなったのだといえるだろう。

このことから、幸福と年齢にはどんなことがいえるだろうか。アメリカでもっとも著名な心理学者であるマーティン・E・P・セリグマンが、著書『世界でひとつだけの幸せ──ポジティブ心理学が教えてくれる満ち足りた人生』（アスペクト）のなかで、幸福になるための公式を提唱している。

H＝S＋C＋V　Hはあなたの永続する幸福、Sはもって生まれた性質、Cはあなたの生活環境、Vはあなたが自発的に変えられる要因を表す。

彼のつくった公式は明快で、直感的に正しいと感じられ、どうしたらより幸福になれるのか考える術を教えてくれる。もって生まれた性質は自分で変えることができない。なぜなら、それは遺伝子や個性によって決まってくるものだからだ。少しでも幸福になるために、私たちは生活環境を変えたり、自分の行動を変えたり、物の考え方を変えたりすることはできる。それはそれでいい。だが、この公式には時期というものが抜け落ちていることが、ハピネス・カーブを見るとわかる。つまり、公式は次のようになるべきだ。

H＝S＋C＋V＋T

Tは時間を表す。もっと正確にいえば年齢を表している。年齢──25歳であろうと45歳であろうと、65歳であろうと——は大切だが、かといってそれだけが大切というわけではない。

こうなると、幸福はじつに複雑なものだとわかるだろう。もし生活環境や自発的に変えられる要因が中年期になるころに変化して、自分の生活がとてもよくなったと感じているなら、年齢などたいした問題ではないだろう。

たとえば、ペリーは現在72歳で半ば隠居の身なのだが、中年のころはしつこい不満足感に悩まされていた。だが、生活環境がよくなると、それもなくなった。青年期に、彼はベトナム戦争で二度怪我をし、自分には合わない人と結婚したせいで手痛い離婚を経験し、警察本部長の飲酒運転を告発したことで警察官としてのキャリアを棒に振った（「私は正しい決断をした。宣誓したことを守っただけだ。宣誓には『例外がある』とは書かれていない」）。

20代から30代前半にかけて生活環境ががらりと変わり、30代の半ばになって〝すばらしい女性〟に出会ってまたがらりと変わり、船会社の安全管理者の仕事を新しく始めた。「人生がすっかり変わったよ」とペリーは言う。その結果、彼の満足度は30代前半には3だったのが、40代には7へと跳ね上がった——そして、時間がいったん彼の有利なように動きはじめると、60代には満足度が8になり、70代には9になったのだ。

これとは対照的に、ナンシーの場合、生活環境と自発的に変えられる要因はほとんどつねに一定だった。だが、40代になると年齢（中年期）のマイナス面が、幸福を感じにくい性格をますます強化した。その結果、悲しくて仕方ない気分になったのだ。では、異なる要因が異なる方向に変化したらどうなるだろうか。それは、場合によるとしかいえない。U字曲線を描く逆流がどんなに強くとも、個人によって状況は異なる。

私が修正を加えた幸福の公式の4つの要因のうち、2つ（もって生まれた性質と年齢）は自分でコントロールすることはできない。1つ（生活や態度など自発的に変えられる要因）は、コントロールすることができる。最後のひとつ（生活環境）は、コントロールできる部分とできない部分がある。

生活のなかでもっとも難しいことのひとつは、環境をコントロールしたり、よくしたりすることだ。だから、この公式からわかることとは、幸福とは運命論（「幸福について、私たちにはなす術がない。性格によるのだ」）で片づけられるものではないし、ストイックな話（「感情と態度を自分でコントロールせよ。自分でコントロールできるのはそれくらいだ」）でもないし、ポジティブ思考をすれば幸せになれるというわけではない、ということだ。中年期になると必ず感情の危機や崩壊が起こるなどという大ざっぱな話でもない。

この公式からわかるのは、まさに私が大切だと信じていること、そしてもっとも基本的なことながら、科学の世界や社会では正しく認識されていないことだ――この先のページでは、そのことをひも解いていこうと思っている。それは、「時間の影響は大きい」ということだ。

時間を巻き戻すことはできないし、自分の年齢を変えることもできないが、時間の影響を正しく理解し、個人レベルでも社会レベルでもそれに適応していけば、私たちはもっと幸福になれる。トマス・コールの『人生の航路』で重要なモチーフとして描かれている「砂時計」に対して、私たちはもっとうまく対応できるはずだ。最初の3枚の絵では、砂時計は旅人の視界にしっかりと入っている。だが、特に気に留めていないようだ。

赤ん坊はまだ小さすぎて時間というものがわからない。青年は空に浮かぶ城を見つめるばかりだ。壮年期の旅人は天国のほうを見ている。最後の4枚目の絵では、荒波で小舟が傷だらけとなり、砂時計もどこかへいってしまった。旅人は終わりのときを迎え、この世の時間はもはや重要ではない。旅人はここまで、目の前にあるものを見過ごしてきた。旅人は時間というものにもっと注意を向けるべきだったろう。それは私たちについてもいえる。

時は流れるものであり、無情にも過ぎゆくものである。どんな人のうえにも時間は等しく流れる。だが、ハピネス・カーブを理解するためには、時間とは何であるかを正確に知ることが大切だ。光速で移動するのでもないかぎり、「時間」とは絶対概念である。これに対して「歳をとること」は、よりとらえにくく相対的な現象である。

たとえば、見た目の加齢のスピードは人によって違う。高校や大学の同窓会に行くと、自分と周りの人の老け具合を心のなかで比べたりするものだ。ゆうに10歳は年上に見える人や、逆に10歳若く見える人がいることだろう。ビールとピザばかり食べていた若いころよりも、55歳のいまの方が活動的で体調がいいという人もいるだろう。その一方で、背中の痛みやひざの痛みを抱えて、かつての生き生きとした自分の姿を諦めざるをえない人もいるだろう。

また、自分がどのくらい歳をとっているのかと考えるとき、人は自分の体の状態だけではなく、何歳まで生きたいかとか、周りの人はいくつまで生きたとか、この歳でどれくらい元気だったとか考えるものだ。医療技術も不十分で栄養状態もよくなく、生きていくのも大変な平均寿命が短い途上国に住む55歳の人は、いまのアメリカの55歳に比べると、とても歳をとっているといえるだろう。

アメリカでは、いまや50歳は昔の40歳のようなものだと、しっかりとした根拠があっていわれている。中国では、1960年に40代前半だった平均寿命がいまでは70代半ばとなり、わずか2世代で30年も延びている。これは人間の（宇宙の、といってもいいだろう）歴史のなかでもっとも驚異的な快挙だ。乳幼児の死亡率が減少したことが主な要因だと思われるので、1960年の平均的な中国人が43歳で亡くなっていたということではない。それでも、1960年当時の43歳の中国人は、いまの43歳とは大違いだろう。「歳をとる」とは、たんなる時の流れではなく、社会的な概念なのである。

さきほどから「時間の影響は大きい」とか、幸福の公式のTは時間を表すと述べたりしているが、私が「時間」と言うときは、歳をとることと、たんなる時間という2つの意味で使っている。では、U字曲線になるのはどちらだろうか？　時代や地域によって異なる相対的な概念の「歳をとること」だろうか？　それとも、絶対的な概念である「時間」そのものだろうか？　答えは、両方だ。

人間にもっとも近い霊長類の年齢と幸福には関係があるという発見は、時間そのもの——社会的な年齢ではなく、たんなる経年による年齢——が幸福に影響することを示唆している。チンパンジーの体は歳をとるが、チンパンジー自身は自分の年齢を知らないし、誕生日を祝うことも定年を祝うこともない。生物のなかで人間だけが生まれてからの年数を数え、クラッカーを鳴らし、体に悪そうな食べ物を食べて、歳を重ねることを祝う。人間だけが統計から予測される寿命を考え、あと何年生きられるかと考える。人間だけが周りの人と比較して、自分の加齢具合はどんなものかと確認する。だから、平均寿命が80歳の国よりも60歳の国にいる人のほうが、55歳になったときに、自分はずいぶん歳をとったと感じる。

それならば、住んでいる国によって、年齢と幸福がどう影響し合うのかが変わってくるといえるのではないだろうか——人間の場合は。前章で触れたチンパンジーとオランウータンが住んでいたのは3つの違う国だし、北半球と南半球のどちらにもいたし、動物園にいたのも、保護区にいたのもいる。だがそれでも、年齢と幸福度の関係を示すグラフは、ほぼ同じU字曲線を描いた。だいたい同じような環境で世話をされているなら、類人猿たちは自分がどこの国にいようと気にしないのは当然だ。

日本にいる類人猿が中年の危機を感じるのに、オーストラリアにいる類人猿は感じない、などということがもしあれば、それこそ驚くべきことだ。だが、人間の場合はそういかな

**年齢ごとの生活満足度**（調整後、2010年—2015年）

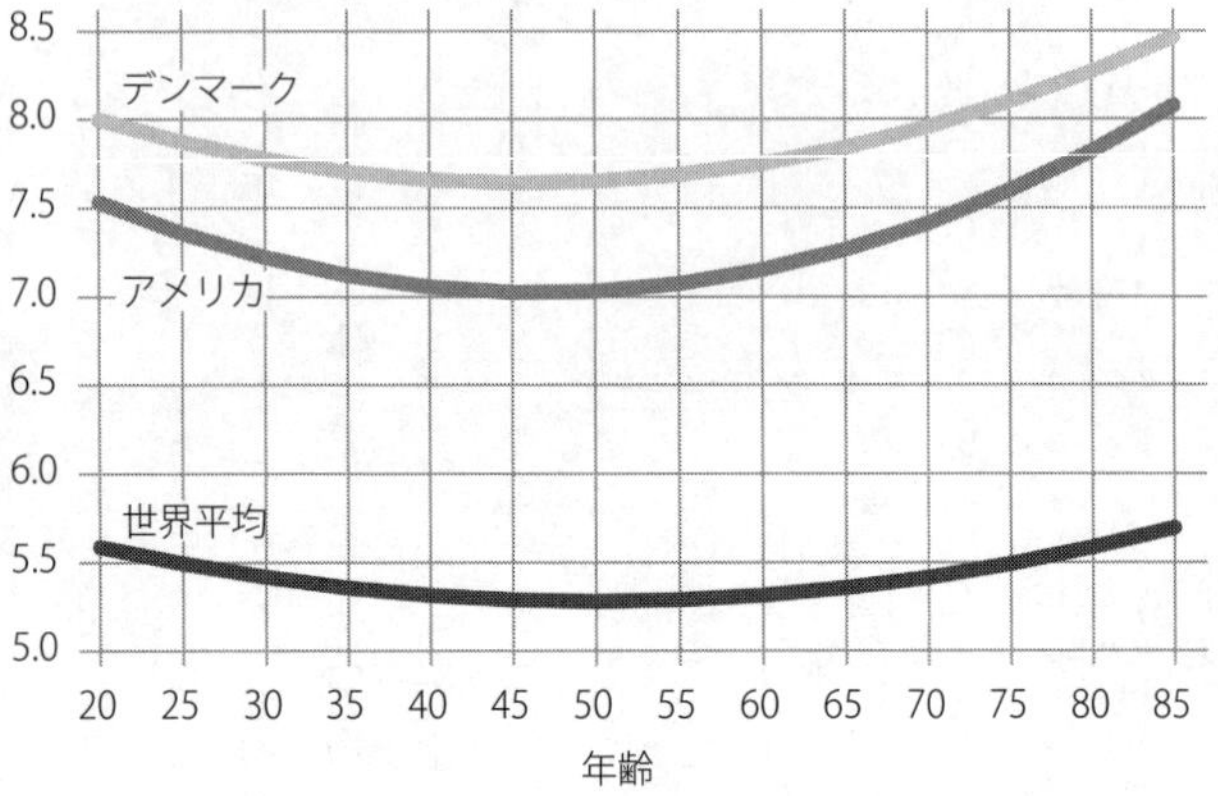


出典：ギャラップ世界調査　ブルッキングス研究所調べ

い。次のグラフに注目してほしい。このグラフもキャロル・グラハムとミレーナ・ニコロヴァがギャラップ世界調査を分析して作成したものだ。

一番下の線グラフは以前に示したものと同じで、世界全体を見た場合のハピネス・カーブだ。このグラフでは、アメリカとデンマークにおける年齢と幸福の関係を表した曲線も並記されている。

大まかな傾向はどちらも同じだが、どの年齢を見ても、アメリカ人は世界平均よりも幸福度が高い。中年期には満足度が下降する傾向にあるが、それでも45歳のアメリカ人は20歳や70歳の世界平均の幸福度を上回っている。その点は特に驚くべきことではない。アメリカは安定した国だし、豊かで、住みたいと思えるような国だ。だからこそアメリカに住みたいという人が多い。

一方、一番上の線グラフのデンマークは、アメリカよりも幸福度が高い。概して、スカンジナビア地域の国は住みよい。2016年の世界幸福度報告によると、もっとも幸せな国の上位8カ国のうち6カ国が、その地域の国だった（デンマーク、フィンランド、アイスランド、オランダ、ノルウェー、スウェーデン）。

このことからわかるように、国や地域が違えば、年齢と幸福度の関係を示すグラフも違ってくる。国によってハピネス・カーブがもっとも低くなる年齢は異なるし、人生の前半と後半の関係も大きく異なる。6カ国のハピネス・カーブを示したグラフも見てみよう。これもグラハムとニコロヴァがギャラップ世界調査のデータを分析したものだ。

それぞれ★をつけたところがハピネス・カーブのもっとも低いところ、つまり生活満足度が最低となるところで、そこから上向きに転じている。●で示したのは、その国または地域の平均寿命である。このデータでは、アメリカとイギリスのグラフは似ているが、両国の文化や経済がよく似ていることを考えれば、さして驚くことではない。

ラテンアメリカ諸国とカリブ諸国のカーブも同じようなパターンを示しているが、全体的な生活満足度はアメリカ、イギリスより1ポイント低い。生活がそれほど楽ではないことがその理由だ。アメリカ、イギリス、ラテンアメリカ諸国およびカリブ諸国はともに、40代を境にハピネス・カーブは上昇に転じている。中国の生活満足度はさらにもう1ポイント低い

**生活満足度と年齢の関係**（調整済み、2010年－2012年）

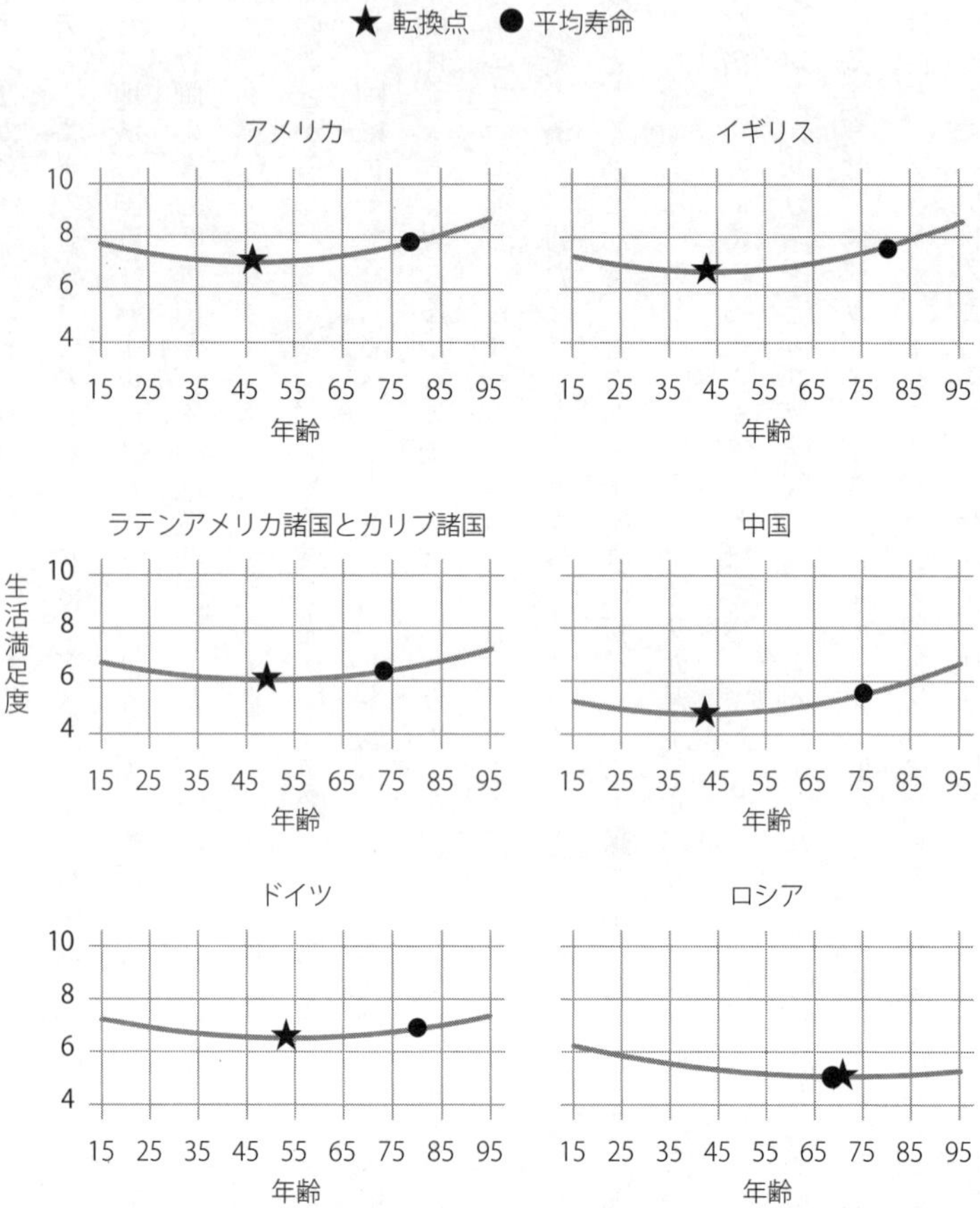


出典：ギャラップ世界調査　ブルッキングス研究所調べ

が、その後の人生におけるカーブの上昇度は高い。つまり、中国は全般的に幸福度が低いが、年齢が上がるにつれて生活満足度が大きく改善する国であるといえる。

一方ドイツは、かなり幸福度の高い国である――２０１６年の世界幸福度報告によると世界で16番目だ――が、時間の影響が少し違うようで、ハピネス・カーブがもっとも低くなるのは50代半ばだ。平均してみると、ドイツ人は右肩上がりの時期よりも右肩下がりの時期のほうが長いようだ。だが、彼らを憐れむ必要はない。なぜなら、右肩下がりの時期は長いものの、比較的高い幸福度でその分が相殺されるからだ。あなたなら全体的に幸福度の高い国と、幸福度が増していく期間の長い国の、どちらに住みたいだろうか？　それはお好み次第だ。

だが、ロシアは選ばないほうがいい。２０１６年の世界幸福度報告では、ロシアの幸福度は56番目だった。グラハムとニコロヴァによると、ロシアのハピネス・カーブは平均寿命がくるまで上昇に転じないらしい。低い幸福度と、遅くまで上昇に転じないカーブが合わさると、悲惨なことになる。

ここからわかることは、幸福度の高さと幸福度を示すカーブが描く軌跡には関係があるということだ。先ごろ、キャロル・グラハムとフリア・ルイス・ポズエロが、46カ国を対象に２００５年から２０１４年にかけて行われた大規模なギャラップ世界調査の結果を調べたところ（データの量が多いほど、信頼度の高い統計結果が得られる）、２カ国を除いたすべての国でU字曲線がみられたという。

さらに、彼らは調査対象となった国を3つのグループに分けた。幸福度がもっとも高い国、幸福度がもっとも低い国、その中間の国の3つだ。そして、それぞれのグループ内の国のハピネス・カーブの転換点、つまり人々の気持ちが好転し、逆向きだった川底の流れが彼らを後押しする流れへと変わった年齢を調べた。すると、転換点がもっとも早かった（47歳）のはもっとも幸福度が高い国で、もっとも遅かった（62歳）のは幸福度がもっとも低い国だったことがわかった。つまり、金持ちはさらに金持ちになる、というのと同じ現象が起こっていることがわかったのである。

幸福度の高い国の人は、生活満足度の高い生活を楽しんでいるだけでなく、中年期の落ちこみが早い時期にくるため、満足度が上昇を続ける時期がより長くなるというわけだ。その関係を示したものが次のグラフだ。

同じことが国だけでなく個人についてもいえる。グラハムとルイス・ポズエロが世界の実例を調べたところ、より幸福な人は、満足度のグラフが上昇に転じるのも早い分、生活満足度が上昇していく時期を長く楽しむことができるとわかった（ほかの条件が同じと仮定した場合）。なぜそうなるのかはわからない。この結果は論理的でもないし公平ともいえないが、幸福とはそういうものなのかもしれない。

幸福度と年齢の関係は国によって異なるという事実は、「ロシア人にはなるな」ということ以外にも、重要なことを教えてくれている。こうした現象が起こる要因の一部は、生物学

**生活満足度と年齢**（調整後、2005年－2014年）

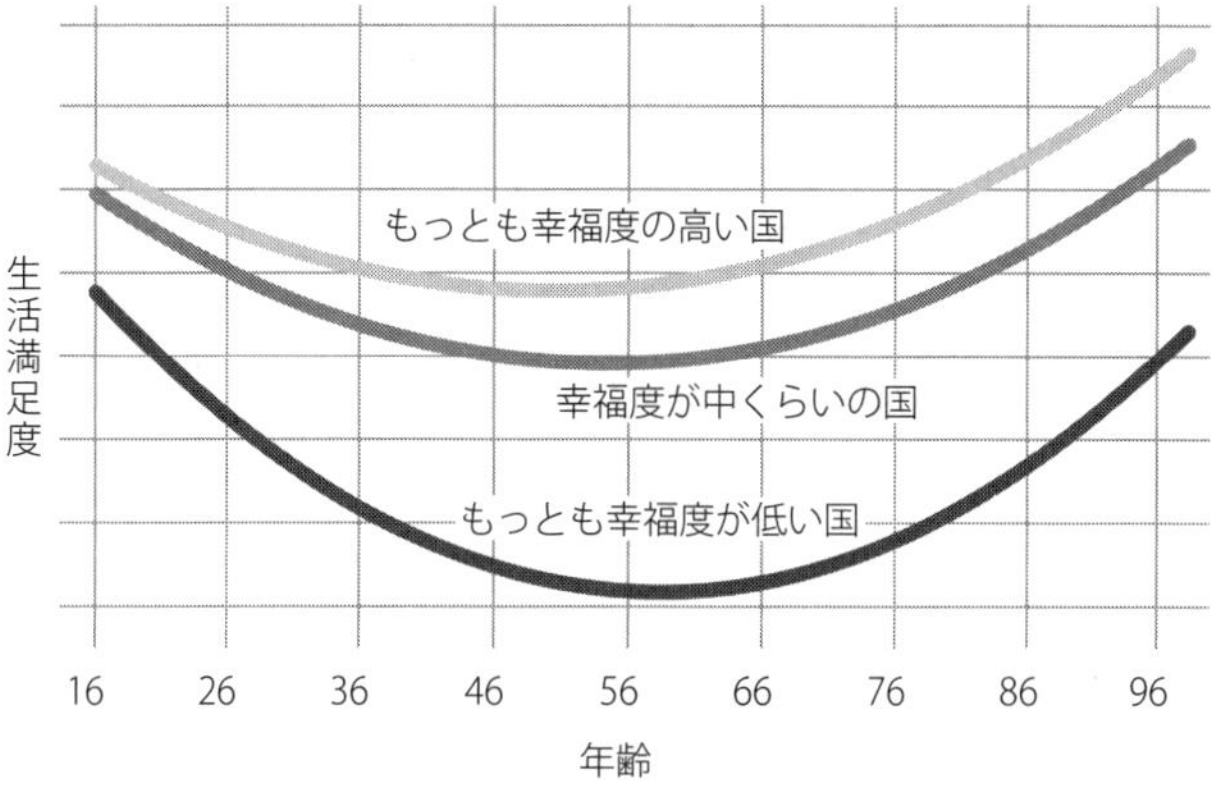


出典：ギャラップ世界調査　ブルッキングス研究所調べ

的なものと遺伝的なものだということだ。生物に予め備わっているものでなければ、これほど多くの国の多くのデータに、そして類人猿に、ハピネス・カーブが現れることはないだろう。

　だが、生物学的な要因と遺伝的な要因だけで、すべて説明がつくわけではない。なぜなら、遺伝子は国が違ってもそう大きく変わらないのに、ハピネス・カーブの軌跡は異なっているからだ。ということは、ハピネス・カーブは時間と加齢の両方が要因であるにちがいない。

　では、さらに難しい問題について考えてみよう。何か複雑なことが起きているのだ。それはいったい何だろうか？

第5章

# 期待と現実とのギャップが失望感を生む——

## 中年期の不調は何でもないことなのか

アンソニーは、46歳のときが自分の人生の頂点だったと思っている。自分の成長を感じることができる、ワクワクするような日々はもう過ぎ去ってしまった、いや過ぎ去ってしまったと彼は思いこんでいる。

どうやら彼は思い違いをしているようだ。彼の人生はまだまだこれからよくなるはずだと、私は誓って言える。だが、彼自身はそれをわかっていない。ハピネス・カーブのせいで、私たちはたいした理由もないのに不満を抱いたり、人生がこれからよい方向に転換しようとしているのに、気概を失ってしまったりする。これは危険な落とし穴で、アンソニーはいままさに、その落とし穴にはまっているところなのだ。

彼とは仕事関係の集まりで何度か会ったことがあった。私がお願いした生活満足度アンケートに記入してくれたのだが、彼の満足度は、20代のころからずっと右肩下がりの曲線になっていることに気づいた。これ自体は特に珍しくもない。だが、40代が自分のピークだったと書かれていたので、そのことについてもっと詳しく聞いてみることにした。

20代のころは独立した生活を楽しんでいたし、知的な成長も目覚ましかったという。大学では勉学に励み、すばらしいメンターとも出会い、将来の妻とも出会って婚約をした。だが、30代になると、現実社会の厳しさに直面する。彼の専門分野では就職先は狭き門だったうえに、夫婦は二度も不況の波に襲われた。そのさなか、双方の父親が亡くなり、ふたりは打ちのめされた。

「それから1年は、まるでロボットのように毎日を送っていました」と彼は言う。1年かけて悲しみから立ち直ったアンソニーは、ようやく日常を取り戻したが、それはこれまでとは違った日常だった。「父の死は私の人生に大きな影響をもたらしました。父が死んだ日は、私の子ども時代が終わりを告げた日になりました」

仕事のほうは順調だった。30代半ばに、アンソニー夫妻はずっと望んでいた仕事に就くことができた。だが、40代前半になると、アンソニーは閉塞感を覚えはじめる。

「現実は厳しいものでした。そこが僕のピークだったことは明らかです。自分の知能や創造力を考えれば、そこが僕の限界でした。それ以上成長を続けるのは無理でした。なんというか、もうこれ以上は頑張れないと感じたんです。1年か1年半くらいの間、私はうつ状態にありました」

私がアンソニーに話を聞いたときは、ふさぎこむことがなくなってから、すでに5、6年が経っていた。0から10までの数字を使って回答してもらう調査で、彼は自分の生活満足度に8をつけた。30代のころと同じ評価だ。自分は幸せだと思う、と彼は言った。それでも、話を聞いていると、自分の一番いい時期はもう過ぎ去ったと思いこんでいるようだった。自分の専門分野で自分がトップに立つことはないとわかっているし、体の衰えも受け入れている。コレステロールを減らす薬も飲んでいる。昔より疲れがとれにくくなった。先日、彼と同じ年齢の人が、階段状の健康器具を使用中に亡くなったというニュースを読んでこう思ったという。「僕にも同じようなことが起こるかもしれない」

それで自分のピークは過ぎたと思っているのだろうか？

「そのとおりです。年齢からいえば、私は折り返し地点をすでに過ぎてしまった。体もそうです。精神的にも明らかに下り坂です」

彼がもう一度満足感を取り戻し、20代のときと同じような気持ちを取り戻すことはないのだろうか。彼はきっぱりとこう言った。

「ありませんよ。20代のころは成長が目覚ましかった。そんな時代がまたくるとは思えません。残された時間もそう長くありませんし」

アンソニーはけっして陰気な人ではないが、自分がこの先よくなることはないと思いこんでいる。外の世界で成果を出すだけの能力も、精神的に満足感を得るだけの余力も衰えていると感じている。いまの状況が悪いと考えているわけではない。ただ、これ以上よくなることはないと考えているのだ。彼の話に欠けているのは幸福ではない。期待だ。

アンソニーと話したのがあと数日遅かったら、ドイツ人の若きエコノミスト、ヘネス・シュワントから聞いた話をしてあげられたかもしれない。アンソニーは楽観的な考え方ができなくなって自分のピークは過ぎ去ったと思いこんでいるために、誤って悲観的な考え方をしてしまい、精神的なピークが訪れないでいるのだ。シュワントのいうことが正しければ、アンソニーにはこの先もまだ、うれしい驚きが待っているはずなのだ。

ジャーナリストのエチケットとして、ヘネスのことはシュワントと名字で呼ぶべきなのだろうが、それはなかなか難しい。というのも、私がこれまでインタビューをした人のなかでもっとも気さくな人物だからだ。

ある春の日に、彼に会いにプリンストン大学を訪れたのだが、私と夫が社会科学部の建物のロビーで待っていると、上からシュワントが弾むように階段を駆け下りてきて、じつに明るく私たちを歓迎してくれ、その後、大学内を案内してくれた。恐竜の化石を見せてくれたり化学実験室へ私たちを案内したりしながら、彼は何度も携帯電話を確認しては誰かと電話越しに話していたが（彼の母国語ではなく英語で）、あまりに早口で聞き取れないほどだった。もうひとりの研究者と共同で使っている彼のオフィスにようやくたどり着くと、今度は学生が次から次へとやってきては、Tシャツはどこか、などとたずねたりしていた。

背は183センチ。はげかけた頭を短く刈りこんだ彼は、目鼻立ちの整った顔をしていて、とても大きな手をしている。チューリヒで博士号取得後、研究者になって間もない彼は現在30代前半で、ポスドクの研究者なら誰でも憧れるようなことをすでに成し遂げている。

シュワントはドイツのハンブルク出身で、ミュンヘン大学で経営経済学を専攻していたのだが、すぐに飽きてしまったという。数学は好きだったが、利益を最大限にする方法を考えるよりも社会をよくすることのほうに興味があったので、数理モデルばかり扱っていることにうんざりしたらしい。

「机上で数理モデルばかり扱っていても、現実の生活についてはほとんど何も学べません。マクロ経済学や失業問題についての授業をとっていたけれど、失業問題については何一つ学べませんでした。だから、教授のところへ行って、失業問題の歴史について学ぶべきだと進言したのですが、教授は数理モデルがなくては何もできない、と言うだけでした」（味けない数理経済学の世界に反逆した、若かりしころのアンドリュー・オズワルドを思い出す）

シュワントは経済学をすっぱりやめてしまおうかとも思ったが、幸福の経済学を初めて提唱したリチャード・レイヤードの本を読んで運命が変わったという。レイヤードの考え方がすとんと腑に落ちたのだ（レイヤードの著書については第2章で触れた）。レイヤードの本を読んだシュワントは、経済学者が幸福についての研究――何が人間に満足感を与えるのかという研究――を他分野に任せているのはおかしいのではないか、と考えた。そもそも、人間はつねに合理的な決断しかしないとか、自分の幸福度を間違いなく高めてくれるような決断しかしないという考え方は明らかに間違っている。

「人間は、自分にとって最善ではない選択をすることだってあるでしょう」とシュワントは言う。「顕示選好をみているだけでは、何もわからないんですよ」

では、人は自分にとって何が有用かを見誤ってばかりいるのかといえば、それも明らかに違う。実験によれば、人が非合理的になるのはただの偶然ではなく、系統的なバイアス（偏り）によるものだとわかっている。ひとつ、例を挙げてみよう（ノーベル賞を受賞した心理学者ダニエル・カーネマンが同僚のジャック・クネッチ、リチャード・セイラーとともに１９９０年に行った有名な実験だ）。

あるマグカップを、３ドルなら買ってもいいと思っている人がいたとする。だが、その人も、いったんそのマグカップを手に入れると、数分後には7ドルでないとそれを人に売ることはできないと考えるようになる。まるで手に入れたことでそのマグカップの価値が上がったかのように。つまり、何か新しいものを手にいれたほうがずっといいはずなのに、人は自分の持っているものを手放すのを嫌う傾向があるということだ。このように、自分の持っているものの価値を高く評価してしまう〝授かりバイアス〟を人がつねにもっているならば、人は売買することによって、さらによいもの――伝統的なエコノミストの定義による〝よいもの〟――を得ようとはしなくなるだろう。このように、人間はつねにバイアスの影響を受けている。

シュワントは、まだ博士課程の1年生だった2007年、幸福のために、つまり生活に満足するために欠かせないものに対して人間が抱く期待は、つねに合理的なものなのかどうか疑問をもった。

「合理的期待仮説は間違っているという考えに、僕は賛成でした。だから調べてみようと思ったんです」

メンターの助言もあって、彼はあるグループの人を1991年から2004年まで13年にわたって追跡調査したドイツのデータを調べてみた。この調査では同じ対象者を10年以上も調べていただけでなく、西ドイツの人も東ドイツの人も含まれていたため、まったく異なる政治的、文化的背景にいる人同士を比べることができた。この調査の特異な点は、対象者に生活満足度を問うだけでなく、5年後の自分の満足度はどれくらいだと期待しているか、という質問をしているところだ。期待と現状を比べることで、人は将来の幸福をどのように見ているのかを知ることができる。

結果は驚くべきものだった。あるパターンがみられたからではなく、そのパターンが男性にも女性にも、東ドイツの人にも西ドイツの人にも(冷戦時代、両者間には大きな違いがあった)、個人にもグループにもみられたからである。生活が厳しかったと思われる不況の際にも、そのパターンはみられた。収入や人口などを勘案してデータを調整した後も同じだった。シュワントがのちに著書のなかで述べたように「コホート研究において、このパターンはどの年代にも共通してみられ、個人でも、どの社会経済的集団にもみられた」。このパターンは明白で——実際、統計学的な操作をしなくとも、誰の目にも明らかだった——初めはデータを間違えて入力したのかと思った。だが、そんなことはなかった。「これは重要な発見にちがいない、と思いました」

漠然と重要な発見にちがいないとは感じたが、当初、その結果の何が重要なのか自分でも正確にはわかっていなかった。ハピネス・カーブが現れたことはわかっていたが、その現象を明快に説明できる論理がなくて困っていた。それで、しばらくの間は、従来どおり、健康と幸福に関する経済学の研究を続けていた。彼の発見を後押ししてくれる人もいなかった。

「生活満足度への期待と現状についての調査は、博士課程に進んでから最初に取り組んだプロジェクトでした。マクロ経済学者たちの前でそれを発表したんですが、みんな文字どおり僕のことを笑っていました。いまでも覚えていますよ。僕がやっていることは、まったくくだらないと思われていたんです。将来の生活満足度など誰が気にするんだ、と言われました」

彼の発見がくだらないと思わなかったエコノミストが、アンドリュー・オズワルドだった。ふたりが会議で知り合ったとき、軽く朝食を食べるつもりが、結局2時間も話しこんだ。「オズワルドは『いや、これは非常に重要な発見だ』と言ってくれたんですよ」とシュワントは当時を振り返って言った。彼は期待と現実を比較する研究を引き続き行い、2016年、ジャーナル・オブ・エコノミック・ビヘイビア&オーガニゼイション誌に『年齢と幸福度との関係を示すU字曲線は、将来に対する期待と関係がある』という記事を発表した。次のグラフがシュワントの研究報告書に掲載されていたもので、オズワルドはこれを見て非常に興奮したという。

このグラフからわかることは何だろう? 調査対象となった17歳から90歳までのドイツ人は、現在の生活満足度と将来に期待する生活満足度を、それぞれ0(全く不満足)から10(とても満足)までの数字で評価するように求められた。グラフ上の▲は、各年代で調査対象者がどのくらい満足しているかを示している。

■は対象者が5年後の生活満足度として期待する水準を示している。2つの曲線は、期待していた満足度と実際の満足度を比較できるように、同じグラフ上に並べてある。たとえば、25歳のときに期待する30歳のときの満足度を7・5と回答した人は、実際に30歳になったときの満足度は7だ。つまり、期待していたほど、実際の生活満足度は高くなかったということだ。

いいかえると、このとき彼らは失望していることになる。現在の満足度が期待していた満足度を下回っていると、人はいまの自分の満足度にがっかりするというわけだ。逆に、現在の満足度が期待していた満足度を上回っていれば、人は思いがけず喜びを感じる。

年齢ごとの現在の生活満足度と将来に期待する生活満足度

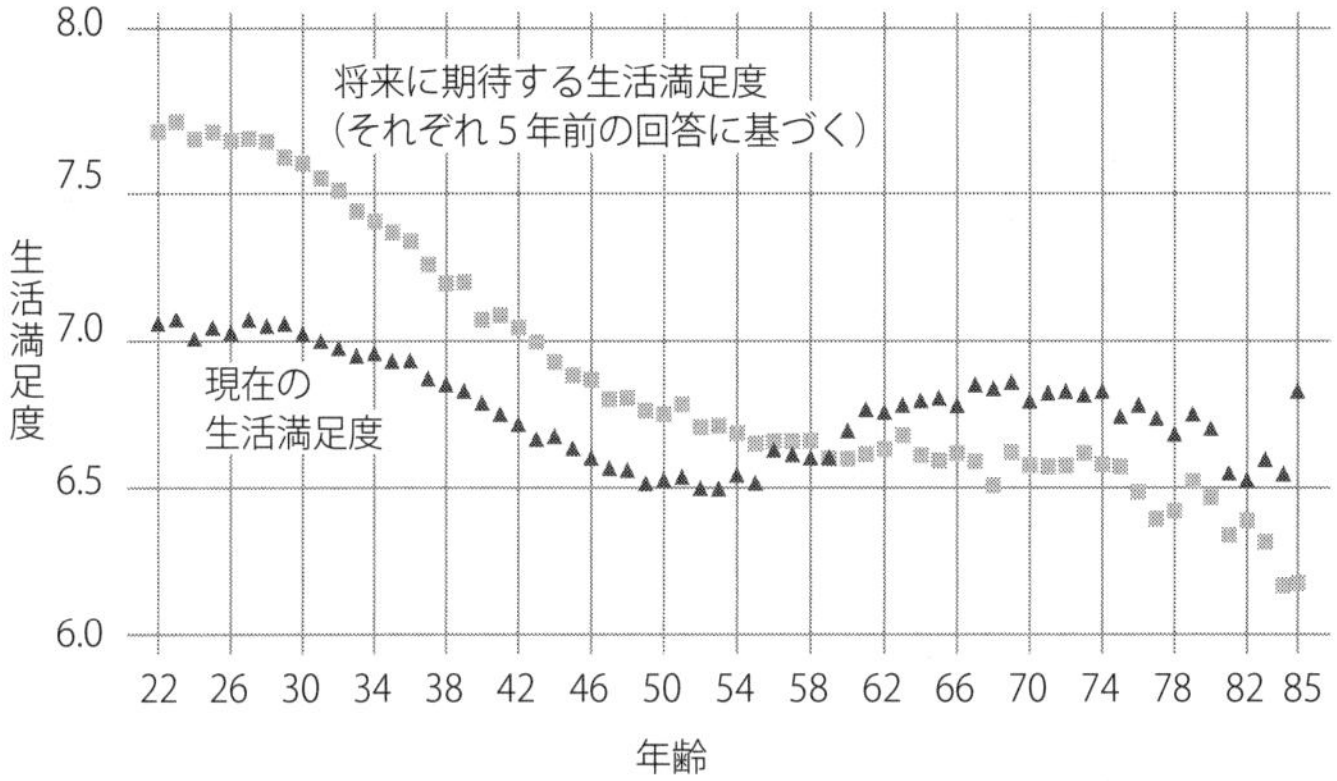


調査担当者：ヘネス・シュワント

このグラフを見てすぐに気づくことがいくつかある。まず、現在の生活満足度のグラフがU字曲線になっていること（ただし老齢まで。老齢になると調査対象者が病気になったり亡くなったりして、データ数が少なくなり結果がばらばらになる）。曲線がもっとも低くなるところは思ったとおり、50歳前後だ。これは驚くにはあたらない！

次に気づくことは、若者はつねに将来の満足度を過大評価しているということだ。彼らの予想はつねに大きくはずれている（シアトルで毎日、日の光を浴びられると思うのと同じくらい、かけ離れている）。「この予想のズレは大きい」とシュワントは記事のなかでコメントしている。20代の若者は将来の生活満足度を10パーセントほど過大評価している。だが、時が経つにつれ、過大な期待は消えていく。おそらく、それまでに何度も失望感を味わったり健康でワクワクするような毎日を送れる時期はもうこれで終わりだ、と思ったりすることで期待値が下がるのだろう。

だが、0まで下がるわけではない。7・5から6・5に下がるという程度だ。これでも十分大きな落ちこみだが、かといって破滅的なほどではない。すると、深く失望することはなくなっていく。いってみれば、若者も現実的になるということだ。

こんどは50代を見てみよう。ここでU字曲線は上向きに転じている。一方、期待する満足度のほうも、この辺りで下降が止まっている。期待値と実際の満足度との差は少なくなり、その後また開いていく。中年期以降の生活満足度は、期待値とは異なり、高くなっていく。落ちこむのではなく。

一方、期待値のほうは低いレベルで横ばいとなっている。中年期以降の20年という長い期間は、どの年齢でも後悔や失望はみられず、意外なほど喜びに満ちている。これが川底の順流や逆流の正体だ。人生の前半は期待値を高くしすぎて大きな失望感を味わうが、人生の後半ではそれもなくなる。流れが変わるのだ。

いま述べたことは――期待値とのギャップとその揺り戻し――グラフから容易に読みとれる。だが、エコノミストであるヘネス・シュワントは、数学を使って一見しただけではわからないような関係を導き出した。この期待と現実のギャップには、自己言及のパラドックスがあるというのだが、その説に基づけば、なぜ私たちが中年期に混乱したり閉塞感を覚えたりして不快な心持ちになるのかがよくわかる。

この調査では、将来の自分の状況を聞いているのではないことを思い出してもらいたい。「5年後の収入はどれくらいだと思いますか？　どれくらい健康だと思いますか？　仕事はどのくらいうまくいっていると思いますか？」と聞いているのではない。こうした質問は客観的な状況を問う質問だ。そうではなく、この調査はあくまで主観的な事柄を聞くものだ。5年後にどれくらい満足していると思うかをたずね、5年経ったころに、実際にどれくらい満足を感じているかをたずねている。感情は互いに影響しあう。失望や後悔という感情を抱くと、人は満たされない気持ちをもつ。不満足感を抱えていれば、失望や後悔が増幅される。

この結果は簡単に数理モデルで表すことができるし――シュワントはその数式を書き記した――その数理モデルは実際の調査結果と見事に一致する。シュワントはこれを「フィードバック効果」と呼んでいるが、これによって、何ら不満足感を覚える状況にないのに不満足感を覚え、自分が不満足感を抱いていることにまた不満足を感じる人がいるのはなぜなのかを、説明することができる。いくつかの数式を私に見せながら、シュワントはこう説明してくれた。

「あなたが中年期特有の不満足感を抱えているとしましょう。実際の状況もとても悪く、苦難が多い、あるいは物事がことごとくうまくいかないとします。するとあなたはとても落ち込むけれども、『こんなことがあったのだから、落ちこむのも当然だ』と考える。このときあなたは、どうして自分がこんなにひどい気分なのかわかっているので、そこで話は終わります。ほかの人にあなたの抱えている問題を相談するかもしれないし、周りの人もあなたがどうしてそんなに不満足感を抱えているのかわかるでしょう」

「けれども、仮に何もかもうまくいっていたとしましょう。それなのにあなたはどこか満たされない気持ちを抱えている。すると『これこれだから、僕は満たされないんだ』と理由を述べることはできないので『僕はどこか満たされない気持ちなのだが、その理由がわからない』ということになります。すると、そのことでもっと惨めな気持ちになり、期待していた満足度とのギャップがどんどん広がっていきます。あなたはいまの生活を続けるでしょうが、それが惨めなことに感じられる。惨めな気持ちでいると失望感が生まれ、生活満足度は下がっていき、ますます落ちこんでいくのです。そうやって下降のスパイラルに陥る。客観的に見たときの生活満足度が高ければ高いほど、さらにこのフィードバック効果は強くなります――自分が失望していることに失望するからです」

調査報告書のなかで、シュワントはこう書いている。「生活環境がずっと変わらないと仮定しても、人間にはこうしたメカニズムが働くことをこの数理モデルは示している」。いいかえると、下降のスパイラルは、実際の生活環境とは関係なく起こることがあるということを、この数理モデルは示しているということだ。大きな危機やショックを経験していない人でも、このフィードバック効果にたびたび悩まされることがあるが、悩みながらも、たいていの人はうまくやっている。シュワントはこう書いている。

「かなえられなかった期待に対して後悔を感じると、期待する生活満足度と実際の生活満足度のギャップは、ますます大きくなる」

そう考えれば、私が40代の半ばに抱いていた気持ちも説明がつく。40代半ばというのは、期待していたことが満たされずにフラストレーションを感じることの多い、難しい年代だ。

シュワントの数理モデルで考えれば、エコノミストが生活環境という要因を除外してもなお、U字型のハピネス・カーブが現れることの説明がつく。つまり、ほかの要因に関係なく、年齢そのものが中年期の満足度の低さと関係しているという結果がつねに現れるのはなぜなのか、を説明できる。どちらかといえば客観的な状況に比較的影響されない人のほうがかえって、フィードバック効果の影響を繰り返し受けやすい。

客観的に見て何ら妥当性のない失望感を抱えるのは、ヤッピー*や裕福な国の人だけの問題だ、という人もいるだろう。ただの泣き言だという人もいるだろう。私自身も、自分が中年の危機に陥ったときにはそう思った。自分はこんなに恵まれていて運もいいのに泣き言をい

＊　都市部に住む若いエリート。

うのはおかしい、と感じていた。不満足感から自尊感情も蝕まれていった。自分のことが嫌いになった。自分がいま苦しんでいることを、人に話すのが恥ずかしかった。

客観的に、道徳的な観点から考えれば、人に自分の悩みを話すのが恥ずかしいと感じるのは極めて普通のことだが（誰でもメソメソしている人は嫌なものだ。それが自分自身であればなおさらだ）、それを恥ずかしがっていること自体が、さらに不満足感と失望感を生み出すのである。自分に与えられたものに感謝を示さないのは恥ずべきことである、という子どものころからの教えが、シュワントのいう失望のスパイラルに拍車をかけるのだ。

40歳になったときに、私は自分の幸せを数え上げてみたが、それは道徳的には価値のあることだ。自分でもやってよかったと思っている。だが、シュワントの公式から考えれば、あれが何の役にもたたなかったのも納得できる。自分はもっと満足して然るべきだと自分にいいきかせようとしたことで、私は知らず知らずのうちに、満足するべきだと自分が思っているレベルと、実際の自分の満足度とのギャップに悩むように、自分を仕向けていたのだ。

これで、フィードバック効果の特異な点がわかったことだろう。1990年代の人気コメディードラマ『となりのサインフェルド』にも出てきたが、中年期のスランプとは、じつは何でもないことなのかもしれない。スランプを感じることそのものは、おおいに問題だが。

友人のサイモンのことを思い出す。彼は40代の半ばごろ、気分の上がり下がりが激しかった。彼の人生はよくあるパターンだ。エキサイティングな20代、目標に向かって突き進んだ

30代、激動の40代には厳しい状況にも見舞われた。そしてついに、その道で成功して著名になり、その分野のことになるとメディアによく出てくる人になった。「したいと思ったことは、ほとんど成し遂げてきた」とサイモンは言う。では、彼は満たされていただろうか？「いや、疲れきっていた。自分は運だけでなんとかやってきた、とんでもないやつだと思うこともあるよ。ブラジルに逃げようかと思ったこともある。名前も変えてホテルの従業員をしたりしてさ」

不満足感はたんなる感情にとどまらず、彼の精神までをも混乱させ苛んでいった。「精神的な病気だったのだろうと思う」と彼は話してくれた。「人生というのは心躍るような冒険ではなく、克服しなければならない難問だと思っていた。この先も僕の心が満たされることはないだろう、僕はどこかおかしいのだろう、と思っていた」

自分はどこかおかしい。そう思ってしまうのは、フィードバック効果の影響だ。

さて、青年期にはどのようなことが起きるのかみてみよう。期待と現実のギャップは次第に小さくなっていく。そこで、あなたはこう考えるかもしれない。非現実的な期待を抱かなければ大きな失望感を抱くこともないのではないだろうか、と。では、U字曲線の谷底がいつも中年期にくるのはなぜだろう？　フィードバック効果もひとつの原因だろう。だが、シュワントはこれを〝後悔の山なり曲線〟のせいだと述べている。彼の話によれば「生活満足度は、現在の状況から、これまでに逃してしまったチャンスを悔やむ気持ちを差し引いた値である」という。わかりやすくいうと、失望感は積み重なっていくということだ。彼はこう説明している。

「若いときは、それほど後悔することはない。なぜなら最初はうまくいかなくても、時間はまだたっぷりある、と思うからだ。うまくいかないことを、それほど気に病むことはない」

25歳なら、失望を感じた年があったとしても、道路に少しくぼみがある程度のことだ。来年はうまくいくだろう、と考えるわけだ。

だが、生活満足度という観点で見た場合（ここでは心の内側の、主観的な感じ方の話をしているのであって、実際に起こっていることがどんなことかは関係ない、ということを思い出してほしい）、次の年も同じように失望を感じる出来事があったとしたらどうなるだろうか。客観的にみたら物事はとてもうまくいっているのに、思ったほど満足感が得られなくなる。次の年も同じことが起こる。そして、その次の年も。そのまた次も。

そうしているうちに、自分の人生にはずっと失望感がつきまとうのだと、思いはじめる。そうすると、こんなことが起こる。将来の満足度への期待が低下する――あっという間に。それはグラフにも表れている。すると、幸福度に対する期待が修正される。だが、修正されるまでの間、過去についても将来についても悩むことになる。シュワントはこう言う。

「人は過去について失望感を抱くとともに、将来への期待も失ってしまう。中年期には過去と未来の両方について、惨めな気持ちを抱いてしまうのです」

例を挙げて説明しようとすると長くなってしまうのだが、たとえば46歳のアンソニーは、気持ちがふさぎこんでいるわけではないが、人生の頂点は過ぎてしまったと思っている。自分が手に入れたかったものをほとんどすべて手に入れても、思ったほど幸せではないことに気づいたが、そういうものだと諦めている――そして、その諦めが、体も知力も衰えていく将来の満足度を低くしている。彼は将来の状況を論理的に考えて、自分の将来の満足度はこれくらいだろうと見積もる。もっともいい時期はもう過ぎ去ったのだ、と考える。

シュワントが調べた2本の線グラフがそのうち交差し、現実が期待を上回るようになり、今度は上向きのスパイラルが起こることを、アンソニーは知る由もない。そのうちポジティブなフィードバックが失望というネガティブなフィードバックに取って代わり、思いがけない喜びが訪れ、満足度と感謝の気持ちが互いに強化しあってますます大きくなっていくことを、彼は知らないのだ。

期待値と現在の状況が逆転すると、ハッピーエンドとなる。だが、（詩人であるロバート・フロストの言葉を借りるなら）唯一の出口はそこを通り抜けることでしかたどり着けないものだ。概して、その道は精神を病むようなものではない。満足度が高いか低いかという話にすぎないのだし、失望感は期待が高いからこそ生まれるのだということを思い出してほしい。だがもちろん、つらい道ではある。

自分の人生についてどう思うかとたずねると、ジャスパーは「諦め」と答えた。私が彼に出会ったのは近所のジムだった。彼は私が書いたハピネス・カーブについての記事を読んでくれたそうだ。

最近40歳になったばかりの彼も、自分がハピネス・カーブの谷底に近づいていることを感じているというので、この話題になったのだった。20代のころの彼は若手弁護士として活躍していて、「毎日楽しかったし、未来志向だった」と当時の自分を表現している。

ところが、30代になると、弁護士という仕事は〝魂を削るようなつらい仕事〟であるとわかったし、自分は自分が理想とするような夫ではないことにも気づいたし、自分と妻は子どもをもつことができないということもわかったのだそうだ。そこで彼はこの状況をなんとかしなければと思い、軌道修正をした。まず激しい出世競争から身を引き、大学に戻って勉強し、子どものいない人生にも折り合いをつけた。

いま、彼は40代前半だが、家族で歯科医院を経営している。だが、これは一時的なものだ、と彼自身は思っている。この先は新しいキャリアとして、自分がもっとも大切だと考えていることについて教えたり、本を書いたりすることを考えているという。輝かしい将来が待っていたはずなのに、なぜ彼は出世競争から降りたのだろうか？　彼はこう言う。

「現実は、25歳のときに思い描いていたようにはいかないと気づいたからです。40歳ともなると精神的にも成長し、自分の真の姿や弱さ、失敗や成功も受け入れられるようになり、自己認識も内省も深くなる。経験からさまざまな知恵を学べました。若いころのように、人生についてもっとシンプルに、真っすぐに、楽観的な見方ができればいいのですが——人生の現実をあえて見ないようにすることが楽観的になる秘訣だと、いまは思っています」

ジャスパーは、ヘネス・シュワントがいう〝予測の間違い〟、あるいはトマス・コールが描いた空に浮かぶ城を修正するために、出世競争から身を引いたのだ。高すぎる期待は失望を生むとわかっていたのに、高い期待をもち、結局それを叶えることはできなかった。客観的に見れば、彼は自分の価値観に合う生活を手に入れようとしていただけだ。だが、そのとき彼の内側では、将来の生活満足度に対して楽観的な見方ができなくなると同時に、過去に対する後悔も生まれていたのだ。

ヘネス・シュワントが指摘した予測と現実とのギャップについて考えると、こんな疑問が湧きあがってくる。なぜギャップが生まれるのか？　予測が大きく違ってしまうのはなぜなのか？

この質問に対する答えはもちろん存在するが、それを考えるには、シュワントの専門分野である経済学やビッグ・データではなく、心理学という側面から見なくてはならない。人間の心はどのようにつくられ、どのように組織されているのかを考える学問だ。

イスラエル生まれのターリ・シャーロットは、ユニヴァーシティ・カレッジ・ロンドンで認知神経科学を研究している学者で、〝感情と脳の研究室〟のディレクターも務めている。この研究室では、感情がどのように人間の認知機能や行動に影響を与えるのかを研究している。彼女は〝楽観主義バイアス〟の研究をしていることでよく知られている（『脳は楽観的に考える』柏書房）。

彼女は、将来の期待を高くしすぎてしまうのは生物として当然のことなのだという研究結果を発表した。生来、備わっている習性なのだという。そのせいで間違った判断をしてしまったり、ときには困った状態になってしまったりすることもあるのだが、それでも人間が生き延びて成長していくためには必要な習性だという。

「『今日はいい一日になりそうだぞ、今日はやることがうまくいくだろう』とでも言わなければ、朝起きるのがつらいでしょう」と彼女は話してくれた。2011年にカレント・バイオロジー誌に寄稿した記事のなかで、楽観主義バイアスについてこんなことを書いている。

（生徒たちは）実際はそうでもないのに、高い初任給がもらえるだろうと期待したり、多くの企業から仕事のオファーをもらえるだろうと期待したりする。人は、プロジェクトが完成するまでの期間やそれに要する費用を少なく見積もったりする。たいていの人は楽しいバケーションを期待するが、実際はそうでもなかったりする。来月はもっといいことがたくさんあるだろうと期待するが（たとえばプレゼントをもらったり、いい映画を見たり）、実際はそれほどいいこともなかったりする。さまざまな方法でさまざまな場面を調べてみても、ほとんどの人が楽観主義バイアスをもっている、という一貫した結果が出る（80パーセントの人がこのバイアスをもっていると推定される）。楽観主義による見込み違いは、人間の不可欠な性質であり、性別、人種、国籍、年齢を問わず、みられるものである。

人は自分が平均よりも寿命が長く健康であることを期待し、自分が離婚する確率を低く見積もり、仕事で成功する確率を高く見積もったりするものだ。シャーロットと共著者が2007年にネイチャー誌に寄稿した記事にも書かれているように、人は、「自分の期待どおりになるという根拠がまったくなくても」、将来何かいいことが起こることを期待する。では、正しい情報を教えたらどうなるだろうか？　人はバイアスのかかった考えを修正しようとするだろうか？

実験で、シャーロットと同僚の研究者は、これからの5年間にさまざまな悪いこと（たとえば強盗に遭遇するとか、がんと診断されるとか）が起こる確率はどれくらいだと思うか、と被験者にたずねた。被験者の回答を記録した後、実際の確率を被験者に知らせる。そして再度、それらの出来事が自分に起こる確率はどれくらいだと思うか、とたずねた。すると、被験者はネガティブな情報よりもポジティブな情報寄りの答えを述べることがわかった。

シャーロットはこれを〝いいニュース／悪いニュース効果〟と呼んでいる。人を脳スキャナーにかけて先ほどと同じ実験をしてみると、ポジティブな情報とネガティブな情報は脳の違う領域でコード化されることがわかる——つまり悪いニュースは、たんに、いいニュースの反対ではないということだ。

さらに、シャーロットと共同研究者は、脳のある領域に向かって磁気を照射すると、楽観主義バイアスが消えるということを発見した。これらの研究結果から、人間は感情面だけでなく認知機能のうえでも、ポジティブな情報をより強く意識し、ネガティブな情報を遮断することがわかった。

ただこれは、そういう場合が多いというだけのことだ。例外はある。若干うつ気味の人は、将来を的確に予想する。うつ傾向にない人と同じようにポジティブな情報も受け取るが、ネガティブな情報のほうに、より敏感に反応する、つまり現実的なのだ。「彼らは世界をありのままに見る」と、2012年に発表した電子書籍『楽観主義の科学——なぜ人間は楽観的に考えてしまうのか（*The Science of Optimism: Why We're Hard-Wired of Hope*）』のなかでシャーロットが書いている。

「いいかえれば、非現実的な楽観主義を生み出す神経メカニズムがなければ、すべての人間はうつ気味になるということだ」

じつは、楽観主義なのは人間だけではない。独創的な実験によって、鳥も楽観主義であることがわかっている。ネズミも。そのほかの動物もそうだ。

なぜ、生物は生まれながらにして楽観的なのだろうか。それが原因でつねに失望を味わっているというのに。おそらく、現実主義は生物に悪い影響を与えるからだろう。「希望は私たちの心を和らげ、ストレスを抑え、健康増進にも役立つ」と『楽観主義の科学』のなかでシャーロットが書いている。

「これは楽観主義の驚くべき最大の効用だろう。ほかの条件がすべて同じなら、楽観主義者のほうが健康で長生きする」。さらに、「楽観主義は成功と関係があるだけでなく、成功を導いてもいる」

楽観主義だからこそ、成功率がたとえ低くとも起業家は起業する。みな、口を揃えてこう言うだろう。成功するだろうと思って起業したんだ。失敗してしまったが、思い切って挑戦してみたことはよかったと思う、と。

楽観主義バイアスがあるという考え方自体はよく知られている。だが、あまり知られてはいないが、じつに興味深い説がある。研究者が突きとめつつあるのだが、楽観主義バイアスはどの年齢でも見られるわけではないというのだ。特に、中年期に減退するようだ。シャーロットは『楽観主義の科学』のなかでこう述べている。


人がいいニュースを簡単に受け入れてしまう傾向は、比較的どの年代にもみられる。9歳の子どもはとても受け入れやすいが、45歳や75歳の人も同じように受け入れやすい。だが、悪いニュースをどれくらい受け入れるかを調べてみると、Uの字をひっくり返した形のグラフが出来上がる。人間は子どものころから、悪いニュースを聞いたときに自分の考えを変える能力を少しずつ身につけていく（たとえば、大好きなキャンディーは虫歯のもと、など）。この能力がもっとも高くなるのが40歳前後で、その後年齢が上がるにつれて、少しずつその能力は低くなっていく。

つまり、中年期の人は、ほかの年代の人よりも〝抑うつリアリズム*〟に苛まれがち、つまり、いくつもの苦難から学んだことに対する感受性が高いというのだ。

「抑うつリアリズムが中年期に多くみられるのはなぜですか？」とシャーロットにたずねた。

「それはまだ、よくわかっていないのです」と彼女は答えた。

脳の働きが年齢によって変化していくからかもしれない。中年期はストレスが高い傾向にあるからかもしれないし、ストレスや不安が楽観主義バイアスを減少させてしまうからかもしれない。明らかにわかっているのは、人は経験から学ぶものである、という理由だ。もちろん、これは先に述べたことすべてを含む答えであり、それ以上のことも含んでいる。若者というのはリスクを承知で、自分の限界を押し広げようと勇んで世界に足を踏み出そうとするものだが、大人になると、そうした行動を見直すことも必要だろう。

この研究は、中年期の人はうつ状態にあるといっているわけではない。彼らにも楽観主義バイアスはある。ただ、そのバイアスが明らかに小さくなる。そして抑うつリアリズムに陥る。ジャスパーもきっとこの説に同意してくれるだろう。


私自身、日記を書いたり幸せを数えたりしていたことからもわかるように、ジャスパーと同じ年齢のころ、自分が楽観的な思考ができなくなってきたことを感じ、そのことに悩まされていた。30代のころは順調だった。子どもがいなくても平気だったし（ゲイなのに、ではなく、ゲイでも、というべきなのかどうかはさておく）、仕事を変えたいとも変える必要があるとも思っていなかった。健康にも問題はなかったし、金銭的な問題も抱えていなかった。挫折したこともなかったし、一時的に落ちこむことはあっても、それもすぐに解消するだろうと思っていた（何の根拠もないのに！）。

だが、何かがおかしいと思ううちに45歳になり、ある出来事が起こった。いい出来事だ。すばらしい出来事だった。私の書く記事は控えめで、賞の選考員にインパクトを与えるようなものではないと思っていたので、雑誌業界のピュリッツァー賞といわれる全米雑誌賞を受賞

＊ うつ状態になるのは誤った考え方のせいではなく、世界をありのままにみているからだとする理論。

したときは、とても驚いた。誇らしい気持ちと感謝の気持ちでいっぱいになり、ついに成功を手にしたと思った。だが、そういう気持ちでいられたのもせいぜい1、2週間ほどだった。

その後、じわりじわりと、不満足感が戻ってきた。そのうちに、本当に賞をもらったのかどうかも、わからなくなっていった。朝いつものように起きると、自分が成し遂げられなかったことを詰《なじ》る声が、頼んでもいないのに自分の内側から聞こえるようになった。それからというもの、失望感がいつも頭から離れないという現実に、向き合わなくてはならなくなった。いつも何かしら不満足の種を探し、不満の種が見つからなければ、自分で不満のもとをつくりだすような性格の人間になった。なぜかいつまでも居座る失望感に、私は自分が感謝の念ももたず、満たされることのない人間だと思いはじめた。

思うに、このとき、私はシュワントのいうフィードバック効果の影響を受けていたのだろう。こんなにわかりやすい成功を収めたのに、なぜ気持ちが晴れないのだろう、と私は考えていた。問題は私にあるのではなく私のゾウにあるのだと、知らなかったのだ。

ジョナサン・ハイトが研究者として初めて書いた論文は、嫌悪感についてだった。現在、彼はニューヨーク大学で心理学の教授をしており、無意識に抱く直観で物事を判断したり認知したりする人間の機能について、世界でもっとも革新的な説を発表している。

1963年生まれの彼は、高校3年生のときにいわゆる〝実存不安〟に悩んでいて、神の存在がなければ人生は無意味なのではないかと考えていた。彼はその答えを哲学に求めたが、心理学のほうがもっと面白いことを発見する。

大学を卒業して数年は、ワシントンにある労働省労働統計局でコンピュータプログラムをつくる仕事をしていたのだが、そのうちに、道徳的直観の実証研究に興味をもつようになった。論文のテーマとして彼が選んだのは、それまで正式な研究がされていなかった直観である「嫌悪感」についてだった。彼の博士論文は『道徳的判断と感情と文化――ペットの犬を食べることはいけないのか？（*Moral Judgement, Affect, and Culture, or Is It Wrong to Eat Your Dog?*）』だった。

その後、実験を続けたハイトは、たとえば嫌悪感などの本能が私たちの理性に影響を与えるのであって、その逆ではないことを発見した。理性とは人前に立つ報道官のようなもので、人は自分が本能的に行った選択を正当化するために、理性を前面に押し出すというのだ。「道徳心理学から私が学んだことは、直観や勘を見逃してはいけない、ということです。理性は後からついてくるものなのですから」と彼は話してくれた。

印象的なのは、そしていまではすっかり有名になったのは、ハイトが理性をゾウの上に座っているゾウ使いにたとえたことだ。これまで、本能と理性を考えるときの隠喩として使われてきたのは馬と騎手だった、と彼は言う。だが、騎手（理性）とは馬（本能）が騒いだり暴れたりしないように制御する役割だ。その隠喩では、自分が経験したこととはかみ合わない、と彼は考えた。

「当時、独身だった私は、ある人とお付き合いをしていました」と彼は振り返る。「デートではよく失態を演じたものです。失敗する自分自身をよく眺めていました。よくないことだとわかっていながら、そうした行動をしてしまう自分自身を眺めていました。どうするのが正しいか知っていたし、どうして自分がそんな行動をとってしまうのかわかっていたのに、自分を止めることはできませんでした」

従来の隠喩を使っていうならば、彼、そして彼が眺めていた彼が乗っていたのは、とんでもない暴れ馬ということになる。

「ゾウはとても賢く、体はとてつもなく大きい。自分は大きなゾウの上に乗っている小さな子どものようだと感じました。ゾウが自らどこかへ向かおうとしないときには、その子はゾウをつついて、どちらか自分の好きなほうに向かわせることができます」

けれども、もしゾウ自身に意向があれば、ゾウは自分の好きなほうに進んでいく。ゾウに乗っている子どもはゾウの向かう方角に行くことを合理的だと考えるか、イライラしながら傍観しているしかなす術はない。あるいはその両方か。

ハイトがゾウにたとえているのは、反射的に無意識に働く心理プロセスのことだ。一方ゾウ使いは、自分でコントロールすることのできる意識的な心理プロセスのことだ。フロイトが提唱した潜在意識とは違って、反射的に無意識に働く心理プロセスは、罪悪感を抱いたり、これはやってはいけないことだと思ったり、子どものころのトラウマを思い出したりしたときに起こるものではない。むしろ、毎日の生活をうまく送れるように、物事を早く認識するために働くものだ。なぜなら、私たちは物事をゼロからよく考えて決断するのに十分な時間もなければ、能力もないからだ。

嫌悪感を覚えて「嫌だ！」と思うのは、見たこともないものや、毒かもしれないものを触ったり食べたりしてもいいのかどうかを決める手間を省いてくれる。こうした反射的な心理プロセスは、意識的に行うコントロールとは違って自発的に起こる。この反射的な心理プロセスは、疲れているときには抑えられなくなりがちだ。また、意思の力や集中力がなくても自然と起こる。そして、そうした反射的な心理プロセスが働いていると自分でも気づかないうちに、言動に表れる――たとえば、とても魅力的な人を見たとき。

「ドキッとしますよね」とハイトは言う。「その人に魅せられたということです。膨大な神経回路がその魅力に反応しているんです」

45歳であの賞を受賞したとき、私（ゾウ使い）はとても嬉しかった。だからゾウを誉めてやった。

「すごいじゃないか！　これは生涯、誇れる功績だ。僕のこれまでの仕事が認められたんだ！　やったぞ！　すねるのはやめろよ！　喜べ！　ずっと嬉しがっていればいいんだ！」

それなのに……なぜ僕のゾウの喜びは続かなかったんだろう？　そのことをハイトに話す

と、彼は私に映画『2001年宇宙の旅』を観たか、と聞いてきた。

「もちろん、観ましたよ」と私は答えた。

「映画のなかで宇宙船を操縦していたのは誰でしたっけ？」

「人工知能のHAL（ハル）です」

「では、HALの目的は？」

「ミッションを完了することです」

「HALは乗組員の機嫌がいいかどうかを気にしていましたか？」

「ええと……していませんでした」

ゾウのミッションは、私たちを満足させることではないのだ、とハイトは言った。

「ゾウのミッションは、私たちに子孫を残させることです。だから地球上の生物としてのミッションが無事に完了するように立ち回ります。ゾウが特に気にするのは、自分が周りからいい評価を得られるかどうか。幸福はミッションの目的ではありません」

ここまででわかるように、ゾウは楽観主義に偏向している。同時に、失望にも偏向している。2006年に出版した名著『しあわせ仮説――古代の知恵と現代科学の知恵』（新曜社）のなかで、ゾウ（無意識あるいは本能）は、ゾウ使い（意識あるいは理性）が成功を味わおうとするのをあの手この手で阻む、とハイトは書いている。そのひとつが「進捗の法則」だ。

私たちは人生のなかでさまざまな目標をたてる。社会的地位、友人関係、いい仲間を見つけること、財を蓄えること、それから子育て。子どもがいれば、孫やひ孫も生まれることだろう。だが、成功に対する精神的な報酬、つまりドーパミンが分泌されるのは、ほとんどの場合、私たちが理知的に設定した人生の大きな目標を達成したときではなく、少しずつでも前に進むことができたときなのだ。

「それが強化というものだ。ある行動をとったとき、数秒のうちに褒美を与えると――数分でも数時間でも遅い――もっとも効果が高くなる」とハイトは書いている。ゾウは「正しい方向へ一歩踏み出しただけでも喜びを感じる」

つまり、「目標へ向かって歩んでいるとき、大切なのはその道程であって、目的地にたどり着くことではないのだ。どんな目標でもいいので、設定しみるといい。その目標に向かっている最中の一歩一歩に喜びを感じることだろう。最後に目標にたどり着くときは、もはやワクワクするような気持ちはなく、長い道のりの終わりに背負っていた荷物を下ろす程度の安堵感しかないだろう」。つまり、進捗の法則とはこうだ。「喜びは、目標を達成することよりも、目標に向かって進むことで得られる」

私の場合（あるいは私のドーパミン分泌システムにとって）、あの賞をとったことは背負った荷物を下ろすようなものではなかったが、束の間の喜びだった。道のりの一歩だった。いったいどこへ向かう道のりだろう？　目的地に着いたと思ったら、私のゾウはもう次のドーパミンを欲していて、何か新しい目標に向かっていこうとしていた——私自身はそんなことはいっさい考えていなかったにもかかわらず。これは「適応の法則」だ。「人間はいったん物事に慣れると、それを再調整する」とハイトは書いている。

「人間はつねに目標に向かって生きている。何かひとつ目標を達成するたびに、また新しい目標を設定するのだ。成功が続くと、さらに目標は高くなる。逆に挫折が続き意気消沈してしまうと、目標を低く設定するようになる」

だが残念ながら、ゾウ使いはそのことを知らない。

「どんな状態になろうと、人間はそれに適応していくものだが、自分の意識下ではそのことを認識していない。人間は〝感情の予測〟が苦手だ——将来、自分がどんな感情を抱くのか、うまく予測できない。とても強い感情が長い期間続くだろうと、大げさに考えてしまいがちだ。宝くじに当たった人も、下半身不随になってしまった人も、（平均して）1週間もすれば、幸福のレベルは元に戻るものだ」

ゾウ（無意識あるいは本能）の観点からすれば、こうしてつねに目標を再調整していくことが順応するということであり、環境の変化についていくためにしていることなのだ。だが、人生のなかで成し遂げたことを十分に味わいたいと思っているゾウ使い（意識あるいは理性）にとって、これはありがたくないことだ。ハイトはこう書いている。

「適応の法則と、人間の平均的な幸福度は遺伝によるところが大きいという事実を考え合わせると、こんなことがいえる。長い目で見れば、どんなことが起ころうとたいした問題ではない。この考えが正しければ、人間は誰でも〝ヘドニック・トレッドミル現象〟に陥るということだ。（中略）人生というゲームに勝つために、私たちの努力は続いていく。つねにいま以上のものを求めて、人間は走り続ける。回し車の上を走り続けるハムスターのように」

いま述べたことはすべて、第2章で述べた社会的な競争というトレッドミル（踏車《ふみぐるま》）に当てはめて考えることができる。ハイトは次のように説明している。

人生というゲームに勝つために、ゾウは自然と形づくられる。ゾウは戦略として、他人にどう自分を印象づけるか、他人から称賛を受けるにはどうしたらいいか、相対的な自分の地位を上げるにはどうしたらいいかを考える。ゾウが欲しいのは名声であって、幸福ではない。何をもって名声を得たとするのかは、一生かかってもわからないかもしれない。だが、もっと大きな幸せがほかにあったとしても、ゾウは目標に向かって歩み続ける。誰もが同じかぎられた名声を求めようとすればゼロサムゲームになるだけで、永遠に軍拡競争が続き、富が増えても幸福感が増すことはない。

告白しよう。私はあの大きな賞をもらったあと、これで自分の名声が上がったと喜んだ。

嘘ではない。すべて正直にお話しする。だが、私のゾウは、社会的地位という階段を見上げつづけた。下を見ることはなかった。ゾウは私の成功を素早く見てとると、目標を再調整した。さらなる成功を求めた。苦しかった時期のことを思い出して、私はハイトに、ゾウは私たちを不幸にしようとしているのではないか、と聞いてみた。だが、彼は否定した。

「ゾウは私たちを惨めな気持ちにさせようとしているのではありません。成功するための動機づけをしようとしているのです。満たされた人生では、成功しようという意欲は湧きあがりません。満たされるということは、これ以上前に進まなくてもいいということなのです」

人間はつねに不満足感を抱えたり失望感を抱いたりするものだ、といっているのではない。ハイトが強調するように、大切なのは、ゾウに満足しろといいすぎないことだ。40代のころの私のように。そして、ゾウが望むものとゾウ使いが望むものが近くなるような環境にすることが大切なのだ。

それはたとえば、満足感が持続する環境であったり、互いに信頼できる社会環境であったり、十分な健康と収入であったり、自分の生活を自分でコントロールできることであったり、そして何より、互いに支え合うことのできる社会の強い絆であったりする。ゾウを隠喩に使ったことで、はたして生き方が変わったかどうか、私はハイトに聞いてみた。すると、彼はこう答えた。

「もちろんです！　自分の人生と心は機械ではないと思うようになりました。計画どおりに進むプロジェクトでもなければ、建設中の都市でもない。自分に必要な経験と苦労をすれば、あとは時がなんとかしてくれる、と思うようになりました。ゾウとゾウ使いを訓練したり教育したりして、互いが力を合わせてうまくやっていけるようにするのが人生なのです」

記憶のなかにある人生は、偉大な絵画のように、光の当て方で違って見えるものだ。頭のなかで私は、ナショナル・ギャラリーで初めてトマス・コールの4連作を見た20歳のころの自分に戻っていた。若かった私には、コールの『幼年期』に描かれている無垢で守られた赤ん坊の姿は真実だと思われた。『青年期』に描かれている空中にそびえ立つ城も、実感をもって受け入れることができた。『壮年期』の前でたたずみながら私は、具体的な野心はなかったものの、この世の中に自分の足跡を残したいものだと考えていた。

後年になって自分がどんなことを知るのか、最近の科学的な発見がどんなことを私に教えてくれるのか、そのときは知る由もなかった。仕事はうまくいくだろう、愛する人を見つけて強い絆を結ぶことができるだろう、と思っていた。たとえ想定していたとおりでなかったとしても。すばらしいものもたくさん手に入れられるだろう、と思っていた。

だが、あの空に浮かぶ城は何だろう？　おそらく、あの光り輝くはるかな城は、私たちが手に入れたいと願う客観的な状況——物質面や社会的な野望——を表しているのではなく、私たちが得たいと願う幸福——つまり主観的な野望——を表しているのだろう。『人生の航路』を見てもっとも印象的なのは、旅人が一人きりだということだ。周りには誰もいない、町もなければ、社会もない。人生において社会的なつながりがいかに大切であるかを、コール自身が痛感していたことを表している、という解釈もあるだろう。

また、コールは人生そのものを描いているのではなく、精神、つまり人間の内面を表しているのだという解釈もある。内面の世界では、人はみな孤独だ。おそらく、コールが私たちに伝えたかったのは、私たちの心のなかを流れる川は、満足というものから離れて流れ続けるものであること、激流や険しい岩場は、私たちの心のなかにあるということだろう。

コールは洞察力にあふれた人だったが、いまから遠い時代の人だ。彼が何を伝えたかったのか、正確に知ることはできない。私がいえるのは——私に見えるのは——20歳の私がもっていた将来の見通しは間違っていたということだけだ。若いころは、中年になるころには傍から見ても裕福な暮らしをしているだろうと思っていた。その予想は当たった。実際、私の生活状況はよくなった。だが、当時もうひとつの予想をしていた。何か成し遂げるたびに満足感を覚えるだろうと思っていたのだ。この予想ははずれた。もちろん、成功したことをありがたいと思う気持ちはもっていた。

だが、自分が予想していたほど、あるいは自分がそうあるべきだと思っていたほど、感謝の念をもつことはできなかった。楽観的な見方の減少、社会で上の地位にある人との比較、ヘドニック・トレッドミル現象、そして私たちがけっして満足感を持続させることができないようにゾウが仕掛けるトリック、そうしたものすべてが、時が過ぎるにつれ、自分の意思では振り払えないほどの失望感を生み出した。それが、失望するということだ。私は40代のころ、フィードバック効果の影響によって、その場で足踏みするばかりで前へ進めなくなっていた。

もしコールがいまの時代に『人生の航路』を描くなら、『壮年期』と『老年期』にもう1枚の絵を加えた5連作にしなければならないだろう——これについては後で述べる。ここではまず、私から見てハピネス・カーブのもっとも興味深いところ（もっとも楽しくない時期）について考えてみよう。それは期待する満足度と現実の満足度を表す2本のグラフが交差する前後の、中年期のある一時期だ。

その時期は将来への希望と現実のギャップはなくなりつつあるが、まだ完全になくなってはいない。失望感はそのうち消えていくことになるが、その時点ではまだ永遠に続くように感じられる。現実主義になりつつあるけれども、完全にそうなったわけではない。そこがU字曲線の谷底であり、不安定な時期である。

その時期は過渡期なのであって危機ではないと考えることが大切だ。たいていの場合、危機ではないということができる。シュワントの研究からわかる大切な点は——そしてシャーロットの研究でも、アンドリュー・オズワルドとデイヴィッド・ブランチフラワーの研究でも、キャロル・グラハムの研究でも——ハピネス・カーブは、私たちの精神的な幸福は壊れやすく長続きするものではない、と示すものではないということだ。変化とはわずかであっても確実に積み重なるものだ。若いころの楽観主義バイアスがなくなるにつれ失望感が積みあがっていく。

シュワントの数学的な理論からわかるように、客観的に見た破滅的な状況や精神的なきっかけなど何もなくても、負のフィードバックによって私たちは失望感を募らせていく。だから、中年になると危機が訪れると考えるのは的外れだ。この時期は過渡期なのであり、この過渡期に何が起こっているのかを理解するために、そして、その過渡期に人が経験することが千差万別であるのはなぜなのかを理解するために、私がインタビューをした3人——ランディ、メアリー＝アン、マーガレット——の話をみてみよう。

44歳のランディは、表向きはまったく問題がないがために、かえって強く失望感を覚えてしまうタイプの人だ。彼はいつも穏やかで、傍目《はため》には暮らし向きもよく、賢明な選択をする人だが、堅実すぎるがゆえに、つねに時間を無駄にしないように生きてきた。仕事での目標も達成し、幸せな結婚をして息子も授かったが、ここまでに述べてきたような理由で、彼は目標を達成しても満足感を得ることができなかった。

統計から考えると、彼はハピネス・カーブの谷に入ってから数年が経つころで、あと数年は上昇に転じないだろう。曲線のもっとも低いところにいるいまの彼は、失望感がこの先もずっと続くだろうと考えて、厳しい時期を過ごしている。自分の40代をどんな言葉で表現するか、とたずねると、彼は「疲労」「宿命」と答えた。なぜ「宿命」なのだろう？

「いまの仕事を10年続けています。ここのところ、この分野は低調で環境も激しく変化しています。最近、この世の物事はすべて事前に決まっていて、自分の思ったとおりにはいかないと感じるようになりました。20代のころは、自分がやりたいと思ったことをやっていたし、何か新しいことに挑戦することもできました。ですがいまは、いい家があって、子どもを育て、大学資金を貯め、家族と休暇を過ごすという生活を変えたくないと思っています。そのためには、いまの仕事はあまり楽しくありませんが、収入はいいので続けなければなりません。そういう意味で宿命と言ったのです。何か新しいことを始める余裕はありません」

逃げ出したいと思ったことはあるだろうか。

「もちろん、あります」と彼は答えた。休暇でメキシコへ行って、景色のすばらしい池でカヤックを漕ぎ、夕日を眺めたこともある。「これこそ、僕のやりたかったことだ、と思いましたよ。すべて捨ててメキシコに移住し、夜は星を眺めて過ごしたいと思いました」。早期に退職しようかと思うこともあるそうだ。

「こんな生活をあと20年も続けられるだろうか？　毎日朝６時に起きて、いまと同じことを続けられるのだろうか？　無理だ。やりたくない。だから、自分には何かほかにできることはあるだろうか、と考えています」

「中年の危機を感じているということですか?」と私はたずねた。

「たしかに私は中年です。ですが、危機というと、何かもっと突然訪れてあっという間に去っていくものという気がします。長く続くこの状態を表す、もっといい言葉があるのではないかと思っているのですが」

彼は自分の生活満足度が数年のうちに6から7くらいに上がることを願っている、と話してくれた。だが、自分はあえて楽観主義でいるようにしているのだ、と続けて言った。「楽観主義でいるように心がけています。そうでないと、前に進んでいけないからです。物事に対処するために、強い自分をつくりあげてきました」

私には楽観主義というより、負けじと必死になっているように聞こえた。ランディと話しているとき、私はヘネス・シュワントの言葉を思い出した。

「過去のことに対して失望感を抱える一方で、将来に対する期待も失ってしまう。だから中年期は、過去と未来の両方に対して、惨めな気持ちになるのです」

ランディは惨めさを感じていたわけではない。愛する奥さんと元気な11歳の息子さんと接する彼を見ていると、治療が必要なうつ状態にあるわけではないとわかる。自分は運がいいと思う、と述べたときの彼は心の底からそう言っていたと思う。だが、いまの彼は、過去は失望だらけに見え、未来の展望もまだ開けない、うんざりするような時期なのだ。

メアリー＝アンの話は、ランディの話とじつに対照的だ。ランディと同じく、彼女も44歳でバリバリ仕事をしている。ランディと違うのは、中年期に誰もが恐れるような破滅的な出来事に遭遇したことだ。だがその結果、彼女の失望感はもっともひどい地点を過ぎた――つまり現実主義に転じ、悩みが少ない人がよくいうように、時が解決してくれるという考え方ができるようになったのだ。

私がインタビューをしたほかの人とは違って、メアリー＝アンは「中年の危機」という言葉を受け入れていたが、その理由はわかりやすい。彼女の母親ががんと診断されて間もなく、彼女自身もがんと診断されたのだが、それは誤診だった。その後、再びがんと診断されたが、それもまた誤診だった。そうしているうちに、今度は彼女の夫が治療の難しい難病にかかり、そうかと思うと今度は義理の父親が亡くなった。

「中年の危機に襲われました」と彼女は話してくれた。「中年の危機に陥れとばかりに、ありとあらゆる出来事に見舞われたんです――（大きなため息）――40代のときに。自分もいつかは死ぬ運命にあるのだという事実を突きつけられました。自分があっという間に、とても歳をとったように感じました。自分もいつかは死ぬのだという事実に直面し、歳をとったように感じ、これから成し遂げるであろうことは、これまで成し遂げてきたことよりもずっと少ないのだ、とわかったのです。そんな感じです。絵に描いたような中年の危機ですね」

だが、メアリー＝アンの気持ちは複雑だ。彼女は自分の40代を表す言葉として「不安」

「反省」「感謝」を挙げた。こんなにも不運が続いたのになぜ「感謝」なのか？　彼女も夫もいまは健康だし、彼女の期待はこれまでの苦しい体験によってリセットされたからだ。

「苦い経験も、過ぎてしまえばこう思えます。私の人生はなんとすばらしいのか、と。天気のいい日にはポーチに座ってよくこう思うんです。人生万歳！」

キャントリルの梯子質問で、彼女はいまの生活を7と評価した。8をつけた20代、30代よりは下がっているが、そう悪くはない評価だ。将来は、若いころのようにワクワクするような毎日にはならないだろうと思っているが、それでいいと考えているという。

「それほど歳をとったようには感じませんが、かといって、これから驚くようなことがいろいろと起こるとは思っていません」と彼女は言う。「もちろん、大きな変化が訪れる可能性がないとは思いません。ただ、それを期待してはいないということです」

それで彼女は納得できているのだろうか？　それはまた微妙なところだ。

「ジェットコースターのような人生はもうこりごりです。ですが、これまでそんな人生だったことに文句をいっているわけではありません。歳をとると、そんなことはどうでもよくなるものですよ」

実際にはメアリー＝アンはそれほど歳をとっているわけではない。彼女は繰り返し「歳をとった」と言っていたが、それは客観的な年齢のことではなく、自分がハピネス・カーブのどの辺りにいるか、という主観的な年齢のことをいっているのだ。中年期に客観的に見た苦難があるときは――たとえば健康問題など――自分が失望していることを認めることで、精神的な苦痛を和らげることができる、とシュワントは言っている。そうすることで、負のフィードバックを断ち切ることができるというのだ。

メアリー＝アンが経験した辛い試練は、けっしてうらやむような出来事ではないが、自分の死について考え苦悩したことで、普通ならなかなか手放すことのできない非現実的な楽観主義から脱却することができたのだろう。家族を襲った危機が、成熟した現実主義への近道となり、将来の期待を表す曲線の後半に表れたのだ。彼女の経時的な年齢はランディと同じだが、生活満足度のうえでの年齢はおそらくランディよりは10歳ほど年上といえるだろう。

もし、現実主義へ転換することが、やるせなく陰鬱なことだと思っているなら、どうか元気を出してほしい。非現実的な楽観主義を捨て去るのは、渦中にあるときはつらいことに感じられるかもしれないが、人生に新しい光を投げかけるものだ。

マーガレットの例をみてみよう。彼女は50代前半のオーストラリア人だ。彼女のハピネス・カーブの一番低い地点は、ランディよりも数年遅いところだったが、マーガレットのハピネス・カーブはそこから上昇に転じた。彼女の40代は不安定で不安なものだったし、仕事も自分に合っているとは思えなかった。だが50代になったらどうだろう？　彼女は「勤勉」「安定」という言葉を挙げた。

さらによく聞いてみると、「安定」という言葉には、「落ち着いた」という意味だけでなく、

「甘んじて受け入れる」という意味もこめているという。いまの仕事は自分に合っていると は思っていないが、それでもいい仕事であることはたしかで、彼女はそのことを受け入れているのだという。

「十分、いい仕事です。自分に向いている仕事ではありませんが、それも納得していますし、十分満足しています」

いまは、若くて野心的だったころには価値があるとは思えなかったようなことを追求することに、大きな満足感を覚えているという。もっていたアクセサリーが壊れたことをきっかけに、アクセサリーをつくる講座に通いはじめた。編み物も習った。洋裁の講座もとった。

「長い休暇をもらったときのように、とてもリフレッシュできますし、リラックス効果もあります。脳の別の部分を使っているからです。おかげで、とてもバランスがとれていると感じます」

いままでもっとも幸せだ、と彼女は言う。〝ちょっとしたこと〟で得られる喜びに、彼女は驚いているようだった。彼女は自分のいまの人生を「覚醒」と表現している。

ヘネス・シュワントのグラフでは、マーガレットは将来に期待する生活満足度と現在の生活満足度が交わる点を過ぎたところであり、期待度は現実的で低めなのに対して、満足度は高い。トマス・コールにいわせれば、彼女は激流を乗り越えたということだろう。

ジャスパー、ランディ、マーガレット、そのほか大勢の人と話していて思うのは、中年期に経験するさまざまな形容しがたい複雑な感情を表すいい言葉が、なかなかないということだ。「抑うつ」や「不安」などの医療用語はどうも合わないし、「危機」という大げさな言葉もしっくりこないし、だいいち間違っている。「不調」という言葉はかなり近いが、ある一面だけを指す言葉のようなので、もう少し含みがほしい。ランディは「宿命」「諦め」という言葉を使っていたし、メアリー＝アンは「受容」といい、マーガレットは「満足」に近い言葉を使っていた。

ランディからは楽観主義でなくなることを嘆くような言葉が聞かれたが、マーガレットからは、楽観主義にともなう大きな負担である野望（ジョナサン・ハイトのいう〝重い荷物〟）を手放すことができるという安堵の声が聞かれた。メアリー＝アンは悲しげな様子だったが、心が軽くなるとも言っていた。私が中年期についてインタビューした人たちの感情はじつに複雑でさまざまで、ありとあらゆる感情が彼らの口から飛び出してきた。

非科学的だが、本書を執筆するために行った調査を通じて、中年期という道のりは、矛盾するさまざまな感情を抱えるものなのだということが、よくわかった。10年ごとに区切った人生の満足度を評価して言葉で表現してくださいとお願いすると、20代のころについては同じような言葉が出てくる（楽しい、ワクワクする、希望がもてる、忙しい、不安、冒険、野心的、自由など）。60代や70代もそうだ（幸せ、満足、充足感など）。

だが、中年期のこととなると、回答者からはポジティブな言葉、ネガティブな言葉、どちらでもない言葉などがごちゃ混ぜになって出てくる。ハピネス・カーブのもっとも低い所では、人生というものの印象は簡単には言い表せない。なぜなら期待や現実や自分の性格や選択や年齢など、すべてが押し寄せてきて、互いに複雑に絡み合うからだ。

中年期はこれほど混迷を極めた時期であるが、共通していえることは、誰もこの先の川の流れを見ていない、ということだ。

中年期に減少していく楽観主義は、将来の生活満足度を上げる要素になることを思い出してほしい。ハピネス・カーブの長い下降期間は、私たちに失望感を抱かせ、自然と私たちは、このまま転換期は来ないのではないかと思ってしまう。

映画『アフリカの女王』の終わりのほうに、有名な場面がある。主人公が乗った船が沼に迷い込んでしまう。高い葦で視界が遮られていたので、ほんの数ヤード先で沼が川に流れこむことにも気づかず、沼を脱出するのを諦めてしまう。ハピネス・カーブも、この主人公の残念な思い違いと同じだ。目に見えさえすればこの先の川の流れがどうなるかわかるのに、川は大きく蛇行して見えなくなることがある。

コールが『壮年期』で伝えようとしたことも同じかもしれない。穏やかな海はそう遠くなく、岩場の間からその姿を垣間見ることができる。だが、不安を抱えた旅人は高い岩場に囲まれて天を仰ぎ見ているので、そのことに気づかない。

ではここで、『人生の航路』に存在しない5枚目の絵はどんなものになるか考えてみよう。1840年、『壮年期』の急流を振り返っていたコールは、迫りくる死という穏やかな海面を見た。『老年期』では、舟は波間にたゆたうばかりで前には進まない。未来はもはやこの世にはなく、次の世にある。コールが中年期のあとの時期をこのように考えたのには理由がある。彼が生きていた時代、20歳の平均的なアメリカ人は、60歳までしか生きられないだろうと考えていた。子どもの死亡率も高かったので、大人にならないまま亡くなっていく子どもも多かった。

コール自身も亡くなったのは47歳のときだ。彼がこの絵を描いたとき、壮年期の先にあるのは死だけだった。彼は、寿命がこんなに長くなって人々も健康になり、旅人が死ぬまでに10年も20年も（あるいは30年）元気で過ごし、幸福度が増す世界がこようとは思いも寄らなかったにちがいない――それこそコールが描かなかった世界だ。

今日、私たちはその世界を生きている。少なくとも、医療が整い、高い収入を得ることのできる先進国の住人であるという幸運に恵まれていれば。いまの平均的な20歳のアメリカ人は80歳くらいまで生きるといわれている。理論的にいえば、私たちはコールが見ることのできなかった世界を見ることができるわけだ。

だが、どういうわけか、私たちはその世界を見ることができない。シュワントの研究によって発見された期待と現実のギャップにはまって身動きがとれないと感じている人は、若いころの間違った期待をそのまま映した、誤った期待をもっている。20歳の若者は楽観的すぎ、50歳の中年は悲観的すぎる。それが、中年期が辛いものになる理由のひとつだ。繰り返し失望感を味わうという苦境のせいで、予測を大きく誤ってしまう結果だ。

幸いにも、中年期の抑うつリアリズムは……現実的ではない。人生はそこからよくなっていくのだ。はるかによくなっていく。

# 第6章 加齢のパラドックス
## 歳を重ねるほど幸福になるのはなぜか

20歳のころ、私はナショナル・ギャラリーでトマス・コールの絵に見入っていたが、同じ20歳のころ、ローラ・カーステンセンは整形外科で21本の折れた自分の骨のレントゲン写真に見入っていた。若いころの彼女は無鉄砲で、将来どうなることかと心配されるほどだった。世界でも有数の加齢と幸福に関する研究者になろうとは、誰が想像しただろう。

だが、彼女の〝人生の航路〟が転換期を迎えたのはまさにそのレントゲン写真を見ていたときで、カーステンセン自身もそのことに間もなく気づくことになる。病院で過ごした4カ月間があったおかげで、研究者の道を歩むことになり、ハピネス・カーブの不可解な謎「なぜ歳を重ねるほど幸福になるのか」について、有力な説を導き出すことになったのである。

カーステンセンは茶色でまっすぐな髪を肩のところで切りそろえている。右のこめかみのあたりに、飴色と灰色の髪が幾筋かある。私が会った日、彼女は黒いパンツに真っ赤なレザージャケットをはおり、フープのイヤリングと金のネックレスをつけていた。明るく親しみやすい表情をした彼女は、高名な研究者なのにじつに気さくで、他人への好奇心が抑えきれないといった様子だった。スタンフォード大学高齢化センター所長を務めているので、同大でインタビューをさせてもらったのだが、反抗的だったという10代のころの彼女を想像するのはなかなか難しかった。

彼女は1953年、フィラデルフィアで生まれ、5人きょうだいのなかで育った。両親は教養ある人だったが――父親は大学教授、母親は芸術家――彼女自身は高校が大嫌いで、勉強にはまったく興味がなかった。

「当時は誰もが反抗的だった時代です」と彼女は言う。「ベトナム戦争が行われていた時期でしたからね。抗議できるものには片っ端から抗議していました」

17歳のとき、彼女は結婚する。結婚しようと思ったのも反抗心の表れにすぎず、よく考えてくだした決断ではなかった。「家から出るには大学へ行くか結婚するしかなかったんですが、大学へは行きたくなかったので結婚したというわけです」と彼女は言った。

特に目的もなく、結婚した後はウェートレスの仕事をしたり、電話交換手の仕事をしたりしていた。19歳になったときには結婚生活もうまくいかなくなっていたが、息子が生まれ、子どもが夫婦の関係を修復してくれるかもしれない、と期待する。だが、うまくはいかなかった。離婚したいと言ったものの夫がそれを認めなかったため、彼女は夫のもとを離れ、小さな子どもを連れて実家に戻った。

だが、騒動はこれだけにとどまらなかった。1週間後、友人とコンサートへ行った帰りのこと、友人がハンドル操作を誤り、車が堤防から飛び出してしまったのだ。幸い命に別状はなかったものの全身に怪我を負っていた。

「4カ月間、入院することになったんです。ほとんどの期間は整形外科の病棟にいました」と彼女は話してくれた。「肺に穴が開いていたし、目もよく見えない状態でした。本当にひどい事故だったんですよ」

3人の高齢の女性と同室になり、彼女は退屈していた。とても退屈していた。そのとき、彼女の人生にもっとも重要な影響を与えることになる男性がこんなことを言った。大学の授業を聴講してみたらどうだい？　好きな講座を選ぶといい。僕が代わりにその授業に出席して講義を録音してきてあげよう。そうして、病院のベッドにいながらにして、好きなときに大学の講義を聴けるようになった。人間に興味があるという理由だけで、心理学を選んだ。

講義内容には社会心理学もかかわってくるようになった。社会心理学とは人と人との交流について考える学問だ。がぜん興味が湧いてきたカーステンセンは、入院先の整形外科で、自分と高齢の患者との扱われ方がどう違うのかを観察しはじめた。次第に彼女はこんな疑問をもつようになる。年齢とはたんに生物学的なものではなく、社会でどう見られるか、どう扱われるかによっても変わってくるのではないか？

それがきっかけとなり、怪我が治ったあともう一度大学に通い、その後は大学院に進んで学者としてのキャリアを積みはじめることになったのである――彼女をつねに導いてくれたのは父親のエドウィンだ。父は心理学の講義を録音したテープを持って、整形外科病棟に足しげく通った。生物物理学の学者で「組織内の有限振幅超音波」や「結石破砕術のキャビテーション」などをテーマに研究していて、カーステンセンにいわせれば、父親ほど知的で好奇心の強い人はいないという。

「父は、何でも額面どおりには受け取らない人です」と彼女は言う。「科学でもっとも大切なのは自分が間違っていると知ることだ、が父の口癖でした」

カーステンセンが学者としてのキャリアをスタートさせてからすぐに、父親のこの言葉を思い出す機会があった。初めて行った大規模な調査で、予想だにしない結果が出たのだ。

カーステンセンは老人ホームにいる老人たちの社会的相互作用について調査を行っていた。社会的な交流が少ない老人ほど幸福度が低いという結果になるだろうと思っていた。何といっても社会的なつながりは精神面の幸福に必要なものだ。だが、彼女の考えは間違っていた。「社会的な交流をしていない人のほうが、精神的に安定していることがわかったのです」。意外な結果はもうひとつあった。

「当時は誰もがそう思っていたのですが、加齢研究とは、衰えゆくもの、衰弱していくものに関する研究、つまり人間はどのように崩れていくのか、についての研究だろうと思って取り組みはじめたのです。テキストを読んでいると、老齢になるとうつ病になる確率が上がるとか、長生きするとうつ病になるといったことが書かれていました。老齢そのものが、精神病理学の研究対象だったのです。私はそのことにいっさい疑問を抱きませんでした。それを前提に研究をしていたのです」

だが、調査では、極端に気の滅入るような環境にある人を除けば、通常よりも高い確率で老人がうつ病になるわけではない、という結果が繰り返し出た。それどころか、それとは反対の結果が何度も出た。精神面に着目した場合、老人は元気だったのだ。

このときはまだ知る由もなかったが、予想と異なる結果を見た彼女は、一見本当とは思えないこの結果がなぜ真実なのかを解明していくことになるのだった。つまり、歳を重ねることで——体は衰えるものの——人間は内面が変わり、感じ方も変わるので、より幸福になるということを発見するに至るのである。

歳をとるのは嘆かわしいことではない、と私の父はよく言っていた。それでも歳をとるのは恐いとよく言っていたし、特に〝寝たきり老人〟になるのは嫌だと言っていた。父や同年代の人は、両親がひとり寂しく衰えていく姿を見てきたし、嫌な臭いのする狭い老人ホームでみじめな生活を送るのも目にしてきたので、人生の終盤に何の期待も見出していなかった。

中年期の父は、離婚によって生活が崩れ、ストレスも抱えるようになり、ひとりで子育てをしながら、単独で弁護士の仕事をしていた。そのころの父は激しやすく、つねに不安を抱えていた。だから、父が二度目の（短い）結婚にも失敗して50歳になったとき、それまで張っていた気も緩み、人生に対する見方が明るくなったと聞いても、驚く人はいないのではないかと思う。

父は60歳で退職した後、20年生きた。その20年は（亡くなる直前はつらい治療だったが）、それまでの人生のなかでもっとも幸せな時期だったと思う。退職するころには、父は激高することも少なくなり、そのうちそういうこともなくなった。父と私たち家族にとってはありがたいことだった。父が50代半ばだったころ、父の怒りはどこへいったのか、と聞いたことがあった。父は少し考えこんだ後、こう言った。

「5セントほどの価値しかないことに、5ドルの対応をするのはやめたのさ」

調査で、人生を10年ごとに評価し、その年代を言葉で表現してください、とお願いすると、父と似たような話をたくさん耳にしたが——60代と70代になると意外にも満足感のあふれる生活が送れる——ここでは書ききれない。前の章でも述べたが、中年期を表す言葉は矛盾した言葉や利害関係の絡んだ極端な言葉が多いが、60代、70代を表す言葉は「幸福」「満足」「充足」を表す言葉ばかりだ。

逆に、「挑戦」や「野心」といった言葉はあまり聞かれない——「ストレス」という言葉も聞かれなくなっていく。生活満足度を数字で表してもらうと、60代と70代がもっとも高い数字をつけ、80代になると少し下がる。私の調査方法はそれほど厳密なものとはいえないが、とても満たされているという60代、70代の人の話はここで詳しく説明しなくともよいだろう。

ある雪の日、私は近所に住むノラという94歳の老婦人をたずねた。ちょっとした知り合いだったのだが、その日はじっくりと彼女の人生の満足度について話を聞かせてもらった。いつも朗らかな女性だったが、苦難も味わってきたという。貧しかった子ども時代は電気も水もなかったそうだ。夫はわずか52歳で亡くなった。退職後の生活に慣れるのにも苦労したという。大きくなったひ孫が亡くなるという出来事もあった。認知症の姉を自宅で世話しているが、それもなかなか大変だそうだ。ノラは膝の骨が折れてしまって足を引きずっているし、最近がんの治療が終わったばかりだ。

ブリッジをするときには、すっかり勘が鈍ってしまったという。数週間前には、いままでなら絶対にしないようなミスをしてしまったらしい。94歳ともなれば当然亡くなった友人も多く、ブリッジ仲間を何人も失ったそうだ。家にこもっているわけではないが、頻繁に外出するわけでもなく、1時間も動き回れば、座って休まなくてはならないという。

私の父は、歳をとると、いま挙げたような苦難や喪失に襲われると思っていたようだ。だが、ノラの受け止め方ははっきりしていた。「すべてのことに100パーセント満足しているわ」。彼女は生活満足度に10をつけた。長生きできるのは遺伝子のおかげね、と言った。

では、満足の秘訣は？

「毎日、起こることのすべてを楽しむことかしらね。その日の出来事をそのまま受け取るの。受け入れるのよ。何よりも、受け入れることが大切。何も心配せずに、とにかく受け入れるの」。苦難や喪失がないわけではない。ただ「あまり気にしすぎないこと」だという。

ノラが「受け入れる」と言うのは、けっして無抵抗や諦めではないことを、ここで付け加えておかなければならない。「味わう」という感じに近い。その瞬間を味わう、その日を味わう、といったように。いまの彼女の生活は客観的に見れば、若いころよりもゆっくりとして、無為なものに見えるかもしれないが、彼女にとっては豊かで満ち足りたものなのだ。

私はインタビューをしながら、自分がいまの彼女の年齢になったとき、同じように平穏な気持ちでいられるだろうか、と考えた。幸いなことに、数々の科学的な研究によって、私がそういう心持ちになれる可能性は高いことがわかっている。

あなたが80代になったとき、必ず幸福になれるといっているわけではない。何度も述べるが、本書のモットーは「人生の道筋は人それぞれ」だ。中年期に誰もがスランプに陥るとはかぎらないように、人生の後半で幸福度が上向いていくとはかぎらない。あくまで、そういう傾向がある、という話だ。川の底流は同じでも、ひとつとして同じ航海はないのだ。

それでも、人生の後半には川の底流はとても激しくなるし、それを示す証拠もある。第3章で、ビッグ・データを見てハピネス・カーブが繰り返し現れることを発見するエコノミストと、ひとりひとりの生活をじっくりと見て、中年の危機があるという証拠は何ら見つからないという心理学者との考え方の違いについて述べた。

また、心理学者はある特定の旅人を見てそういっており、一方のエコノミストは川底の逆向きの流れを見てそういっているのだと考えれば、このふたつの考え方は両方とも正しいといえることも述べた。どちらも中年期の真実だ。だが、人生の後半になると、経済学だろうと心理学だろうと関係なく、ビッグ・データを見た結果だろうが個人を見た結果だろうが関係なく、ある一定のパターンが見られる。研究を続けるうちに私は、あらゆる側面から調べても、基本的に同じ結果が出ることに気づいた。それは、私の父が考えていたように、歳をとると精神面も肉体面も衰えていく、という考えは正しくないということだ。研究からわかったことを簡単に説明しよう。

**ストレスは50歳を超えたころから少なくなっていく。**私を含め、多くの人がそれを実感している。私が人生の各年代を表す言葉をたずねたところ、「ストレス」という言葉が20代では目立ち、30代になるとさらにその言葉を挙げる人が増え、40代でも相変わらず多くの人がその言葉を挙げる。

それが50代になると20代よりも「ストレス」という言葉を挙げる人が少なくなり、そこからは減り続ける。「多忙」「仕事」という言葉も同じようなパターンを示すが、それは仕事からの引退が影響しているのだろうと考えられる。だが、それだけが要因ではないだろう。定年より10年以上も前からストレスが減りはじめ、しかも急激に減っている。

南カリフォルニア大学の心理学者、アーサー・ストーンと話していて、私はそのことを確信した。彼がハピネス・カーブの研究をしていることは、第3章で述べたとおりである。彼は臨床心理学者として訓練を積み、人間の心と体がどのようにストレス、痛み、疲労、そのほかの苦難から影響を受けるのかを調べていた。

彼によると、ギャラップ社が膨大な人数のアメリカ人——150万人——に、昨日あなたは強いストレスを感じましたか、という質問をしたそうなのだが、先ほど述べたのと同じパターンが「非常に強く」みられたという。18歳から50歳までの人の場合、半数が「はい」と答えた（つまり、前日に強いストレスを感じたということだ）。「50歳から70歳までの人の場合は、はい、と答えた人の割合は20パーセントで、年齢が上がるにつれて減っていった。慢性的な健康問題に直面していても、はい、と答える人が、2人に1人から5人に1人に減っている。この変化はとても大きい。減り方も速いし、しかも規則正しく減っている。科学の世界では、このようなパターンはとても珍しい」

そこで、彼と南カリフォルニア大学の同僚、ステファン・シュナイダーとジョアン・ブロデリックは、ふたつの代表的なデータを調べた。すると、またしても同じ結果が出た。「ノイズは多いが、50歳から70歳にかけて減っていくパターンはまったく同じだ」とストーンが話してくれた。そこで、なぜストレスがそんなに急激に減っていくのかを調べようと、彼らは20個の変数を除外してデータを調整してみた。

たとえば、健康状態、子どもの有無、結婚の有無など、ストレスが減少する要因として考えられるものすべてを除外してみたが、それでも、パターンは変わらなかった。むしろ、そのパターンがはっきりと現れた。まるで年齢そのものがストレスを減少させる要因であるかのように。あるいは、未知の変数がストレスを減少させているのか。いずれにしても、調査では同じ結果がみられた。

さらに調査対象者に、20代に戻れるとしたら戻りたいか、とたずねたという。

「驚きましたよ。ひとりを除いて、50代60代の人の全員が、『いいえ、いまの年齢のままでいたいです』と答えたのです」

**感情のコントロールがうまくなる。**「若い人は感情のコントロールが苦手です」と、仲間とともに行った研究結果をまとめながら、ローラ・カーステンセンが言った。誰もが若かりしころに味わった感情の高ぶりや、激しい落ちこみを覚えていることだろう。感情の起伏が激しいのは刺激的でもあるが、アーサー・ストーンの調査結果からもわかるように、歳を重ねて波乱万丈な日々も過去のことになった多くの人は、もう二度とそういう日々は過ごしたくないようだ。

トマス・コールは『青年期』の旅人を、エデンの園のような場所に描いている。川の流れは穏やかで、緑が生い茂り、空は青く晴れわたっている。コールが１枚の絵では描ききれなかったことは、若者の感情は変わりやすいということだ。絵に描かれた場面の少しあと、あるいは、もうしばらくあと、旅人は雷雨に打たれてびしょ濡れになるかもしれないし、強風に吹き飛ばされるかもしれない。

歳を重ねるごとに感情が落ち着いていく理由のひとつは、人生経験の積み重ねだろう。コーネル大学の心理学者、エレイン・ウェシントンはこう話してくれた。

「概して人は、年齢を重ねることで学ぶことがある、とわかっているようだし、歳とともに感情が落ち着いていくようです。少しぐらいのことでは動じなくなるのです」

もうひとつの理由として挙げられるのは、このあとすぐに詳しく述べるが、年齢そのものと生物学的な要因だ。理由はどうあれ、私の父に訪れたような感情の凪《なぎ》は、多くの人に共通してみられる。5セントほどの価値しかない事柄に5ドルの反応をすることは、年齢とともになくなっていくのだ。

**歳をとると後悔しなくなる。**歳をとることを風刺する漫画には、たいてい偏屈な老人が出てくる。年寄りも若者と同じように不平を言うときがあることは、誰も否定しないだろう。だが、老人は偏屈なものだという固定観念は、むしろ真実とは逆である。

数年前、ドイツの心理学者らが、大人の始まりと終わりの年代にあたる人たちが、どんなときに後悔するのかを調べようと考えた。ハンブルク大学のエッペンドルフ・メディカルセンターに勤めるステファニー・ブラッセンの協力のもと、平均年齢25歳の健常な若者、平均年齢66歳の精神的に健康な高齢者、そして平均年齢66歳のうつ病の高齢者の、3つのグループの被験者を集め、テレビのクイズ番組『*Let's Make a Deal*（取引しよう）』でやっているのと同じようなゲームをやってもらった。

まず、8つの箱を見せられ、それを次々に開けていくように指示される。7つの箱には金塊が入っていて、その箱を選んだ被験者は金塊を手にすることができる。だが、1つの箱には悪魔が入っており、その箱がどれかはわからない。悪魔の箱を選んだ被験者は、それまでに集めた金塊を失ってしまう。ゲームのなかで被験者は、ある時点でゲームをやめて賞金を手に入れるか、そのまま続けて賞金を増やすかすべて失うかを、選ばなければならない。

ギャンブル好きの人やクイズ番組が好きな人にとって、手元の金塊をすべて失ってしまうのはフラストレーションを感じる経験だ。テレビ番組に出てくる挑戦者と違って、実験に参加してくれた被験者たちは、金塊をすべて失ってしまったときの脳の状態を、磁気共鳴機能画像法（fMRI）で観察されていた。実験者は、被験者の身体的な反応も計測していた。

2012年、サイエンス誌に掲載された記事には、注意喚起するようなこんな見出しがつけられた。『過去を振り返ってくよくよしてはいけない！　過去のことを嘆くかどうかで、歳のとり方が変わる』

ブラッセンと同僚らは、精神的に健康な高齢者は、金塊をすべて失ってしまっても、精神的に健康な若者よりも後悔していなかったと報告している。これとは対照的に、うつ病の高齢者は、若者と同じように後悔していた。ここからわかることは何だろうか。健康に歳を重ねることで、人は自分がコントロールできないものはできないものとして受け入れることができるようになるということだ。そして、その前向きな変化はうつ病の人には起こらない。

## 高齢者はうつ病になりにくい。

うつ病についても、間違った固定観念がある。2002年に行われたうつ病に関する調査で、精神科医のダン・G・ブレイザーが、うつ病は「中年期よりも老年期のほうが起こりにくい（起こる確率が高いとはいえない）」と発表した。老年期の罹患率はとても低い。1年間でうつ病にかかる高齢者の割合は1パーセントから4パーセント程度だ（後期高齢者になると、割合はもう少し高くて13パーセントだ）。これは、ヨーロッパ諸国（とアメリカの2州）で抗うつ薬の処方がもっとも多いのが40代だという、オズワルドとブランチフラワーの研究結果とも一致する。

歳を重ねると、落ちこんだときや不運な出来事が起こったときの対処の仕方がうまくなるという側面もある。また、幸福の経済学者として著名なジョン・ヘリウェルはこう述べている。

「ストレスを感じるような物事が集中するのが中年期です。実際、生活のなかのストレスが軽減していくと、主観的幸福度が増していくという証拠もあります。また、年齢が上がると、悪い出来事もそれなりに意味があると考えられるようになったり、いい出来事を大切にすることができるようになったりするのも一因でしょう」

ストレスの減少、悪い出来事にも落ちこみすぎない、感情のコントロールがうまくなる、対処の仕方がうまくなる。振り返ってみれば、私の父にもこんな変化はあった。ただ、父はもともと悲観的な性格の持ち主で、それは変わらなかったし、つねに物事の負の側面を探しているようなタイプの人だった。その意味では、父は異例だったかもしれない。たいていの人はポジティブな情報に注意を向けるようになる（ポジティビティ効果）。

前の章を読んだみなさんは、非現実的な楽観主義が中年期の深い不満足感を生みだすものの、人生の後半になってそれが思いがけない喜びをもたらす、という説を思い出すだろう。先ほど述べたように、それは歳とともに感情のコントロールがうまくなるからだ。経験を重ねたり神経が発達したりすることで、思った以上に立ち直る力は強くなり、ストレスや後悔を感じる傾向が減っていく。ストレスや後悔を感じる状況に直面しても、あまり感じずに済むようになる。

だが、変化はそれだけではない。認識面でも変化があるという証拠が数多く報告されている。カーステンセンやそのほかの研究者は、それを「ポジティヴィティ効果」と呼んでいる。歳をとると、ネガティブな情報よりもポジティブな情報のほうを気に留めることが多くなり、ポジティブな感情を抱くようになるというのだ。

前章に登場した認知神経科学者のターリ・シャーロットがこの効果のことを研究している。

彼女とそのほか4人の学者が2014年に『高齢になると楽観主義バイアス更新される』という論文を発表したが、そこにはこう書かれている。

「若者に比べて、高齢者はネガティブな表情をした人よりもポジティブな表情をした人の顔をよく覚え、ネガティブな出来事のことはあまりよく覚えていない。金銭的に損をするだろうとわかっていても、そのことを否定的にとらえたりしない」

前章でも述べたように、高齢の人は若者のようにネガティブな情報にくよくよすることはない。2012年に掲載された『年齢によって起こるポジティビティ効果の理論』という記事に書かれた多数の証拠を精査したうえで、カーステンセンとスタンフォードの同僚アンドリュー・E・リードは、フロンティアーズ・イン・サイコロジー誌へ寄稿した記事にこう書いている。

「ポジティビティ効果はワーキングメモリ、*短期記憶、自伝的記憶においてみられ、虚偽記憶にもみられる」

高齢の人は、たとえば、さまざまな言葉、人の表情、動揺する出来事や心温まる出来事、健康に関する情報など、頭の中に何か情報を入力するとき、ポジティブなもののほうを受け入れる傾向がある。また、これまでの人生で自分が行ってきた選択は正しかったと考える。これは裏を返せば、後悔を覚えることが少ない、ということだ。

高齢者は相手に対しても肯定的になる。1990年代の半ばごろ、カーステンセンは心理学者のロバート・レヴンソンとジョン・ゴットマンとともにある研究に取り組んだ。被験者は何組かの夫婦で――うまくいっている夫婦もうまくいっていない夫婦もいた――彼らが夫婦喧嘩をする様子を隠しカメラで記録したのだ。科学者たちが観察した様子と被験者本人たちからの報告内容は一致した。

研究の結果、高齢の夫婦は中年の夫婦に比べて、相手に対する怒り、嫌悪感、闘争心、ぐちを表すことが少ないことがわかった。学者たちがその後に調査した結婚生活への満足度をもとに、同じような満足度を示す高齢と中年の夫婦を比べた場合でも、その傾向がみられた。また、夫婦間の緊張感が高まっているときでも、高齢夫婦は中年夫婦よりも、お互いへの愛情を表すことが多かった。

こうしたエビデンスが積みあがったことで、専門家たちは印象的な内容の結論を打ち出すようになった。ノースカロライナ大学の社会学者、ヤン・クレア・ヤンが言うように「人は歳を重ねるごとに幸福になる」のだ。

毎日を楽しく過ごすにはポジティビティ効果だけでは十分ではないが、それが大きな要因であることは確かだ。ある学者のチームが、年齢が上がることによる幸福の上昇度は、高卒よりも大卒の人のほうが大きいこと、さらに、教育は幸福にもっとも影響を与えるものの一

＊　情報を保持しながら、同時に処理する能力のこと。

つであると発表した（2013年にアンジェリーナ・R・サタンと5人の同僚がサイコロジカル・サイエンス誌に記事を掲載している）。「高齢者は、年齢とともに体の衰えや社会的な喪失を抱えるが、精神的な幸福度が増し、それを維持する」ことを彼らは発見した。

2013年にフランスで行われた調査では（カメル・ガーナとその同僚らが行った）、900人の対象者を70代まで追跡調査した。教育、性別、健康などの要因を除外して調整したところ、平均的な生活満足度は年齢が上がるにつれて「右肩上がりに増えていく」ことがわかった。2011年にカーステンセンと7人の同僚らが発表した論文では、これと同じことが異なった視点から述べられている。「感情面は70年経ってようやくピークに達する」

70年！　初めてこの一文を読んだとき、私はとても驚いた。そう感じたのは私だけではないだろう。

「このような調査結果があるにもかかわらず、若い人たちは、歳をとると悲しみと喪失しかない、といつまでも思っている」と2011年の記事のなかでカーステンセンらは述べている。「高齢者自身も〝典型的な〟老人はそうだろうという悲観的な見方をもっている」。これは「私は大丈夫だけれど、あなたは大丈夫ではない（自己肯定、他者否定）」という心理だ。自分の生活にとても満足している高齢者でさえ、ほかの高齢者はきっと幸福ではないだろうと考えることがあるようだ。2006年、まさにその点について、ヘザー・P・レイシー、ディラン・M・スミス、ピーター・A・ユーベルが調査を行った。この調査では、若者のグループ（平均年齢31歳）と高齢者のグループ（平均年齢68歳）に、それぞれ自分と同じ年代の平均的な人の幸福度がどれくらいだと思うか、という質問をした。予想したとおり、高齢者の幸福度は若い人よりも高かった。だが、高齢者も若者も、幸福度は歳をとるにつれて低下すると考えていた。また、若者は同年代の人の幸福度を過大評価し、高齢者は同年代の人の幸福度を過小評価していた。

この逆転現象を見て、人が予測する生活満足度がいかに的外れであるかを示したヘネス・シュワントの調査結果と同じではないかと思うかもしれないが、まさにそのとおりだ。思いがけず何十年も幸せに暮らしている高齢者でさえ、幸せなのはいまだけだ、と考えている。

私がインタビューした84歳の女性は、いまでもテニスを楽しみ、情熱をもって楽しく仕事に取り組んでいるものの、５年先は憂鬱な日々になるだろうとしか思っていない。「きっと、とても老けこんでいるでしょうね」と彼女は言った。「考えるとゾッとするわ」

作家のエレノア・クーニーはかつてこう言っていた。

「幸せな晩年なんてものはない。なぜなら、歳をとるということは、まさに運がつきるということだからだ。ほかの人よりも多くの不運に遭遇する人がいることは確かだが、長生きすればするほど人の運はつきていくものだ」

そのとおりだ、と思うだろうか？　体は衰えていく、能力も衰えていく、慢性的な病気も抱える、そして死んでいく。楽しみは何もない。だが、年齢、健康、幸福の相互作用は、私たちが考えているほど単純ではない。

　私の父は77歳のときに、健康に異常はないものの震えの症状が出た。うつ病も発症した。手足の震えはひどくなり、79歳のときに新しい病名を告げられた。パーキンソン病だ。病名を聞いて驚いたが、納得した。抑うつはパーキンソン病ではよくみられる症状だ。幸いなことに、医師によればパーキンソン病は進行が遅いので、父はまだあと何年も活動的に過ごすことができるとのことだった。治療法もある。だが、治療の効果はなく、医師が予測していたよりも早く、病状は深刻になった（あとになってから、神経外科医に多系統萎縮症だと診断され、パーキンソン病よりも早く、ひどく症状が進行し、ひどい苦痛をともなうものであることがわかった）。

　父の体は衰えていったが、うつの症状はよくなっていった。病気は嫌だ、と父はよく文句を言っていたが、晩年は意外にも上機嫌だった。亡くなる1週間ほど前には、体も衰えて数歩しか歩けなくなっていたにもかかわらず、朝起きると、父は明るい声でこう言った。「今日はどこへ出かけようか？」そして美術館に行く計画を立てていた。

　人間の回復力は驚異的だ。絶望的な状況のなかでもなんとか持ちこたえるだけでなく、回復することさえある。数年前、カリフォルニア大学サンディエゴ校の老年精神医学者、ディリップ・ジェステ（次章で詳しく紹介する）は、診ていた統合失調症の患者が、歳をとるにつれて症状が改善していく傾向にあることを発見した。年齢が上がるにつれて、彼らは薬をきちんと飲むようになって症状が再発することも少なくなっていき、精神医学者に診てもらわなくてもよくなっていった。

　これは驚きだ。なぜなら、症状は悪化していくものだという従来の見識とは逆だからだ。これは統合失調症患者特有のものなのだろうか、とジェステは疑問を抱いた。そこで、彼と同僚らは60歳以上の、統合失調症ではない人２００人に電話をかけ、自分が豊かな年齢の重ね方《サクセスフル・エイジング》をしていると思うかどうか、0から10までの数字で評価してもらった。「豊かな年齢の重ね方」という言葉が適切かどうかはわからないが、生活満足度と関連づけることができるし、それを自己評価してもらうのは、老年期における死亡率や疾病の罹患率の予測因子となる。いい歳のとり方をしているとはどういうことか、彼らにはわかるはずだ。

「結果はまさに驚きでした」とジェステは話してくれた。「かなり多くの人が、大小さまざまな体の不調を抱えていることがわかりました。客観的な身体の健康状態から考えれば、彼らの評価は3から5だと思っていました」

　だが、平均の評価値は8以上で、ほとんどの人が7から10までの評価をつけていた――豊かな年齢の重ね方をしていると自分で評価した人は、年齢が上がるにつれて増えていたのだ。

　この結果に驚いたジェステは、さらに大規模な調査を行うことにし、調査対象者が偏らないように、無作為に対象者を選んだ。10人の同僚とともに、ジェステは１３００人に、自分の全般的な健康状態、抑うつや不安の度合い、記憶力や認知能力、体と心の健康などを評価してもらった。今度も同じ結果となった。

調査対象となったのは50歳から99歳までの人で、平均年齢は77歳だった。２０１３年にアメリカン・ジャーナル・オブ・サイカイアトリー誌に掲載された調査報告書には、高齢者は体と認知能力は衰えるが、「私たちの推測とは異なり、高齢者の自己評価は高かった」と書かれている。50代の人は7・5程度と評価し、60代の人は8程度、そうして年齢が上がるにつれて評価も上がりつづけた――なんと90代まで！

深刻なものでないかぎり、ちょっとした病気や体の不具合は問題ではないようだった。さらに、深刻な病を抱えていても、いい評価をつけている人もいた（がんの転移が見つかった人も9をつけていた）。教育、財政状況、民族性など、ほかの要因が評価を上げているわけではないことを確かめるために統計学上の調整を行ったところ、それらが要因ではないことがわかった。

豊かな年齢の重ね方をしている人は長生きの傾向がある、ということもひとつの要因かもしれないが、それだけが要因ではないだろう。体の不具合で苦しんでいる人でさえ、自分の歳のとり方への評価は上がっている。歳をとるということは、たとえ超高齢者になったとしても、運がつきるということではないのだ。老齢であっても、そのほかの年代であっても、たいてい体が弱ってくると幸せになるといっているのではない。体が弱ってきたとしても、たいていの人は意外なほど幸せでいる、といいたいのだ。

私がこれまでに見た調査のなかでもっとも興味深かったものは、ウーテ・クンツマン、トッド・D・リトル、ジャッキー・スミスがドイツで行った調査で、その結果は２０００年にサイコロジー&エイジング誌に掲載された。70歳から１０３歳までの人を対象にしたこの調査で、彼らは、健康が衰えるとポジティブな感情も減ることを発見した。それは当然のことのように見えた。

だが、健康を取り除いてデータを調整し、年齢そのものの影響を測定すると、年齢が上がるとポジティブな感情が増すことがわかった。「健康に問題があると年齢の影響が抑えられてしまうが、驚くのは、年齢のほうも健康の問題を抑えることだ」と書かれている。この注目すべき結果を簡単な言葉で説明すると、年齢は、健康に問題があることで感情が落ちこむのを防いでくれるということだ。そう考えると、私の父が思っていたこととは反対に、年齢が父を助けてくれたことになる。

直観に反した結果が出たわけだが、ここで当然わきあがる疑問は、はたしてポジティビティ効果は老年期特有のものなのかどうか、ということだ。現実をとらえる力が弱くなることで、加齢による防御効果が表れるのだろうか？　だが、私の父の場合は違う。神経がやられても、思考の鋭さは変わらなかった。実際、カーステンセンと同僚も、頭が切れる高齢者のほうがポジティビティ効果が高いことを発見している。認知機能に問題がなければ、ポジティビティ効果にも問題はないのだ。

2012年にカリフォルニア大学サンディエゴ校の心理学者マーラ・マザーが『高齢者の脳の感情パラドックス』という論文を発表し、そのなかでこんなことを述べている。歳を重ねるにつれて脳は変化し、知力が衰える傾向にあることは確かだが、脳のなかの感情処理を司る部分は、知力の低下に影響を受けない。さらに、高齢者は注意力が散漫になるものの、否定的な感情刺激に対する注意力は衰えない。否定的な刺激を知覚することに関しては、若者と同じくらいうまい、とマザーは書いている。

若者との違いは、次の段階である、受け取った刺激を処理するプロセスにある。高齢者の認知システムは、ポジティブなものに重点的に注意を向ける。つまり、歳を重ねると感情の鋭さがなくなるのではなく、イライラしたり、落ちこんだりして、一日を台無しにしてしまうことがなくなるということなのだ。

高齢者は感情の鋭さがなくなるからポジティブになれるのではないのか？ 鈍感になって憂鬱なことも楽しいことも感じられなくなるのではないのか？ それは違う。カーステンセンも同僚も、高齢者は若者と同じように即座に、ネガティブな感情もポジティブな感情ももつことを発見している。

違うのは、高齢者のほうがネガティブな感情を覚える機会が少なく、時間も短いということだ。嵐は相変わらず強力だが、やってくる回数も少ないし長居することもない。たとえ嵐によって感情が沸々と煮えたぎっても、高齢者はその感情をうまくコントロールすることができるというわけだ。

これと混同しやすいのは、心理学者が〝加齢のパラドックス〟と呼ぶ、人生の後半で年齢が生活満足度におよぼすポジティブな効果だ。カーステンセンはこう言っている。

「私たちは、どうなれば幸せになれるのかを知っていると思いこんでいます。たとえば、長く続く明るい未来があること、打ち込める何かをもっていること、自分に注目してくれる人がいて、自分のことをいちばん素敵だと思ってくれる人がいることなどが、幸せだと思っています。ですが、人を幸せにするこうした事柄は、年齢とともになくなっていきます。それでも、人間は歳を重ねるとより幸せになるのですから、これは加齢のパラドックスといえます」

これまでの章で、幸福に関するパラドックスをいくつかみてきた。幸せな農民と不満足な成功者、ヘドニック・トレッドミル現象などだ。だが、加齢のパラドックスは、特に重要だ。というのも、歳をとると感情はこう変化していく、と私たちが思いこんでいるものが間違いであると示すものだからだ。年齢を重ねていくなかで、体と心の健康は同じような変化をたどるわけではない。むしろ逆向きに変化する。では、それはなぜなのだろう。

「驚きました」。スタンフォード大学にあるカーステンセンのオフィスで彼女の話を聞いているとき、１９９０年代初頭のことを思い出しながら彼女はそう言った。当時、研究は思ったように進んでいなかった。調査対象者だった高齢者たちは、新しい友人をつくろうともしないし、社会的な交流も少なくなっていたにもかかわらず、幸せだというのだ。自分は無駄な研究をしているのではないかと落ちこんだそうだ。

「社会とのかかわりが希薄になることで高齢者に何か病状が表れるかどうかを突きとめようと、調査を繰り返しました。ですが、どの調査もうまくいかなかったのです。研究がうまくいかなければ、このまま大学に残ることはできないかもしれない、と思いました」

彼女はなぜ予測どおりの結果が得られないのかわからなかった。だが、あるとき突然気づいたのだ。

「調査で被験者と話をしていたときのことです」と彼女は回想する。「私はふたりの姉妹と話をしていました。ふたりは高齢者用の住宅に住んでいました。友人も次々に亡くなってしまって、残っている人は少ないのだ、と話してくれました。そこで私はこう言ったんです。『でもこの住宅にはたくさん人がいらっしゃるじゃないですか。その方たちとお知り合いになればいいのでは?』すると、彼女らは私に向かってこう言ったのです。『新しい友人をつくる時間はもうないわ』」

「この言葉はこれまでに何度も聞いている、と気づいたんです。『新しい友人をつくったらいかがです? もっと外に出てみようとは思わないんですか? 世界を広げてみてはどうですか?』と私が言うときまって、時間がない、という答えが返ってきました」

「驚きました。一日のなかで時間がない、という高齢者は誰もいません。時間はたっぷりあるのですから。彼らは違う意味で時間がない、と言っていたのです。人生の時間です」

「彼らは突然、思うのです。80歳になったらもう新しく気心の知れた友人をつくることはできない、と。この歳になったら、そんなことができるはずはない、と」

それならば、高齢者の社会的なかかわりはなくなったのではなく、余分なものを排除しているだけだと考えたらどうだろう？　歳を重ねることで優先する感情が変わったのだと考えたら？

「高齢者は自分が大切にしている人、本当に愛している人に対しては、強い関心をもっている、とよくいわれます。目の前にただ座っているだけの人に対しては興味をもたないし、若いころのような興味のもち方はしなくなります。これは選択理論と呼ばれるものです。感情がなくなったわけではなく、自分が目をかけているものや人に対して、より気を配るようになるのです」とカーステンセンが話してくれた。

いいかえれば、人生の基本的な目標や人生のなかで行う選択は、終生変わらないものではなく、時間の多寡によって変わるものであり、それによって日々の行動が変わるだけでなく、何をどう感じるか、どう受け取るかも変わる、ということだ。

１９９０年代から行ってきた一連の実験で、カーステンセンとそのほかの研究者はその理論を実証しようとした。彼らは年齢の異なる人を集めて「もし30分を自由に使えるとしたら誰に会いたいか」という質問をし、好きな作家、家族や親しい友人、最近知り合った共通の趣味をもった人の、3つの選択肢のなかから回答を選んでもらった。

「調査の結果、高齢者はほとんどが、家族や親しい友人、と答えました。それとは対照的に、若い人たちの回答は3つに割れたのです」

さらに、研究者たちは、同じ調査対象者に「もしあなたが外国に行かなくてはならなくなり、発つまでにあと30分しかないとしたら誰に会いたいですか」という質問もした。すると今回は、若者も高齢者と同じ回答をした。家族や親しい友人に会いたいと答えたのだ。次はまた質問を変えて「寿命があと20年だとしたらどうですか」とたずねた。すると今回は高齢者も若者と同じで、家族や親しい友人と答えた人もいたが、知らない人や作家に会いたいと答えた人も同じくらいいた。

カーステンセンと同僚は、まもなく中国に返還されることになっていた香港でも調査を行った。不確実性と不安に包まれていた時代だ。ニュースでも「香港の終焉」と書きたてられていた。そうした社会情勢のなかで、香港の若者は高齢者と同じように、家族や親しい友人に会いたいと答えた――この傾向は、状況が安定して住民たちが落ち着きを取り戻した6カ月後には消えた。

「時間が切迫していると感じたり、将来が見通せないと感じたりしていたために、こうした結果が出たのです」とカーステンセンは説明してくれた。「暮らしが元に戻るには6カ月ほどかかるといいます。心臓発作を起こした友人が何人かいるのですが、彼らは口々に『もう出世競争はやめたよ。もっと大切なものに時間をそそぐことにした。家族だ』と言っていたのですが、6カ月もすると、彼らは出世競争に戻っていきました」

カーステンセンは2001年9月11日の同時多発テロのときにも同じ効果があったことを指摘する。若者が一時的に、ずっと先にある目標ではなく、目の前にあることや、本当に大切な人との関係を重視するようになったという。また彼女は、HIVに感染している同性愛者と感染していない同性愛者についても調べた。感染していない人の優先順位は若者と同じだったが、HIVウィルスに感染していて症状がある人の優先順位は、高齢者のそれに近かった——ウィルスに感染しているが症状がない人の回答はまちまちだった（体をこわしたことでU字曲線のトンネルを早く抜け出したメアリー＝アンのことを思い出してほしい）。

1999年、カーステンセンがデレク・M・イサコウィッツとスーザン・T・チャールズらと共同執筆して反響を呼んだ論文が、アメリカン・サイコロジスト誌に掲載された。『時間の重要性——社会情動的選択制理論（*Taking Time Seriously: A Theory of Socioemotional Selectivity*）』というタイトルがつけられたこの論文では、加齢のパラドックスを説明することのできる理論が書かれている。

執筆者によると、時間を意識するのは人間の本能だという。若者は不確実な未来に備えるために、新しい情報や新しい人との出会いを求め、知識や知人を増やそうとする。

「けれども、時間にかぎりがあるときは、より短期的な目標、たとえば社会的なつながりや社会からのサポートを求め、感情を制御することに重きをおく。つまり、焦点を将来から現在に移すのだ。強い結びつきのある相手と交流し、より深いつき合いをするようになる」

父からもそんな変化が見て取れた。父は、中学校時代の仲間と年に数回集まっては、気に入った本や記事や詩を一緒に読んでいたものだ。その会のことを父たちは「音読の会」と呼んでいた。この回は70年続いた。父にとってもほかのメンバーにとっても、歳を重ねるにつれ、この会はますます大切なものになっていったと思われる。会のメンバーは父にとってもうひとつの家族のようなものだった。病気でかつての元気さは次第に失われていき、道中も危なっかしくなっていったが、父はなんとか会に通っていた。父と古い友人の仲がさらに深くなり、互いをさらに大切に思うようになるにつれ、趣味の会は生きる意味を見出す会になっていった。

高齢者は過去のことばかり思い出しているような固定観念があるが、実際はそれとはずいぶんかけ離れていて、高齢者はどの年代の人よりも「いま、ここ」を意識している。「高齢者の多くは、いまを大切にしていて、若者のように遠い将来のことを懸念したりすることはない」とカーステンセンと同僚は論文のなかで書いている。時間がかぎられると「確実によい気分になれるような社会的交流をしようとする」

たとえば、高齢の夫婦は、夫婦関係のいい面だけに感謝し、悪い面は見ないようにしているという。いまを生きる。一日一日を大切にする。物事のいい面を楽しむ。ネガティブな出来事にくよくよしない。受け入れる。過剰に反応しすぎない。現実的な目標を設定する。人生で本当に大切な人や関係を優先する。こうした姿勢は、現代の心理学と古来の知恵が私たちに教えてくれる、人生に満足するための秘訣だ。だが、若者や中年の人に向かって、いまに集中しろと言う必要は必ずしもない。なぜなら、若者は野心をもつべきだし、社会も起業する若者たちを必要としているからだ。

一方で、人生後半の生活満足度が高まる理由は、社会情動的選択制理論*を考えるとよくわかる。カーステンセンが提唱したこの理論では、歳を重ねることで価値観が変化することが示されている。

人は自分の価値観が歳とともに変わっていることに気づいているものだろうか、と私はカーステンセンに質問してみた。

「気づいていますよ」と彼女は答えた。「あなたの優先順位は変わりましたか、と質問すると、全員が変わったと答えます」

だが、無意識に変わっているものもあり、たとえば、目標の設定の仕方だけでなく、毎日の過ごし方も変わるという。

＊　人生の残り時間が少なくなると、ポジティブな感情を高める行動を選択するようになるという理論。

「目標が変わると認知プロセスも変わります」とカーステンセンは言った。「これは認知心理学の原理に近いですね。目標が年齢に合わせて次々に変わっていくのなら、目にとまったり覚えたりする情報のタイプも変わっていくはずです」

だから、高齢者は若者と違って、ネガティブな表情や悲しそうな表情をしている人よりも、幸せそうな顔をした人のほうに注意を向けるようになるのだ。また、高齢者はポジティブな記憶のほうをよく覚えている。高齢者の脳をＭＲＩで観察すると、ネガティブな刺激には神経があまり反応しないし、ネガティブなものは頭のなかであまり符号化されないことがわかるが、それもすべて受け取りやすい情報のタイプが変わっていくからなのだ。「この効果は絶大です」。カーステンセンはそう言った。

その効果が要因となって、人生の後半でハピネス・カーブがどんどん右肩上がりになっていく。心から大切だと思う目標に重点を置くようになり、満足感を得られるような目標を意識に設定したり、満足感を得られるようなものを優先したりして、後悔や失望を生みそうなものを排除しようとする。目標が変わるのは、無意識的にポジティブなものに目を向けようとしているからでもある。すると、自分の目に映るものがもっと好きになり、その結果、自分の好きなものばかり目にするようになる。物事の優先順位と受け取り方を変えることで、相乗効果が生まれるのだ。

さて、これで加齢のパラドックスの謎が解明できるかもしれない。体がいうことをきかなくなっても、いままでより生活満足度が高くなるのはなぜなのか？　カーステンセンは２００９年に出版した『長く明るい未来――高齢化時代の幸せと健康と財産（*A Long Bright Future: Happiness, Health, and Financial Security in an Age of Increased Longevity*）』のなかでこう述べている。

「高齢者も苦難や失望を感じることはある。彼らはただ、人生の辛苦ではなく人生のすばらしさのほうを、より感じやすくなっただけだ」

少し言葉は違うが、私はこう言いたい。「私たちの価値観は、体よりも先に変化する」

体の衰えを感じたり体が弱くなったと感じたりしている高齢者にインタビューをしながら、私は老年期の満足感についてもっと深く知りたいと考えていた。多くの人が満足していると答えてくれたが、それだけではまだ老年期の満足感のことを理解したとはいえない。ハピネス・カーブの谷底にいる人もそうだが、カーブが上向きになった人たちは自分の主観的な状況を表現することは上手いが、それをきちんと説明するとなると難しい。

たとえば、弁護士として教育を受けたジェームズは、いまはほとんど業務をしていない。83歳になり、依頼を断らなくてはならないことが多くなった。すべてのミーティングに参加することはできない。ミスもする。「仕事がどうもうまくいかないんだ。自分でも自分を信用できない」

そこで旅行に出かけたり、写真を撮ったり、ボランティア活動をしたりして心の空洞を埋めようとし、仲間との時間を楽しみ――「似た者同士の会」と呼んでいるらしい――毎週集まっては何か活動をしているという。それでも彼は80代にしてなお、仕事で満足感を得たいと思っている。

「毎日、たくさんの電話がこないと寂しくてかなわんよ」と彼は言う。「地下鉄で席を譲られるのも気に入らんね。体がいうことをきかなくなっていくのも嫌なもんだ。仕事でのつながりがもっとあるといいんだがな」

それでも、私がキャントリルの梯子質問をすると、彼は自分の満足度に9をつけた。ほぼ満点だ。失ったものはたくさんあるが、それでも自分の人生が悪くなったとは思っておらず、ただ変わっただけだと考えている。理由をたずねると彼はこう答えた。「歳をとると体が衰えることは頭では理解しているが、感覚的にはわからない」

どういうことだろう?

「老いるという考えが気に入らない。歳をとるとは、できないことが増えることだと思っているし、頭ではそれもわかっている。だが、感情的にはそうは思っていない。できないことが増えても、精神的にはたいした問題ではないからだ。ゴルフでいえばバンカーみたいなもので、ボールを出すのにちょっと苦労するかもしれん。だが、人生をみじめにするほどのハンデではない」

友人のロバートは79歳だが、最近スキーをやめた。そのうち、彼の大好きなヨットもやめなくてはならなくなるだろう。

「体調に気をつかうことが多くなったよ」と彼は言う。それでも満足度に9をつけた。これまでの人生のなかで最高評価だ。中年期の混乱のなかを必死に走り続けてきて、いまはパートタイマーとして働き、自分で自分のスケジュールを決めている。彼はリラックスすることを学んだ。やらなければならないことのリストは、いまではもうない。

気分よく暮らしている自分に驚いているか、とたずねると、そう思うという返事が返ってきた。「じつは、自分がこんなに長く生きるとは思っていなかったんだよ」。彼の毎日は楽しい驚きに満ちている。

もちろん、人生は人それぞれだ。99歳の人が全員、「すべてのことに100パーセント満足している」と話すノラと同じだといっているのではないし、健康に問題があっても精神的には何の影響もない、体が衰えることは楽しいことだ、などといっているのでもない。私がいいたいのは、カーステンセンの「社会も人も、高齢者を誤解している」という意見は正しい、ということだ。

アメリカのような近代的で豊かな国で歳をとるのと、過去の時代や恵まれない環境で歳をとるとは同じではない。アメリカでは、私が生まれた1960年以降、出生時平均余命は70歳未満から80歳前後になり、10年ほど延びた。すばらしい進歩だ。世界的にみても、平均寿命は驚くほど延びている。50代前半から70代後半へと20年以上延びている。まるで何者かが60歳ときの余命を切って開き、健康で明るい15年分の余命を付け足したかのようだ。

それなのに、職場、定年、物理的な環境はいまだに、健康で幸せなのは60代前半までだという前提で定められている。今日では、ほとんどの人がまだまだ生産的に働けると思っているのに、60代で定年となってしまう。体が弱って働けなくなるのはまだ10年以上も先なのに、働けなくなることを見越して公的年金の支給が始まる。青年期は活力に満ちて幸せだし人生でもっともいい時期だが、中年期には〝危機〟が待っている、老年期には体も心も衰える、と世間ではまだまだいわれている——だが現実は、青年期は精神的にも苦難の多いときで、中年期は辛いけれども実りある調整を行う時期で、老年期は概してもっとも幸せな時期である。

カーステンセンはもうひとつの世界を想像することが好きだという。それは、歳をとることの期待と現実が一致している世界だ。

「いまは、歳をとると社会から『でしゃばるな、あとは若い者に譲れ』と言われているように感じられる時代だ」と彼女は言う。「あなたはもう何もできないのだから、私たちが面倒をみてあげよう。ただし、手厚く面倒をみてあげることはできないよ、なにしろお金が足りないんだから。お金を全部使いきってもらったら困るな。いっそ死んでくれてもいい」と言われているようなものだと。

もし、幸せが本当はどういう経路をたどるのか、歳をとるとは本当はどういうことかを、理解することができたなら、老年期はけっして辛いものではなく、恵みなのだとわかるだろう。これまで以上に、そして好きなだけ、自分の目標を実現するために時間をかけることができ、愛する人たちと過ごす時間をもつことができ、自分の夢を追い求めることができる時代なのだ。

正反対の固定観念がなくなり、人生右肩上がりになることがわかれば、社会はどう変わるでしょうか、とカーステンセンにたずねてみた。社会レベルでは、高齢者の才能をもっと活用しようという動きが出てきて、高齢者は社会の負債ではなく資産だと考えられるようになり、社会で再び活躍するようになるだろう、というのが彼女の答えだった。個人レベルでは、若い人たちに向かって、人生がこの先どうなるのか、これまでとは違った話ができるようになるだろう、という。

「歳をとると体にもいろいろと問題が出てきますが、歳をとった分、知恵も豊富です。自分にとってもっとも大切なもののことだけを気にかけていればいいし、ほかの人が何を言おうと、自分にとって大切な目標だけを追い求めればいいんです。きっとそのうち誰もが、早く歳をとりたい！　と思うようになるんじゃないでしょうか」

さて、ここまででわかっていることを、まとめてみよう。中年期には時間と年齢が幸福を抑えつけているが、そのあと形勢は逆転する。時間と年齢が私たちの優先順位を変え、価値観をつくり直す――その間、いっさい、そのへそまがりな計画を私たちに知らせることもないし、備えさせようともしない。

なぜ、そんなことをするのだろう？　それについては、次章でもっと詳しくお話ししよう。ここでは、本能的なもの、無意識的なものが絡んでいる、とだけ言っておこう。なぜなら、歳を重ねることで優先順位が変わっていくのは人間だけではないからだ。

2016年に、ドイツ霊長類研究所のユリア・フィッシャー、チューリヒ大学の心理学者アレクサンドラ・M・フロイトがフィッシャーの3人の同僚とともに行ったバーバリーマカク*の研究で、サルは歳をとっても社会的な交流に対する興味を失わない、という結果が出たが（そして、もっと若いサルは年上のサルと仲間になろうとする）、若いときよりも少ない相手と交流をするようになることがわかった。つまり、バーバリーマカクも友人を選ぶようになり、関係がしっかりできている相手に、多くの時間を割くようになるということだ。人間の高齢者が交流を深める相手を選ぶのと同じだ。

この研究はまだ初期段階で信頼するには時期尚早だが、類人猿にU字型のハピネス・カーブがみられることとも通じるところがあるし、歳をとると価値観が変化するのは生物にもともと備わっているものであることを示唆している。

だが、カーステンセンが人生の残り時間を条件として設定したうえで行った調査では、高齢者の優先順位も若者の優先順位も変化していた。そこには、明らかに人間の心理と自己認識が作用している。つまり、ハピネス・カーブそのものも、加齢のパラドックスも、生物学も心理学も、人間の本能も人間の文化も、絶対的な時間も、相対的な加齢も、すべてが相互に作用しあっているということになる。それらが組み合わさることで、どれほど複雑なダンスを披露するのか、何がダンスをリードするのかは、まだわかっていない。

それでも確かなことは、私たちが人生を送るうえで、時間は何の影響も及ぼさないたんなる背景ではないということ、さまざまな出来事が描かれていくだけの真っ白な壁ではないということだ。歳を重ねるとは、ただ誕生日が何回もくることではないし、ただ体が衰えていくことでもないし、おおよそ予測どおりに状況や環境が変わっていき、そこを私たちがくぐり抜けていくということでもない。

時間と加齢は、それぞれが独立した俳優で、違った道を歩みながらも、ともにダンスを踊ることで、私たちの生活や心にある紋様を織り込んでいく。私たちはその紋様を必ずしも見ることができるとはかぎらないし、理解できるともかぎらない。

20代のころ、カーステンセンは離婚してシングルマザーとして奮闘しながら、大学院に通

＊　オナガザル科の霊長類。

っていた。次のテストに合格できるだろうか？　仕事は見つかるだろうか？　といつも不安だった。大学院を卒業したあとはインディアナ大学で職を得て、3年後にはスタンフォード大学に落ち着いた。将来有望である。だが、30代のころはテニュア獲得*を目指して頑張っていたが、彼女の研究内容は心理学という学問には適さないといわれてしまう。テニュアは獲得できたが、安心するどころか、かえって不安は増した。

「40代は最悪な時期でした」と彼女は当時を振り返る。「このころは、行きづまっていました。何もかも駄目になる気がして。それまでの人生はうまくいっていました。本も出版したし、助成金ももらえたし、仕事で多方面に知られるようにもなりました。でも、まだ十分ではない。とても高いところにバーがあるような感じで、失敗すれば多くのものを失うと思っていました。いつも何かを証明しようと必死で、プレッシャーにさらされていました。誰かにつねに監視されて評価されているように感じていました」

　彼女の満足度の曲線が上向きになったのは50代になってからだという。「50代になってやっと霧から抜け出せたんです」と彼女は言った。私が彼女と話したとき、彼女は63歳だったが、いままでの人生でもっとも幸せだと言っていた。

　私はこうたずねてみた。「いまは評価されたり、助成金をもらうために競争したり、批評家や競合する同僚たちと争ったりすることはないのですか？　まだストレスはありますか？」

カーステンセンは簡潔にこう言った。「そんなこと、どうでもいいんです。どうでも」

他人の意見や求めるものを無視しているということではない——まったく違う。自分が何を達成したのかと、毎日問うことをやめたのだ。彼女はこう言う。

「いまは、批判されると頭ではしっかりと受け止めますが、若いころのようにそれで心が傷つくことはなくなりました」。さらにこう付け加えた。「私はとても恵まれています。いまはそう感じることができます。若いころは感じることができませんでしたが」

「いまが人生でもっともいい時期ですか？」と私はたずねた。

「私はいま、ここ、をとても意識しています。歳をとることは気になりませんが、体が衰えていくことは不安です。少しだけですが」

「精神的にはいまが最高だと思っているわけですか？」

「これ以上の幸せはありえないと思っています」

おそらく、それが間違いであることはそのうちわかるだろう。この先もっと幸せを感じられるようになるはずだ。

＊教職員の終身雇用資格。

# 第7章 知恵の力

## ハピネス・カーブには意味がある

2015年初め、世界でもっとも有名で、もっとも成功したブロガーが、自身のブログを閉鎖してネットの世界から立ち去った。このとき彼は51歳だった。

アンドリュー・サリヴァンが『ザ・デイリー・ディッシュ』というタイトルをつけたブログを開設したのは37歳のときだ。当時、ブログという体裁はまだ目新しいものだった。そのころすでにウェブ上で日記を公開している人はいて、そこに話題のニュースへの意見を盛りこんだり、別のサイトへのリンクをはったり、ときには少し風変わりな（実際、とても変わっていた）報道のようなものを書いたりすることはあった。著名なジャーナリストたちが次々とその形式を取り入れた。

だが、サリヴァンはそれをさらに進化させ、ブログという形にしたのだ。オックスフォード大学を卒業後、ハーバード大学で博士号を取得、その後ジャーナリストとしてのキャリアを積んで、ワシントンでもっとも影響力のある雑誌『ザ・ニュー・リパブリック』の編集者になった――30歳になる前に。ワシントンには優秀なジャーナリストがたくさんいるが、なかでも彼は別格だった。彼は、ブログを始めれば新しい自分を開拓できるのではないか、新しいキャリアを築けるのではないか、と考えた。ブログなら媒体を介さずに自分の言葉で書けるし、読者と直接つながることもできる。ただ読者を集めるだけでなく、そこにコミュニティをつくることもできる。そうすれば、まだ誕生して間もない、無限の可能性をもつこのメディアをおおいに活用することもできるし、これを大きく育てることもできる、と考えたのだ。

彼は大成功をおさめた。『ザ・デイリー・ディッシュ』はアメリカでも世界でも大人気のブログとなった。従来の雑誌が赤字経営に苦しむなか、彼のブログは黒字となり、新しいビジネスモデルにもなり、熱狂的な読者もついた。そんなときに彼はブログを閉鎖したのである。

その数カ月後、私は彼になぜブログを閉鎖したのか、とたずねた。すると、このビジネスを続けていくこと、ブログを更新し続けること、読者にコメントを書き続けることに心身ともにストレスを感じていたからだ、と彼は答えた。

「コメントを書かなければならない読者も大勢いたし、加工しなければならないデータもとんでもなく多かった」。彼は私生活への影響についても触れた。成功した人も、ストレスによって中年期に燃え尽きてしまうことがある。

だが、サリヴァンはただ疲れていただけではなかった。川の流れが変わったのだ。価値観が変化したことで、ブログを書くことは彼にとって大切なことではなくなったのだ。「当時の僕は、仮想現実の世界にはまりこんでいた」と彼は話してくれた。「現実の世界が見えなくなって、大切な友人や愛する家族をないがしろにしていたんだ」

ブログを閉鎖したことで、どんな影響や反響があったかたずねてみた。彼自身も言っていたように、成功の頂点でその場を去るのは「アメリカ人ならまずやらないことだ」。だが彼は、ローラ・カーステンセンならきっとわかってくれるだろう、と言った。

「40代のとき、僕は自分の野望に疲れ果ててしまったんだ」。つまり?「世界的に成功してやろうという野望だよ。そのせいで、自分が本当に望む生活からどんどんかけ離れていってしまったんだ」

さらに突っこんで聞いてみた。アンドリュー・サリヴァンに何があったんだ、と世間で騒がれても平気だったのだろうか。

「まったく気にならないよ。いまの僕には野望も虚栄心もエゴもほとんどない。20代のときと比べて段違いに減ったよ」

これからどうするつもりか、と聞いてみた。

「自分でもわからない」と彼は言う。「大きな賞を狙ったりすることはもうないだろうね。何か自分が幸せになれることをすると思う」

私が初めてサリヴァンに会ったのは、彼がまだ28歳のときだ。彼がブログを閉鎖した年は、知り合ってから20年以上が経ったころだ。彼の言葉に嘘はないだろう。いまほど幸せそうな彼をかつて見たことはない。

1965年に中年の危機という概念を提唱したエリオット・ジャックは、中年期は危機的な時期だけれども、チャンスのときでもあるととらえていた。「中年期は苦しい時期である。苦悩と抑うつの時代だ」と彼は書いている。だが、それに見合うだけの見返りを得ることもできる。

「人生は続く、という感覚を強くもつようになる。気づき、理解、そして自己実現を深めることで得られるものがある。本当に大切なものが何か見えてくる――それは知恵、忍耐、勇気、愛する心や優しい気持ち、人間の本質を知ること、希望を持つこと、そして楽しむことだ」

彼は中年の危機を「数年にわたる過渡期」であると表現している。だが、本書のための調査をしていて思うのは、中年期が過渡期であるという彼の考え方自体は正しいが、大切な点をとらえ損なっているのではないかということだ（徐々に起こる、およそドラマチックではないものに対して〝危機〟という言葉を使うことも間違っていると思う）。

過渡期である中年期のこと、そしてその後の人生について、さまざまな人に話を聞くなかで、私はアンドリュー・サリヴァンと同じ言葉を何度も聞いた。自分の野望よりも人とのつながりに価値を見出すようになった、と。私が耳にした彼らの気持ちや問題意識は、たんに現実生活で苦難を味わったから学べた、というのでもないし、脳内で偶然に起こった変化、というのでもなかった。

中年期の価値観は、ある一定方向へ向かって変化する。ある目的に向かって変化するといってもいい。前章で述べたように、ハピネス・カーブは自分の感情に重きを置き、ポジティブなものの見方ができるようになることで上昇に転じる。これは、関係性を重視し、コミュニティに意識が向くようになる結果だ。自分ではあまり感じることはないが、価値観が社会的なものに向くように変化していくのが中年期なのだ。


私が出会ったなかでもっともドラマチックな転換期を迎えたのはポールだろう。彼は50歳の大学教授で、ニューイングランドの大学で彼に話を聞いたのは、わりと最近のことだ。私がインタビューをしたのはあくまで仕事の一環だったので、その場では朗らかに握手を交わしたものの交流がその後も続くとは思っていなかったのだが、嬉しいことにその後も親しくさせてもらっている。

彼が何年も前からロック・クライミングに夢中で、ほとんど中毒のようになっていたという話に思わず聞き耳をたてた——フリー・クライミング中の事故で彼は両足を骨折してしまったという。片足を骨折しながらクライミングに出かけ、その結果もう片方の足も骨折してしまった人を、私はほかに知らない。私は彼の人生についていくつかの質問をした。私を信頼して話を聞かせてくれたが、彼の話はハピネス・カーブの向きが変わることで、他人に対する見方がどのように変わるのかを示すいい例となった。

最初の20、30年の話は家族にまつわる話だった。20代のころのポールは肩で風を切る勢いだった。20代の自分を「一心不乱」「野心家」「不死身」と表現した。

「24歳で高校時代のガールフレンドと結婚したんだよ。そのころ、人生とは大いなる冒険だと思っていてね。アウトドア・スポーツに大金をつぎこんだ。クライミングを始めたときも、遊びで始めたわけじゃない。やるからには、とことんやろうと思っていた」

仕事のほうは30代になってもなかなかうまくいかず、変わった仕事もいくつかやったが、そのうちプロのクライマーとなり、その後大学教授となったのだった。「あのころは必死だったね。つねに走り回って、あらゆる努力をしていたよ」

彼はロック・クライミングに徹底的に取り組んだ。ほぼ不可能といわれるルートを踏破することを目標に設定し、それを成し遂げるまで何度も挑戦した。失敗しても次のシーズンにまた挑戦し直した。ポールは完璧なクライマー、完璧な教授、完璧な夫、完璧な父、完璧なサッカーコーチになろうと努力した。誰もが彼を成功者、勝者だと思っていた。だが、社会の難関を突破しながらも、彼は何かがおかしいと感じていた。

「おかしな症状が出はじめたんだ。強迫性障害を発症してしまって、自分が他人にどう思われているか気になって仕方なくなった。次第に、僕という人間を形づくっている道徳観まで疑うようになっていった。自分に何が起こっているのか、わからなかったよ。教授職を手にいれたところだったし、愛する妻と子どももいる。それなのに、僕の住む世界は真っ暗だった」

不安定な心を抱えて先の見通しもたたなくなった彼は、1学期間休職してカウンセリングに通ったが、事態は悪くなる一方だった。

「自分に何が起こっているのかわからなくて、ますます状態は悪くなっていったよ。他人からどう評価されるのか、気になって仕方なかった。自分で自分の品定めもしていた。家族と食事をしていても、はやく仕事をしなくちゃ、と焦ってうまくいかなかった。家族と同じ部屋にいると精神的に落ちこんでしまってね。だから、自分の部屋に引きこもるしかなかった。まるで壁が崩れ落ちてきたかのようだったよ」

「あれは最悪の時期だった。当時いちばん上の息子は6年生か7年生だったと思う。僕が苦しむ姿は、息子の人生にも大きな影響を与えたようだ。息子は僕がわざとあんな行動をとっているのだと思っていたらしい。僕の友人もそうだ。だから、症状が落ち着くまで僕が休職すると知ったとき、誰もが、信じられない、と思ったようだ。自分の存在そのものが否定されているような、はてしない孤独感をいまでも覚えているよ。崖っぷちにいるような感じだった」

不安障害だったのだろうか？　それともうつ病？　どっちともいえる、とポールは答えた。だが、精神医学の専門用語はどれもしっくりこないという。

「自分で自分のことが好きになれなかったことが原因だと思う。自分自身を信頼できなかった。自分はいいやつだとも思えなかった。自分を認めてやらなくては、と思うんだが、他人の目を通してしか自分を評価できなくなっていた」。教え子の学生たちも自分を非難していると感じてしまい、自分は失敗していると思いこんだ。

精神科医の力を借りて、ポールは本来の自分をなんとか取り戻した。彼らしい人生を再び歩みはじめ、いまはありのままの自分を認めるように努めている。日常を取り戻すことができた。だが、心のなかでは、この危機によって大きな変化が起こっていた――価値観の変化だ。「以前の僕はとても利己的だった」と彼は言う。「自分の目標達成のためだけに何かをすることがなくなったのが、いちばん変わった点だ」

アメリカ先住民に関する研究が、ポールの専門分野のひとつだ。かつての教え子から、サウスダコタ州にある先住民の居留区で学生たちが奉仕活動をしながら学べる機会をもてないかどうか、視察に行くよう提案された。そこでポールは現地に赴いて１週間滞在した。

「そこに着いたときからその場を去るまでの間ずっと、自分のやっていることは、いままでやってきたどんなことよりも目的と意義があることだと思えたんだ。何を聞いたようなことを、と思うかもしれない。でも修理を手伝った家のコンセントの差込口をネジで取り付けながら、このネジにはたしかに目的がある、と感じたんだ」

サウスダコタ州から帰ってきたとき、彼はこんな疑問をもって帰宅した。自分が目的のあることをしている、という感覚をこれからも持ち続けることができるだろうか？　毎日の生活のなかでそれを感じることができるだろうか？　彼は何事もやりすぎるところがあるから、その点は気をつけなければいけない。

「一歩下がって、僕は本当にこれがやりたいのか、やりすぎて燃え尽きてしまうことはないか、と自問しければならなかった。これまでの47年間、自分は何をやっていたのかと恥ずかしくなることもあった。たしかに、僕は学生に寄り添った親切な教師だった。クライミングをするときは家族のことを忘れていたけれども、そのほかは家族のために自分にできることは何でもした。だけどそれは、もてる者はもてない者を助けてやらなければならない、と勝手に義務を感じてやっていただけなんだ。頭ではそれもわかっていた。でも、対等な立場で人と出会い、いっさいの損得勘定なしで相手と接し、ひとりひとりが独自の人生を歩んでいる聡明で有能な人として相手を見ることで、僕の人生が変わった。こうしたすばらしい人たちに手を差し延べることで、僕の人生はもっと意味のあるものになる、と思いはじめたんだ」

いま、彼は一年のうち6週間は、中米にある先住民の居留区で過ごしている。現地で教育プログラムを立ち上げたり、先住民族のコミュニティの歴史を語り継ぐプログラムを現地の人と一緒に立ち上げたりもした。先住民族と共に作業をする非営利団体の役員も務めている。そんないまでも、年に数回はロック・クライミングに出かける。だが、以前に骨折をしてしまったルートをもう登ろうとは思わない。「そういうことはもう僕の優先事項ではなくなったのさ」

先住民族のスー族の居留区（定住はしないようだが）を訪れたことが、彼に変化をもたらしたのだろうか。いや、ベトナムの孤児院を訪れたり、１週間、貧しい子どもたちに勉強を教えたりしたとしても、彼の価値観は変わっていただろう。変化は彼のなかで起こったのだから。そこでこう聞いてみた。「自分に何が起こったと考えている?」

変わった点はふたつある、とポールは言った。まず、やっと自分自身を認めて信頼できるようになり、自分には知識も能力もあると思えるようになったこと。

「自分で自分を認めてやればいいと気づいたんだ。もちろん、ストレスを感じることがないと言えば嘘になる。そんなときは妻と並んでポーチに腰かけながら、ちょっとリラックスしてひと休みしなくちゃな、と話したりするんだ。そういう調整がうまくできるようになり、客観的に物事がとらえられるようになったことで、僕の生活満足度は上がったよ。何事もなんとかなる、と思うことも大切だ。難しい事態になっても、自分ならなんとかできると思っているよ」

もうひとつの変化は、さらに大切なことだ。ポールはつねに目標に向かって努力する人だが、その目標がいままでとは変わり、精神科医がいう利己的なものや、つねに他人の評価を気にする他者志向型なものではなくなったという。

「以前は人の手助けをしようと思って働いていた」とポールは言う。「だが結局、それは自分が決めた目標だからやっていたにすぎなかった。先住民の居留区で、僕は謙虚になることを学んだ。もちろん、居留区で働くには自尊心も必要だし、自分が何か彼らに影響を与えることができると思うことも必要だ。けれども、現地で僕は謙虚に彼らの話に耳を傾けて、彼らのことを理解しなければならなかった」

自分に起こった変化を話すときに彼が言ったことが、私の心に残っている。その言葉がまさに核心をついていると思う。彼は「他者を認めるということがどういうことか、わかるようになった」と言った。

ポールの生活満足度は高い。私がしたキャントリルの梯子質問で9をつけた。20代につけた7、30代につけた6、40代の5よりもずっと高い。彼は50歳にして、時間にはかぎりがあるが出会うことのできる他者はかぎりない、と感じたのだ。人生の目標をひとつひとつ達成していこうという野心はもうない。だが、以前よりも自分は有能であると思っている。

「僕の50代はどんなものになるか、楽観的に考えているよ。いまの僕の人生はうまくいっているし、これからも僕のもてる英知を結集すれば、あと何年生きられるかわからないけれど、30年後か、三十数年後に僕がこの世を去るとき、子どもたちはきっとこう言ってくれると思う。『父さんはすてきな人だったよ。XとYとZを成し遂げたからではなく、XとYとZのことを大切にしていたからね』と」

ポールが経験した破滅的な挫折、なかなか進まない回復、そして大きな変化は、とても劇的だ。突然、がらりと価値観が変化した。だが、たいていの場合、その変化はもっと緩やかに、かすかに訪れる。

典型的な例はデイヴィッドだ。54歳の起業家で、起業してからの10年は苦難の連続で崖っぷちの状態になったこともあったが、ようやく軌道に乗ったところだ。20代の彼はふらふらと暮らしては失敗するばかりで、将来のこともまったく考えていなかった。30代になるといい仕事を見つけ名声を得た。40代になってトップの座につくと、夢であった起業のためにすべてを投げ打った——だが、金銭面でも精神面でも苦難を抱えることになった。毎日が苦労の連続で、何かしら新しい問題が起こった。仕事ではまるで荒波に翻弄されているようだった。結婚生活もうまくいかなくなった。セラピーは役に立ったが、友人には話せなかった。「僕が落ちこんでいると周りの人も元気を失くしてしまう。だから元気を装わなければならなかった」

50歳になるころには、仕事も軌道に乗った。私が彼の話を聞いた50代の半ばには、仕事もすっかり安定し、再婚して幸せに暮らしていた。だが、彼は自分が変わったという。「インポスター症候群もおさまった。やっと。いまは以前よりも達成感を覚えることができるよ」。大人になってから初めて、自分の生活満足度に高い評価をつけた——気持ちのアップダウンはまだあるけれども（生活満足度とは、日々抱く感情とは異なるものだということを思い出してほしい）。

私はこう聞いてみた。「価値観に変化はありましたか？」

すると、もちろんだよ！　という答えが返ってきた。

「人の成功を手助けをすることに、大きな喜びを感じている」。デイヴィッドは人に教える立場でもあり、メンターとして人にさまざまな助言をしている。「何かすばらしいものを実現する手助けをするのが好きなんだ。自分の功績にならなくても構わないよ」

気づけば、若いころのように何を達成したかをつねに気にしなくなっていたという。私が話を聞いたとき、彼はちょうどカリフォルニアから戻ったばかりだった。自分でも驚いたそうだが、シリコンバレーでの商談をすべてキャンセルして、中学校時代の友人に会いにいったそうだ。そちらのほうが大切なことに思えたという。つまり、40代のときに、デイヴィッドは仕事上の転換期を迎えただけでなく、個人的にも転換期を迎えたのだ――ポールのように劇的な変化ではないけれど。転換期はじつに静かに訪れたが、その変化は心の奥底に起こったものだった。

クリスティーンの例もみてみよう。彼女も中年期に一連の苦難を経験した人だ。母親の死のショックで仕事がうまくいかなくなって新しい仕事を探さなくてはならなくなり、何回か転職をしたらしい。あるとき、家族の健康保険がもう少しで切れてしまうこと、貯金が底をつきかけていることに気づく。何度も職を変えていたので、ほかの人が30代や40代で築いていている仕事上の地位を、50代になっても築けていなかった。ふたりの子どもと夫のサポートをするのも大変だったし、毎日をこなすことに精一杯で、そのほかのことをする余裕はなかった。だが、ストレスはあったものの、53歳のときの生活満足度は過去最高だった。幸福度が増したのはなぜなのかたずねてみると、自分の内面が変わったからだと話してくれた。いまは達成感を味わえるようになったという。

「うまく生きられるようになりました。自分の限界はどこで、自分の強みは何かわかるようになって、自分の人生を自分で管理できるようになりました。いまは自分の強みを生かしたことをしています」。そして彼女はこう付け足した。「世界を救う義務が自分にあるとは、もう思っていません」

彼女から話を聞いたとき、いまはもう、世の中のすべての人を救わなくては、と気負うこともなくなったのだとわかった。

若いころのクリスティーンは、自分には世界の問題に風穴を開けるという大きくて大切な役割があるのだと思っていた。だから、20代のときには平和運動に参加して核開発競争の終結を訴えた。彼女は理想を捨ててしまったのだろうか？　そんなことはない。

「世界を救うことはできないけれど、自分の周りの世界は救うことができます」。いま、彼女はまた新しいものに情熱を注ぐようになり、野鳥のためのリハビリセンターでボランティアとして活動しはじめたという。「猛禽類のリハビリを成功させることができたら、成果は目に見えてわかりやすいし、意義があるように感じられるでしょうね」

彼女の野心と理想はまだ衰えてはいなかったが、それをうまくコントロールできるようになっていた。抽象的で大きなものに力を注ぐのではなく、目に見える具体的なものに力を注ぐようになったのだ。

ポールのように自分の存在そのものに疑問を抱いてしまったり、ハピネス・カーブの谷底で大きな葛藤を抱えたりすることがあっても、多くの人は日常生活のなかで少しずつ、静かに、転換期を迎える。自分ではそれに気づかないことも多い。その大切なゆっくりとした道筋は、あるひとつの方向へ向かっている。それは、他者への関心、そして知恵の探求である。

アンドリュー・オズワルドがハピネス・カーブの話をしてくれたとき、彼はデータとそれが指し示すものについて熱心に話してくれた。だが、自分が経験したことのみを信じる彼は、経験に基づかない説明はしたがらなかった。かわりに、おもしろい研究をしている精神科医に連絡をとることを勧めてくれた。ディリップ・ジェステという一風変わった精神科医だ。

２０１４年にジェステと初めて会ったとき、彼は69歳だった。インドで育った彼はマラーティー語の軽快なアクセントの残る英語を話し、控えめな印象を与える人だった。夏のサンディエゴで会ったというのに、ゆったりとした青いブレザーの下にセーターを着こんでいた。寒がりなのだそうだ。服装や体格からは歳をとっているように見えるが、動いたり歩いたりする様子はもっと若く見える。キャンパス内にある彼のオフィスから実験室のある建物まで歩いていくときは、彼に追いつくのが大変だったほどだ。頭の回転もじつに速い。ふたつの分野の研究をしているので、実際、頭の回転が速くなければやっていけないだろう。

１９４４年、弁護士の息子として生まれた彼は、インドのムンバイ近郊の小さな町で5人きょうだいのなかで育った。7年生のとき、英語を学ぶためにプネーに移り住んだ彼は、アメリカ総領事館のなかにある図書館に通うようになり、貪るように本を読んだ。そのなかの1冊が精神科医のジークムント・フロイトが書いた『夢判断』（新潮社）だ。「まるでアガサ・クリスティのミステリーのようでした」と彼は当時を振り返る。「殺人ミステリーではなく夢のミステリーです」

心の謎を解き明かすことを一生の仕事にしよう、と若き日のジェステは思う。精神科医になろうと決意した彼は、インドで研修を積み、その後コーネル大学、国立衛生研究所、ジョージ・ワシントン大学と、アメリカの名だたる機関でも研修を続けた。１９８０年代の半ば、最終的にカリフォルニア大学サンディエゴ校に落ち着いた。私が本書を執筆している現在でも彼はカリフォルニア大学にいて、長い肩書がついている（サム・アンド・ローズ・スタイン加齢研究所所長、精神医学科・神経医学科主幹教授、など）。

オフィスの壁一面に、彼の功績を称える銘板や免許状や賞状が掲げられていた。それを見てもわかるように、彼はアメリカの精神医学の礎を築いた人ともいわれている。２０１２年、アメリカ精神医学会初のアジア系アメリカ人の会長として、１９９０年代半ばにつくられた精神科診断マニュアルの改訂を指揮した。彼が専門とするのは老年精神医学と、サクセスフル・エイジングの研究だ。

人生の後半で、人は体が衰えても主観的な幸福度が高くなるという彼の研究結果については前章で述べたとおりだ。彼は脳の研究にも多くの時間と資金をつぎこんでいて、被験者をMRI装置にかけて感情に応じて脳の回路がどのように光るかを検証している。私が彼を訪ねていった日も、老人が同情を感じるときの脳内プロセスを調べる実験をしていた。

私は壁にかかっていたジェステの科学者としての免状を眺めていた。彼は違う分野の研究もしていて、主流の精神医学とは考え方の異なる分野の研究者でもある。そのひとつが、彼が主唱する「ポジティブ精神医学」で、これはポジティブ心理学を医学の側面から考えるものである。これは新しい考え方だ。精神科医は医者として精神障害の治療を行う。患者のうつ病や不安障害が治れば彼らの仕事は終わる。いまの精神科医の仕事は、患者の状態をマイナス5からゼロに戻せばそれで終わりだ。

だが、精神医学はもっと患者の役に立つはずだし、そうでなければならない、とジェステは考えている。精神医学は人をもっと幸せにし、立ち直る力を与え、患者をゼロからプラス5にするためにあるべきで、そうすれば患者の幸福感が増し、精神的な問題を抱えることもなくなるだろうと考えている。

だが、ポジティブ精神医学はいまの精神医学会では理解されていない。その理由のひとつは、病気の治療ではなく人の幸福を増進させることを学ぶ教育カリキュラムは、いまの医学界にはない、ということだ。だが、ジェステは違うカリキュラムで学んできた。インドで生まれ育ったため、世界でも有数の古来の賢明な教えを学んできた。特に『バガヴァッド・ギーター』と呼ばれるヒンドゥー教の聖典の教えから多くのことを学んだ。

「インドでは教養のひとつとされています」とジェステは話してくれた。『ギーター』に書かれているのは古来の知恵です」

研究者としてのキャリアを積みはじめたころ、ジェステは疑問を抱いた。「体は衰えていくのに、なぜ老年期に近づくにつれて生活満足度は高くなっていくのだろう？」。その傾向は偶発的とはいえないほど多くみられる。

「体が衰えていくにもかかわらず高齢者の生活満足度が高いのは、歳とともに人が知恵を得て賢明になっていくことと関係があるのではないか、と考えるようになりました。そこで疑問となるのは、知恵とは何かということです」

ジェステは知恵というものを神経科学の面から解明すれば、精神医学とポジティブ精神医学を結合させることができるのではないかと考えた。それにはまず、科学的に厳密な方法で知恵というものを定義することが必要だろう。次に、それを測ることが必要だ。さらに、脳のどの部分が知恵にもっともかかわっているのかを理解し、知恵には生物学的な根拠があるのかどうかを調べなくてはならない。そして、最終的にどのように知恵を獲得してそれを高めていけばいいのかを知ることができれば理想的だ。保守的な医者たちは懐疑的だった（いまでもそうだ）。かつてジェステは同僚にこう言われたという。

「何をしてもいいが、知恵という言葉を使うのはやめたほうがいい。誰もとりあってくれないだろう。知恵というのは具体的な概念ではない。哲学的な概念であって神経科学ではそういう概念は存在しない」

だが、ジェステは彼らが懐疑的であればあるほど、やる気が湧いてきた。過去の文献を調べてみたが、知恵や神経生物学に関するものは見つからなかった（知恵《ウィスダム》という名前の人物がヒットしただけだった）。彼は2010年までに次々と論文を発表した。高名な雑誌に掲載された彼の論文にはこんなことが書かれている。

「さまざまな知恵に反応するのは脳のふたつの領域であることがわかった――前頭前野（特に背外側前頭前野、腹内側前頭前野、前帯状皮質）と大脳辺縁系である」

これらの領域に損傷を負うと、知力には影響がないものの、分別がないと思われる行動をとることを彼は発見した。

〝さまざまな知恵〟とはいったい何だろう？　ジェステはひとりで、ときには同僚とともに、知恵とは何かを丹念に調べた。古い文献も新しい文献も、東洋の文献も西洋の文献も、伝統的なことが書かれているものも科学的な文献も調べた。その結果、どんなことがわかったのかとたずねると、彼はこう答えた。

「知恵という概念は、どの時代でもどの地域でも、驚くほど同じようにとらえられていました」。現在の学問で繰り返し述べられている概念は次のようなものだ。公共の利益への関心としての思いやりや向社会的な態度、人生に関する実用的な知識、個人的な問題あるいは社会的な問題を解決するのに実用的な知識を使うこと、曖昧なものや不確実なものに対処する能力、多角的な視点をもつこと、感情が安定していることや感情をコントロールできること、自分を見つめ、自己理解を冷静に行える能力。

現在の西洋の文献と比べると、『ギーター』では個人の欲望をコントロールすることと、物欲を抑えることに特に重きが置かれている。だが、ジェステとイプシット・V・ヴァーヒアは2008年にサイカイアトリー誌に掲載された論文のなかでこう述べている。「現代の科学分野と『ギーター』における知恵の概念を比べると、いくつかの類似点がある。たとえば、人生についての豊かな知識、感情の制御、公益への貢献（思いやり／犠牲）、洞察（謙虚であること）などである」

ジェステはこう言う。「どんな人のことを賢いというのか、世界じゅうどこへ行っても人が考えることは同じでしょう」

もちろん、文化によって違う点もあるだろう。それでも、時代や国が違っても十分に一貫性があり、知恵といえば場所や人にかかわらず、同じものを意味しているのだとわかる。むしろ、知恵といえば、誰もが同じようなことを考える。その遍在性こそ、知恵がホモ・サピエンスにとって重要なもの――そして本来備わっているもの――であることの証だとジェステは信じている。

「知恵の概念は世界共通です」と彼は言う。「ですから、生物に本来備わっているものだと思うのです。歳を重ねることはいいことで、歳を重ねるからこそよくなっていくこともあるのだと思えるような脳の変化があると、考えています」

脳のなかに知恵という領域があるわけではない。だが、知恵がどのように働き、どのように人間の回路に組み込まれているのかを理解することで、きっと多くの発見があるとジェステは信じている。

知恵が生物に本来備わっているものであるならば、それは進化の過程で備わってきたものといえるのではないだろうか。人間がよりよい人生を歩むために進化してきたのだろう。では、それが歳をとっても衰えず、増えるのはなぜなのか、生殖能力のなくなった高齢女性にもその傾向があるのはなぜなのだろうか。生物学ではいわゆる〝おばあさん仮説〟というものがあり、閉経後の女性が子や孫のよりよい生活のために尽くすことで、家族が繁栄するといわれている。

この〝おばあさん効果〟は、人間の女性が比較的早く閉経を迎え、生殖能力がなくなった後も長く生きることの説明になると考えられている。こうした現象がみられるのは人間のほかにはマイルカ科のコビレゴンドウとシャチだけだ。シャチの研究では、海洋生物学者が、群れのなかに閉経後の母親や祖母がいることで幼い雄が生き残る確率が高くなったり、大人になって自分の子孫をもったときにも生き残る確率が高くなったりすることを発見している。同じことが人間にもいえるだろう。

「知恵はどの年代にあっても大切です」とジェステは言う。「ですが、高齢になると特に重要です。進化という観点からすると、若い人は生殖能力があるので賢くなくてもなんとかなります。ですが、歳をとると種の生き残りに貢献できる何か別の方法を考えなくてはならない。それが〝おばあさん効果〟という知恵を生んだのです」

これはあくまで仮説だ。生物学上、神経学上の知恵については、まだ解明されていない面も多い。ジェステとそのほかの研究者は、数多《あまた》の疑問の解明に着手したところだ。だが、知恵の科学というものが生まれつつあるのは確かだ。

ジェステに会うまで、知恵というものが科学的な意味をもつとは思いも寄らなかったし、ましてや知恵が定量化できるものだとは思ってもいなかった。だが、モニカ・アーデルトがそれを実践してみせてくれた。

私はフロリダ大学にアーデルトを訪ねていった。そこで彼女は社会学の教授をしている。彼女のオフィスは、壁という壁に付箋や漫画のイラスト、写真や子どもの絵が飾られていた。棚という棚には本が詰めこまれている。だが、彼女の話し方は秩序だって整然としていた。

彼女は1960年にドイツのヴィースバーデンで生まれ、その近郊で育った。彼女が初めて知恵の力を感じたのはまだ子どものころだった。

「大好きだった伯父がいたんです」と彼女は話してくれた。「口数が多い人ではありませんでした。みごとな白髪をした人で、みんなが人のうわさ話に興じていても、ひとり座ったまま黙って微笑んでいるような人でした。伯父にはポジティブなオーラがありました。伯父と一緒にいるだけで心が落ち着いたものです。隣に座っているだけで気分が爽快になりました。そこが大好きなところでした。ほかの家族にはそう感じたことはありませんでした。伯父は受容と心の平静を体現したような人だったんです」

彼女は20代後半、大学院に通うためにアメリカへ渡ってきた。論文のテーマを考えているとき、大人の発達とサクセスフル・エイジングをテーマにすることを思いついたという。「私はつねに知恵というものに魅せられてきました」と彼女は言う。「ですが、それを科学的な研究の対象として考えたことはありませんでした」

ある日、彼女が図書館でデータを探していると、1990年にコーネル大学の心理学者ロバート・スターンバーグが編集した『知恵――その性質、起源、そして発達（*Wisdom: Its Nature, Origins, and Development*）』という本が目に留まった。「『信じられない！　知恵の研究をしていた人が実際にいたなんて！』と思いました」

この本をきっかけに、彼女は1980年に書かれたパイオニア的な論文にもたどり着くことになる。それは心理学者のヴィヴィアン・クレイトンとジェームズ・バイレンが書いたもので、知恵とは3つの領域の強みを混ぜ合わせたものであるという概念が記されていた。ひとつ目は〝認知機能〟で、知識と分別の領域――物事を理解してそこから学びを得ることである。ふたつ目は〝情緒面〟で、感情や共感の領域――自分や他人をどう感じるかにかかわってくる。最後は〝思慮深さ〟で、自己理解や冷静さの領域――自己や他人のとらえ方を示唆してくれるものである。

この3つのパラダイムにより、知恵とは測定可能な心理学的要素であるとされている。仏教における知恵の概念にも相当することから、時代や文化を超える普遍的な概念であるとジェステは強調している。経済学者のジェフリー・サックスは2013年の世界幸福度報告のなかで、仏教における知恵を次のように述べている。

> 修行の基本である「八正道《はっしょうどう》」は、無常の世で人間が相互依存のもと正しく生きていくための八つの道を説いたものである。八つの道は3つに分類することができる。すなわち認知面（正見《しょうけん》、正思《しょうし》）、道徳面（正語《しょうご》、正業《しょうごう》、正命《しょうみょう》）、精神統一面（正精進《しょうしょうじん》、正念《しょうねん》、正《しょう》定《じょう》）である。
> 認知面の修行道は、絶えず変化し、はかなく、相互に密接にかかわりあっている現実世界そのものを理解することである。道徳面の修行道は、例えば嘘をつく

とか他者を傷つけるような生活をするなどの間違った行いによって、他者を傷つけないということである。精神統一面の修行道は、束の間の快楽のために偽の愛着をもたないような心を獲得することである。

もちろん仏陀は現代心理学で行うような実験を行ったわけではない。アーデルトが実験を行った。彼女は一般的な心理学テストで用いられる何百という質問からいくつかを厳選して用いることで、私たちの多くが〝賢明〟だと考える人や行いを特定することはできないかと考えた。

そこで、彼女は39項目に及ぶテストを作成した――その後、彼女やほかの研究者によってさらに簡略化され、12項目になった。同僚やインタビューをした人が、ほかの人と比べてこの人は賢いと思う人（知恵があると思われる人）は、思ったとおり、アーデルトが作成した質問票で高いスコアを取っていた。

このように、人の知恵は他者と比較することができ、知恵の3つの領域のうちどこが強いのかを見極めることもできる。そのうち、知恵を測定するほかのテストも出てきたが、テスト結果からは同じ結論が導き出された。科学の世界では、測定できるものは実際に存在するものだと考えられる。つまり、たしかに、知恵は存在するということだ！

私もアーデルトの39項目のテストを試しにやってみた。アーデルトに言われたとおり、できるかぎり自分に正直に答えたつもりだ。いくつかの項目は、たとえば「いつも問題をあらゆる側面から考えるようにしている」のように、知恵に直接関係するものだった。ほかの項目はやや間接的なもので「他人から話しかけられたとき、早くその人が去ってくれないかと思うときがある」（たしかにある！）というものもあった。

私の結果は、中の上だった。なぜ自分が上に分類されないのかは、自分でもよくわかっている。〝思慮深さ〟のスコアは高かった（あらゆる観点から物事を見ることや、問題を客観的に考えることは得意だ）。だが、共感や同情についてのスコアは低かった（他人が慰めを必要としているときに慰めることはあまりない）。私は本質的に、他者に手を差し延べるタイプの人間ではないし、どうしたらそうできるのかを、本能的につかめる人間でもない。ほかにも足りない面はあったが、なにより共感する力が足りないことで私の知恵のスコアは低くなっていた。知恵というのは自分のためのものではないからである。

ジェステが脳内のどこの領域が使われているかを調べ、アーデルトがテストをしたことによって、知恵についていったいどんなことがわかっただろうか？　学者の間では細かな点について意見の相違があるものの、大筋の考え方については一致をみている。

**知恵にはさまざまな特性がある。**知恵にはさまざまな特性があるが、それらを統合することで不思議な力を発揮することができ、人が互いに支え合ったり互いを豊かにしたりすることができる。多くの知力や知識をもっていても共感や同情心をもちあわせない人は、頭がよく達人であるかもしれないが、ごまかすのがうまく、ずるいところがあるので、賢い人とはいえない。同情心は豊かだが内省をしない人は、寛容で親切かもしれないが、衝動的で実行性に乏しいので賢い人とはいえない。内省的だが知識のない人は、思いやりに溢れているかもしれないが、だまされやすいので賢い人とはいえない。

テレビ番組でもっともためになりそうなのは『スター・トレック』だが、番組中に繰り返し出てくるのは、知的で切れ者のミスター・スポックには、ドクター・マッコイがもつ共感の力がなく、カーク船長のような実践的な決断力がない、という話だ。誰もひとりだけでは賢い決断ができない。3人の力を合わせることで（ときにはその緊張感のなかで）知恵が生まれる。

このように、知恵は他者とのかかわりにより如何様にも変わるので動的なものといえ、静的なものではない。個人のなかでも日々、状況によって変わるものである。カナダ、ウォータールー大学の若き社会心理学者イゴール・グロスマンは、賢い考え方は他者とのかかわりのなかから生まれるものであること、それぞれの個人のなかにはさまざまな考え方があることを発見した。多様な人、多様な価値観のなかに身を置くことが大切なのは、それがひとつの理由だ。ある状況に遭遇したとき、賢そうに見える人がもっとも賢い行動を提案するとはかぎらない。

　グロスマンの実験によって、ある程度、賢い考え方は学習によって獲得することもできるし、引き出すこともできるとわかった。たとえば、ある出来事を自分の身にふりかかったことではなく、他人にふりかかったこととして第三者的な視点で見るようにさせるだけでも、賢い考え方というものを習得することができる。これは期待のもてる話だ。学校でも学力テストに合格する方法を教えるのではなく、第三者的な視点から考えることを教えるのに、もっと多くの時間を費やしたほうがいいのではないだろうか。

**知恵とは知性でも専門知識でもない。**頭の回転が速い人は認知能力が高く、よく考えて前に進むので、より賢い行動をとるものだと思うかもしれない。だが、膨大な研究結果から、知性があるからといって知恵があるとはいえないし、逆もまた然りと考えられている。

　グロスマンと彼の４人の同僚は２０１３年に発表した論文のなかで、知性と知恵は何ら関連がないと述べている。たとえば、グループ内の争いにどう賢く対応するかなど、いくつかの場面では、認知能力と知恵にはまったく関連がみられなかった。ほかの多くの研究でも、似たような結論に達している。

　また、専門知識があるからといって知恵があることにはならない。「賢い人が知っているものが、すなわち知恵なのだ」とアーデルトは言う。

「だから、知恵とは知識である。だが、賢い人なら最新の量子力学の発展について知っている、ということではない。賢い人は人生についてよく知っているということだ。特に対人関係についてよく心得ている。他者とどのようにかかわればいいか、他者をどのように理解すればいいかを知っている。また、自分のことについても知っている。自分をよく理解している」

頭がいい人や量子力学についてよく知っている人には知恵がないとか、逆に、馬鹿な振る舞いをすればより賢くなれる、と言っているわけではない。賢くなるには頭が切れなくてはいけないとか、博学にならなければいけないということではなく、賢明な考え方ができなければならないということだ。アーデルトやグロスマンの研究結果や『スター・トレック』を見るとわかるが、知恵は知性とは違うし、より複雑で貴重なものだ。そのことを私たちは多かれ少なかれ知っている。それなのに「彼女はとても頭がいい」というのが今の時代の最上級のほめ言葉なのはなぜなのだろうか。

**知恵はバランスが大切である。**それぞれの領域の強みがバランスよく保たれているものこそが知恵であり、どれか一つが突出するのではなく、互いの領域が支え合って生まれるのが知恵である。さまざまな面について同じことがいえる。時代や文化を問わずつねに注目されてきた知恵は、感情面のバランスである。つねに静かで感情の波風が立たないことが〝知恵がある〟ということでは、けっしてない。それよりも、感情を制御できること、挑発されても自制心を失わないことこそ知恵である(私の父の言葉を借りれば、5セントほどの価値しかない挑発にのって5ドルの反応をしないことだ)。詩人ラドヤード・キップリングの言葉にもあるとおり、賢い人は「周りの人が冷静さを失っても、自分は冷静さを失わない」ことができるものだ。

知恵があれば、そのほかの面でもうまくバランスをとることができる。不確実で不安定な状況にあるとき、知恵があれば感情と知性のバランスをとることができる。このバランスをとるのはとても難しい。というのも、人間というのは安定していて明確なものを好む性質なので、微妙な違いは見なかったことにして安定を手にいれようとする傾向があるからだ。「曖昧さをなくそうとする性質は人間のもって生まれたもので、さまざまな場面で表れ、ときに危険でもある」とジェイミー・ホームズが著書『ナンセンス──無知の力（*Nonsense: The Power of Not Knowing*）』で述べている。「ストレスがかかった状態のとき、心理的な圧力によって、人間はつじつまの合わない証拠に直面すると、それを軽視したり無視したりして、本来は存在しない安定した、明瞭な結果を求めようとする」

不安定な状況や曖昧な状況のなかでよい判断ができることは知恵の重要な特質だ、というジェステの言葉には納得できる。

**知恵があるとは思慮深いことである。**すでに述べたとおり、アーデルトと同僚は、知恵とは3つの領域を組み合わせたものであると考えている。ひとつ目は認知面（知識や知性にかかわるもの）、ふたつ目は感情面（同情や感情にかかわるもの）、そして3つ目が思慮深さである──ただし、思慮深いとは、たんに熟考するということとは異なる。

「思慮深いとは、基本的に、ある現象や事柄を多角的に見ることができることを指す」とアーデルトは言う。「また、自分のことを客観的に見る能力のことも指す。現象や事柄を多角的な視点で見ることで、世界についての理解を深められるばかりでなく、自分のこともより深く理解できるようになる。そうすれば、自己中心的な人ではなくなる。他者に対して共感や同情を覚えることもできるようになる」

アーデルトのいうことを的確に表現する言葉は英語にはない。簡単な言葉でいえば、〝内省〟〝自己理解〟〝自己認識〟ということになるだろうが、いずれも内向的な黙考や自己陶酔を意味するものであり、自己中心的な自己探求であって、アーデルトのいう概念を正しく表しているとはいえない。

心理学者のなかには〝自己超越〟という言葉を使う人もいるが、麻薬で幻覚状態にでもなっているかのようで、やはり違う。〝冷静〟や〝客観的〟という言葉はかなり近いが、よそよそしい感じや無関心を装っているような印象を与えてしまう。自分の欲望や自分の観点から距離をおくことのできる能力のことを何と呼ぼうが、その能力があればこそ、認知面における知恵や、感情面における知恵が高まるのだ。

「知恵には思慮深さがもっとも大切だと思う」とアーデルトは言う。「思慮深くあれば、あとの2つも身につけることができる」

**知恵は行動に表れる。**思慮深いことは必要だが、それだけでは十分ではない。「振る舞いや行動は知恵の欠かせざる要素だ」とジェステ、キャサリン・バンジェン、トーマス・ミークスが書いている。「賢明な考えをもっていたとしても、賢明な行動をしないかぎり、真に知恵を体現したとはいえない」

賢明な行動をすることは、賢明な考えをもつことよりも難しい。知性のある人にとってもそうだ（おそらく知性のある人にとっては特に難しい）。心理学者のジョナサン・ハイトが、デートのときに自分が思うように行動できなかったという話を思い出してみるといい。彼のゾウ使いは進むべき道がわかっていたのに、彼のゾウは違うほうへ行ってしまった。

ハイトの隠喩を使って説明すると、賢い考え方や賢い振る舞いとは、ゾウ使いの論理的な思考とゾウの本能のどちらか一方を指しているのではない。ゾウ使いとゾウがともに最善の道を探しあててその道を協力して歩んでいくときに、いかに考え行動すべきかが肝心なのだ。知恵は行動に表れてこそ意味があるもので、私たちの振る舞いはおおいに知恵の影響を受けている。

「知恵とは知識を具現化したものなのです」とアーデルトは話してくれた。「知恵が人の有り様を決めるのです。たんなる知性としての知識には、そうした力が必ずしもあるとはいえません。ただ、知っていることが多いというだけです」

２００４年、フロリダ大学のスーザン・ブルックとウィーン大学のジュディス・グルックは、人々がどんな賢い振る舞いをしたか、どんな賢い言葉を使ったか、どんな賢い考えをしたか、その実例を集めてまとめた。多くの人が、自らの賢い行いによって、周りの人に価値のある教訓を与えることができたとか、それによって問題を解決できたと答えた。たとえば、ネガティブな状況のときでもポジティブな結果を引き出すことができたという。ただの知識や知性は、人生を変えるような影響を人に与えることはないだろう。

**知恵は自分にもいい影響を与える。** 最近の研究では、知恵はとりわけ体の健康、心の健康、幸福、生活満足度、何かを極めることや立ち直る力と関係があることがわかっている。さらに中毒になりにくかったり衝動的になりにくかったりすることとも関係があることがわかっている。どちらが原因でどちらが結果なのか、はっきりとはわかっていない。豊かな生活が知恵を高めるのか、その逆なのか。

だが、知恵をもっていると自分にもいい影響をもたらすことを示す研究結果がある。相手との関係だけでなく、個人のなかでも知恵がポジティブな影響を与えていることを示すものだ。被験者に1時間ごとに書いてもらった日記（一日のなかでどんな感情をもちどんな反応をしたかを記録してもらったもの）をグロスマンと共同研究者が調べた結果、人は賢い考え方をしているとき、とてもポジティブな感情を抱いており、ネガティブな感情はあまり抱いていないこと、感情の制御がうまくできていること、そして寛容であることがわかった。

**知恵は社会にもいい影響を与える。** 健全な社会で、知恵などなくても構わないと考えられたことがかつてあっただろうか？　もちろんない。当然だ。知恵は経済学者が〝ポジティブな社会的外部効果〟と呼ぶものである。つまり、社会に賢い人がいて賢い振る舞いをすることによって、ほかの人（賢い人もそうでない人も等しく）の生活もよくなるということだ。これは知恵の最大かつもっとも大切な特徴で、知恵にはさまざまな定義が存在するが、どの定義にも含まれ強調されている点だ。

「昔もいまも一貫して言及される知恵の要素は、公共の利益をもたらすものであることと、個人の利益を超えたものであるということだ」とディリップ・ジェステとトーマス・ミークスは書いている。

考えてみれば、さまざまな知恵に共通する利点は、社会の問題を解決するのに役立つという点にある。賢い考え方ができるということは、他者の気持ちを想像することができるということだ。知恵は抽象的で知的な質問を相手に投げかけるためではなく、対人関係のいざこざや社会問題を解決に導くために使われるものだ。

知恵は行動で示すもので、頭のなかで考えているだけのものではない。知恵を使って人間関係をよくすることで、私たちの生活がよりよくなる――すべての人間関係には相手が存在するため、少なくともひとりの他者の生活をよくすることができる。知恵は相手へのアドバイスという形で表れ、社会に広がっていく。そして人がそのアドバイスを受け入れることで、社会に広がっていく。

冷静沈着でバランスのとれた知恵は、妥協点を見出したり争い事を収めたりするのに役立つ。賢い友人が憤慨する私をなだめてくれたことは、それこそ数えきれないくらいある。私が憤慨している相手にも一理あるかもしれないよとか、相手の気持ちを間違って理解しているのかもしれないよとか、いちばん賢い方法は相手にしないことだよなどと言って、私をなだめてくれた。賢明な助言はもっとも気高くもっとも高潔なものだが、ときとして「原則を無視しても正しいことをする」勇気を与えてくれることもある、と小説家のジョセフ・ヘラーは述べている。イデオロギーと対照的だとされることもある。知恵というものの根本的な特徴はこうだと思っている。「砂漠にひとりきりでいても、真の賢者にはなれない」

あなたは賢く、才覚もあり、知的で、技量もある人かもしれない。さまざまな知恵をもちあわせているかもしれない。たとえば、救助者の気持ちになって考えてみたり、生き残るための実用的な知識をもっていたり、冷静な判断をしたりできる人かもしれない。だが、あなたひとりきりの社会であるならば、あなたは賢者になれる潜在能力がある人にすぎない。知恵とは社会の調和と周りの人のためにこそ使われるべきものであって、自分自身のために使うものではない。

哲学者のアイザイア・バーリンは１９９６年に出版された『現実の感覚――思想とその歴史の研究（*The Sense of Reality: Studies in Ideas and Their History*）』のなかで、政治の世界における知恵について印象的なことを書いている。

政治家の知恵といえば、知識ではなく政治スキルのことだと理解されている――どんなときにどんなことをするのが適切かを見極めるための知識だ。その状況で何ができて何ができないのか、どんな状況のときにどの手段をどこまで用いるとうまくいくのかという知識である。なぜそれを知っているのか、何を知っているのかは、必ずしも説明できるとはかぎらない。

知恵というのは言葉で言い表しにくいものだが、たしかに社会で役立つものであるということをバーリンはよくとらえている。

アメリカ史上、もっとも困難な社会問題に直面した政治家もそうだった。１９６２年、39歳のミシシッピ州の税務署員が、ケンタッキー州ダンビルにあるセンターカレッジで演説をした。本人の弁によると〝現実的な政治家を弁護するための〟演説だったという。彼の名はウィリアム・F・ウィンター。彼は１９８０年代初頭に、ミシシッピでもっとも尊敬に値する知事となる。その後はミシシッピ大学で人種問題を解決するための機関を設立し、私がこの章を執筆しているいまでも、現役として活動している。

１９６２年当時、彼はまだ一介の税務署員にすぎなかったが、アメリカ最大の難問であり激しい対立の続いていた、いわゆる人種問題をなんとか解決したいと考えていた。

「彼は穏健派だったが、当時は〝穏健派〟という言葉が中傷や悪口として使われていた時代だ」と作家でもある社会哲学者のデイヴィッド・ブランケンホーンは指摘している。ブランケンホーンは1950年代と1960年代にミシシッピで育ったので、不穏な時代をつぶさに見てきた。彼は2016年にザ・アメリカン・インタレスト誌にウィンターのことを書いた記事を寄稿し、1962年という年は、人種差別を容認する政治に憤慨した南部のポピュリストたちが、妥協は降伏することと同じであり、最後まで闘って闘って闘い抜く、と誓った年であると記している（こうした政治姿勢はいまでも続いている）。だが、ウィンターは少し違う見解をもっていた。

「妥協することこそ、大きな勇気が必要なのです」と、彼はセンターカレッジで聴衆に向かって述べた。「私の知り合いの勇敢な政治家たちは理性をもって粛々と職務を全うしています。反対はもちろんあるでしょうが、なんとしても合意を得ようと、大きなプレッシャーにさらされながら仕事をしています。大きなことばかり言う演説者は、彼らを裏切り者だと言うでしょう。いや、もっとひどい言葉で罵るかもしれません」

現実的な政治家も好んで妥協をするわけではない、と彼は述べた。誰でもそうだろうが、彼らも自分たちの考えを押し通したいと思っているはずだ。だが、彼らはどこで妥協すべきかを知っているし、どうすれば妥協点を見いだせるかも知っている、と彼は言う。

いまのアメリカがあるのは、現実的な政治家が不確かな政治の世界をうまく調整してきたおかげなのです。彼に確信がないとすれば、それは……確信がつねに確実なものとならないことを知っているからです。彼が知的でないとすれば、それはすべての答えが本に書いてあるわけではないと知っているからです。彼が完璧な人間でないとすれば、それは彼が扱っている人間が完璧ではないからです。

分断された国を多様な人が集う国にするために必要なものは何であるかをウィンターは述べている。知恵が必要だと述べているのだ。

ここでもう一度、トマス・コールの描いた川、人生という川の流れのことを思い出してみよう。砂時計の砂が下に落ちていくにつれ、川筋は曲がりくねり、流れは急になっていく。他者からみれば状況はいいにもかかわらず（よく見えるときは特に）、川底の逆流によって旅人は中年期の抑うつや悲観論に陥る。そのうちに流れが変わり、人生の後半の数十年間は意外にも幸福感に満ちた日々が訪れる。

コールの川の意味するところを知っている私たちは、こうたずねたくなる。川の順流や逆流には、何か目的があるのだろうか——個人にとって、あるいは社会にとって。年齢が上がるにつれて逆流がなくなるのは何か理由があるのだろうか？

人間は社会的な生き物であり、集団で生活する。集団のなかで共存するように進化し、社会的な本能に身を任せ、自分の遺伝子が子や孫やその先にまで受け継がれて繁栄していく確率を最大にしようとする。若い時期に野心をもって他者と戦ったり競争したりするのも、成年の初期により早く高みに到達しようとし、地位を得て社会的、物理的、性的な特権を得ようとするのもそのためだ。

出産と子育てが終わると違う役割に転じるのもそれが理由だ。社会のためになることをしたり、自分の属するコミュニティや集団が栄えるための行動をしたり、一族のなかで人生の苦難に直面している者を導いたりする役割に変わっていく。役割が変わっていくときには厄介で、厳しく、こちらでもなければあちらでもないという、とても混乱した過渡期がある。

もし年齢が上がるにつれて知恵が増していくというのなら、ハピネス・カーブは社会的にも生物学的にも有意義で心強いものだということができるだろう。ハピネス・カーブは、私たちが利己的から利他的になるため、そして、より満足のいく人生観を得るために越えなければならないものだからだ。

だがこれは、もし年齢とともに知恵が増していくのなら、という話だ。年齢が知恵を豊かにする要因であること、あるいは年齢と知恵はともに増していくことを、現代の科学なら証明できるといいたいところだ。だが、いままでの研究では、はっきりとした結果は出ていない。しかし、年齢が上がるにつれて賢い考え方ができるようになる、とする研究結果ならある。

イゴール・グロスマンと4人の同僚が２０１３年に知恵と知識について行った研究で、そう結論づけている。だが、２０１４年に発表された別の論文では、グロスマンとイーサン・クロスが高齢者と若者がどれほど賢い考え方ができるかを調べたところ、有意な差はなかったことが述べられている。２０１２年には、グロスマンと６人の同僚が、対人関係のトラブルに際してどんな賢い考え方ができるかをアメリカと日本で調べた結果が、サイコロジカル・サイエンス誌に掲載された。

それによると、アメリカ人の場合は年齢が上がるほど賢い考え方ができるようになることがわかったが、日本人の場合はそうでないことがわかった。同じ結果が、アーデルト、ジェステらの研究でもみられた。

こうしたエビデンスをみてみると、年齢が上がれば自動的にあるいは必然的に人間がより賢くなるわけではないようだ。だが、これだけは言える。ほかの要素が変わらなければ、年齢が上がることでより賢くなりやすいということだ。つまり、年齢は私たちに、賢くなるために必要な、よりよい装置を授けてくれるということだ。

よりバランスのとれた知恵を身につけ心の平静が得られる、足るを知り後悔をあまりしなくなる、物事に熟達し実用的な経験を積む、自分の心の内や外の世界で起こる矛盾や対立を受け入れることができる、社会的なつながりを重視するようになり、インタビューをしたポールが言っていたように〝他者を認める〟ことができるようになる。

最近の研究では、いま挙げたような変化は年齢と知恵に関係があるとみられている。ポールの隠喩を使って言えば、こうした変化は知恵の道具だ。この章の初めや本書のほかの章に書いたさまざまな話からも、そのことがうかがえる。

たとえば、アンドリューは〝輝かしい賞〟よりも友人、家族、信仰のほうが大切だと考えるようになった。ポールは完璧を求めて出世するのをやめて、アメリカ先住民の居留区で働くことに意義を見出した。デイヴィッドは起業するためのエネルギーを、他者がプログラムを立ち上げる手助けをすることに向けるようになった。クリスティーンは世界を救うことよりも鳥を救うことを考えている。

彼らの話、そしてここには書ききれないけれども、ほかの多くの人の話を聞けば、知恵が年齢とともに増していると感じることができる。心はより平静になり、実用的な問題解決の方法を考えることができるようになり、自分自身を見つめ直し、他者を大切にするように変わっていることがわかる。

これまで、50代とその後の人生に満足しているという人の話を多く聞いてきた。自分から〝知恵〟という言葉をつかった人はほとんどいなかった。今日では、あまり日常的に使われることのない言葉だ。それでも、知恵という概念に近いものを口にした人は、知恵の恩恵をたしかに感じていることだろう。

チップに話を聞いたときのことを思い出す。彼は60歳の退役軍人で、いまはパートタイムでリムジンの運転手をしている。彼はいまの生活満足度に8をつけた。これまでの人生のなかでもっとも高い評価だ。理由をたずねると、若いころにはなかった忍耐力がついたからだそうだ。そして、他者のよしあしを判断することがなくなったこと、物理的なことに重きをおかなくなったこと（「俺は百万長者でも千万長者でもないが、そんなことは不幸でもなんでもない。金はトラブルの元だからな」）も理由のひとつだという。おそらく最大の理由は、三度の大きな失敗をしたことで、かつては日常茶飯事だった争い事を避けることを学んだことだ、と彼は言う。

「若いころは、ほんのちょっとしたことでカッとなったものだ。いまは、誰かと言い争いになる前に、どうしたら事がうまく収まるかを考える人間になった。妥協点はないかと考えるんだ。もしなければ、そのことはちょっと脇に置いておいて、後で考えることにするのさ」。じつに賢明だ！

もちろん、若い人が世界を救おうと考えていたり、自己中心的な野心をもっていたりするのを嘆く必要はない。デイヴィッドも自分が成功したからこそ、若い起業家たちが起業するときにアドバイスができるのである。ハピネス・カーブの下降線にも上昇線にも、それぞれ目的がある。

その目的は、私たちに幸せ（あるいは不幸せ）の感情を抱かせることではない。若いころは川底の流れにのって、壮大な目標に向かって休むことなく邁進したり出世競争をしたりするものだ。その後、より現実的になって満足感も覚えるようになり、心の平静と社会性を得ることができるようになる。そして、その狭間には、たいてい不愉快でどっちつかずの時期がある。私たちの感情は、あくまでその時々に応じて抱くものにすぎず、そうした感情を抱かせることがハピネス・カーブの目的ではない。

この解釈が正しければ、ハピネス・カーブは私たちが社会に適応するためにあるのであり、社会のなかでいままでとは異なる役割を担えるように、感情というソフトをゆっくりと再スタートするためにあるということになる。ハピネス・カーブがあるからこそ、人間という種族が生き残り繁栄してこれたのである。

トマス・コールは人生という旅を、内面的で、孤独な、人や社会との交わりのないものとして描いた。彼の作品は歳を重ねていく心理状態を主観的な視点で描いたものだ。心理学が確立される何十年も前の1830年代、1840年代の人としては大変な偉業だ。それでも、私はコールの絵を見てつい皮肉を言いたくなる。『人生の航路』は人間の内面の旅路を主観的な視点で描いたものだろうが、私の見解が正しければ、川筋や堤防が曲がりくねっているのは、コールの絵には描かれていないもののせいである。社会的な交わりによって曲がりくねり、また、未来永劫、人間の文化や遺伝子（あるいはその両方）が生き残っていくために、曲がりくねっているのである。

その点を考慮すると、コールの描いた孤独な航路も、結局は社会的な旅だということができる。人間はそれぞれひとりで人生という旅路を歩んではいるが、誰もがみな、人間によってつくりあげられた旅路を歩んでいるのだ。

ハピネス・カーブによって、人は自分の近くにいる人をより大切にするようになることを理解すれば、第5章で述べたパラドックスについても理解することができるだろう。ハピネス・カーブが下降する時期やもっとも低い時期は、楽観主義から脱却していく時期である。心理学者のいう抑うつリアリズムへ向かって、長い期間をかけて少しずつ調整されていく。将来の幸福に対する期待感は減少する。感情面でも、多くを望むのをやめ安定を望むようになる。そして安定は、満足感を生む。

安定という言葉は適切だろうか？　安定とはなんとも退屈な響きがする。ちっぽけで刺激の少ないものに満足することを不承不承ながら受け入れることのように聞こえる。たとえば、若いころの夢を諦めるとか、若いころの希望を捨てるとか。これはまさに、抑うつリアリズムだ。

だが、すべての人が抑うつ状態になったり、希望を失ったり、夢を諦めたりするわけではない。まったくそうではない。インタビューした人のなかでちょうど過渡期を通り抜けた人からは、失望や諦めといった言葉はほとんど聞かれなかった。再スタート後の人生はより豊かで、失ったものを補って余りある、と彼らは言った。

これは前の章で述べた心理的な変化、つまりポジティヴィティ効果や社会情動的選択性理論などが要因のひとつだろう。また、アリストテレスがｆＭＲＩやビッグ・データなど存在しなかった時代に信じていたことも、ひとつの要因だろう。すなわち「知恵は私たちを豊かにする」ということだ。知恵は知識であるのみならず、私たちの価値観を変え、それによって私たちのあり方やものの見方をも変化させる。

ジェリー・ハーシュと会話を交わしたとき、彼は70代前半で（彼は実名で書くことを了承してくれた）、その変化について示唆に富む話をしてくれた。彼は私の故郷であるアリゾナ州フェニックスの慈善団体〈ロードスター・ファウンデーション〉の会長である。最初に就いた仕事はショッピングセンターの建設にかかわる仕事で、大金を稼いだ。彼は自分の人生はすばらしいと思っていた――48歳のときに結婚が破綻するまでは。離婚した後はうつ病になり、自殺未遂を起こして入院し、人生の厳しさに直面した。

「自分の墓碑銘が目に浮かんだよ。『ここにハーシュ眠る。４２６店舗だったＫマートは彼のおかげで６９３店舗にまで増えた』。いったい私はこんなことで名を残したいのだろうか？　いや違う、と私は思った。ほかに何かあるはずだ、と」

そこで彼は大学に入り直し、精神性について学んだ。「私の人生を意味のあるものにするにはどうすればいいのかを、つねに考えていた」という。そうして慈善活動に行きついた。

「誰かの助けになれば、自分の人生がもっと意義深いものになるだろうと思ったんだ。他人の手助けをすればするほど、私は満足感を得るようになった。だから、いまでもその活動を続けているというわけだ」

生活満足度に大きな変化があった、と話してくれた。キャントリルの梯子質問で答えるような満足度の数値が上がっただけではなく、もっと本質的なもの、つまり「クオリティ・オブ・ライフ（生活の質）」が変わったのだという。彼は危機を経たことで変わることができた。「人のために何かをすることで深い幸福と満足が得られるとは思ってもみなかったよ。これほど深い幸福と満足感があるとは知らなかった。私という人間を覆っていた被膜が一枚一枚はがれていくような感覚だった」

彼が口にした〝深い〟という言葉は、幸福と年齢の関係に関する研究をはじめてから最初に行ったインタビューのときにも耳にした。そのとき話を聞いていた相手はカーラという友人で、当時54歳だった彼女はハピネス・カーブが上昇しはじめたころだった。そのころ、カーラの生活満足度は以前より高くなっていた。

50代になって、彼女はいままでより友人との関係を楽しむようになったと言っていた。仕事も以前より手際よくこなせるようになったという。地域の市民団体でも働き、教会でのボランティア活動も始めたそうだ。人生の深みを新たに発見したと話してくれた。それは、これまでの二十数年に培ってきた自分という人間には見えなかった人生の側面だったそうだ。「それまでは、いまここにあることよりも、つねに先を見て奮闘していたわ。いまでは、いまここにあることに感謝できるようになった。毎日、やっていることは変わらないけれど、気持ちのうえでは以前とまったく違うわ」

まさにそのとおりだろう。同じ生活をしていても気持ちが違う。それはもちろん、以前と同じ生活ではないということだ。川は周りの景色だけでなく、旅人そのものを変えるのだ。川が曲がった先は、非現実的な楽観主義という覆いもないし、たいして楽しくなさそうに見えるかもしれないが、むなしいものや窮屈なものには見えない。もっと豊かで深みのある日々であるように見える。それこそが、知恵の始まりである。

第8章
# いま自分にできることは何だろう
## U字曲線をのりきるためのアドバイス

本書の冒頭に登場したカールに初めてインタビューをしてから1年が経ったころ、彼とランチを食べに行った。そのとき彼は46歳になっていたが、事態は少しもよくなっていなかった。彼の話を聞きながら、私はいっさいメモをとらなかった。ただ彼の話に耳を傾けていた。本書のためのインタビューは心の奥底の話を聞かせてもらうものだ。それには強い信頼関係が必要となる。初めてカールと話したとき、彼は奥さんにも話せないような気持ちを私に話してくれた。それ以来、私たちの間には強い信頼関係ができ、友情が生まれた。私は彼の人生を知りたいと思ったし、彼は私の本に興味をもってくれた。

私は彼にハピネス・カーブや加齢のパラドックスのことを説明した。それからヘネス・シュワントのグラフを見せて、自分が期待していたような生活満足度が得られなくて失望することが続くと、中年期には将来の生活満足度に対して楽観的な見方ができなくなり、その結果ネガティブな思考の悪循環に陥るものだという話もした。

そのうえで、統計的にみると、彼はいままさにカーブの谷底にいるのだと指摘した。川底の逆流のせいで何年も満足感を得られないでいること、そして、いまはその流れがけっして変わることはないと思いこんでしまっているだけなのだ、と。流れが変わることはないだろうと思っていても、必ずその流れは変わるものだと、数多くの研究からわかっているということも伝えた。

こうしたハピネス・カーブについての情報は、スランプに陥って悔しい思いをしている人の助けにいくらかでもなるだろうか。それを知ることで、この先の人生に対して安堵の気持ちと希望がもてるだろうか。それとも、これはただ本に書いてあるだけの理論にすぎないのだろうか。ネガティブ思考の悪循環を示したヘネス・シュワントのグラフをメールでカールに送ると、彼からすぐに返信がきた。

「これはすごいね」。そしてこう続いた。「期待がもてなくなる＝絶望、という説は、僕にもあてはまるよ。結婚や仕事についての僕の期待が現実に満たされることはなかったからね。失望することが重なると、たしかにそのうちこう言いたくなるだろうな。『失敗だ。もう終わりだ。僕はいったい何をやってるんだ？』」

自分の幻想、夢、想像がかなわなかったとき、彼は落胆し、現実を否定し、憤り、絶望し、闘争か逃走反応*が起こったという。そんなとき、人は強引に押し進むのか、それとも仕事や人間関係や家庭から逃げ出すのだろうか。その気持ちを配偶者に話せるだろうか。「これから子どもにご飯を食べさせて、その後マティーニでも飲もうと思っている。アルコールは不安を和らげてくれるからね」と、彼からのメールには書かれていた。

ううむ。それはあまりいい方法とはいえない。

そこで、私は彼を誘って食事に出かけることにしたのだった。タイ料理を食べながら、カールは、仕事から帰ってくると罠にかけられているような気分になる日がほとんどだ、と話してくれた。そして相変わらず、とても恵まれている環境にいるのに失望感を抱いている自分自身に、怒りと失望を感じていた。ハピネス・カーブの話は、彼の〝ゾウ使い〟をいくらかなだめたようだ、つまり頭ではハピネス・カーブの論理は理解したようだった。だが、〝ゾウ〟のほうは1年前と変わらず、まだ混乱して、迷って、恐がっているようだった。あと数年で気分が変わるとわかったところで、何の慰めにもならないようだ。

カールはこう思っていた。いい、いま、自分にできることは何もないのだろうか？

60代前半のジョシュア・コールマンも、その年代のたいていの人と同じようにハピネス・カーブの谷底を抜けてきたわけだが、その彼がこんなことを言っている。

＊　恐怖やストレスを感じたときに闘うか逃げるかの二者択一を自分に迫ること。

「いまは状況がまるっきり変わったよ」。彼は40代のときに満たされない気持ちを抱えていた。「いまは、気に入らないものに対しても落ち着いて対応できるようになったし、自分の行動のその先についても考えられるようになった」

コールマンはいつになく饒舌に、自分が気づいたことを話してくれた。彼はサンフランシスコで精神科の病院を開業しており、個人や家族を対象に診察を行っている。1週間に1、2人は中年期のトラブルを抱えた患者がやって来るという。彼はそのトラブルを中年の危機とはとらえておらず、私が40代のころに抱いていたような不安感、つまり小さな失望感が積み重なって出てきた症状であって、治療が必要なうつ病や不安症とは異なると考えている。中年期のスランプが深刻なうつ病を引き起こした症例をみたことはない、と言っていた。

「40代になるまでに、達成したいと思っていたことのほとんどすべてを達成してしまっている人が多い」と彼は言う。「するとこう思う。『この先はどうすればいい？　これで終わり？』と。40代は、仕事でも家庭でもまだまだエネルギーがあり余っている。それなのに、もうほとんどのものは手に入れてしまっている。すると、自分と他人を比べるようになる。セラピストをしていてよく目にするのは、つねに自分の人間関係や状況を他人と比べている人だ。そんな人も、60代や70代になると、自分のことを受け入れられるようだ」

ここで、ヘドニック・トレッドミル現象を思い出してみよう。私たちは成功したり業績を上げたり出世したりすれば満足感が得られると思っている。だが、いつまでたってもゴールは遠い。なぜなら、周りにいるライバルも同じように前に進んでおり、自分ではない誰かがつねに先頭を走っているからだ。若いころは競争心を捨てることもできないし、高齢者のように周りの人のことを大切にしようという心境にもまだ達することができない。

では、いまできることは何だろう？　ひとつの答えは、いろいろなことをやってみることだ。自分の気分がよくなるようなよい行いや態度は、中年期の鬱々とした感情を抱えた時期にも役に立つだろう。インターネットで〝中年の危機〟と検索すると出てくる、さまざまなアドバイスが気持ちを和らげてくれそうに思えるのもそのためだ。

アンドルー・ワイル博士のウェブサイトに掲載されている〝中年期に起こる変化〟というページから、典型的なものを挙げてみよう（DrWeil.com）。

自分の感情を見つめて、それを受け入れること。人生について悩む自分のことを認めてあげること。パートナーや配偶者との関係を深めるための時間をもつこと。新しい目標をもつこと。新しい趣味を見つけること。旅に出ること。ボランティア活動をすること。子どもとの時間を楽しむこと。自分の心の健康に気を配ること。必要であれば、グループセラピーに参加したりセラピストに相談したりすること。運動するのも、活動的で自立した生活を送るために欠かせない健康な体と良好な体調を維持するのに役立つだろう。

ワイル博士のアドバイスはたしかによさそうだが、どれも一般的だし効果のほどはわからない。AgCareers.comというウェブサイトに書かれた、中年期の転職についてのアドバイスも似たようなものだ（そして典型的でもある）。

あなたの強みは何か、興味のあることは何か、よく考えること。仕事がうまくいけば幸せになれるわけではないと認識すること。自分の望む生活スタイルを手に入れるための資金計画をたてること。自分のキャリアについて、現実的で達成可能な目標を設定すること。仕事上の人脈はよく見極めて広げていくこと。仕事で成功し続けるために、一生学ぶ姿勢をなくさないこと。

などなど。中年期の人に向けた膨大な自己啓発の言葉をここで挙げるのは愚行だろうから、それはしないことにする。そのかわりに、ぐっと焦点を絞った話をしよう。

コールマンやそのほかの心理学者と話をするなかで、また数多くの人にインタビューをするなかで、さらに私自身がハピネス・カーブのどん底にいたときの経験から、私は中年期のスランプから自力で抜け出す力を得る方法やアドバイスを見出した。万能薬ではないが、どれもしっかりとした科学に基づいたもので、たしかな実績もあり、私たちをどん底に陥れる悪循環を断ち切るのに役立つ。

## ノーマライゼーション（正常化）

これはカウンセリングで使われる言葉で、自分がおかれている状況は特に変わったものでも不安を抱くようなものでも病的なものでもない、と相手に気づかせることを意味する。心理学者は中年期の満たされない感情を訴えてやってくる患者を診るとき、特にそれを意識するという。

「ノーマライゼーションをよく使います。それはあなたの欠点ではない、あなたが本質的に劣っているとか、ふさわしくないということではない、という声掛けをするのです」とジョシュア・コールマンは話してくれた。「あなたがそういう感情を抱くのにはそれなりの理由があってのことで、あなたに問題があるわけではない。発達面からいえば、それは当然起こりうるもので、予測できるものだ。それは一時的なものだと研究でわかっている」という声掛けをするそうだ。

カールが憂鬱だった40代のときのことを〝恐い〟と表現したことを考えてみるとわかる。「僕は気でも狂ったのだろうか？」と彼は思った。第5章で登場したサイモンも40代の半ばに、この先自分の心が満たされることはあるだろうか、満たされるという感覚をもてなくなってしまったのだろうか、と思いはじめた。

「精神的にどこかおかしくなってしまったのかもしれない」と彼は悩む。カールとサイモンが抱いている不安感は、彼らの理性的な部分、つまり〝ゾウ使い〟からすると、まったく理にかなっていないものだ。だからゾウ使いはその感情に「異常」というラベルを貼りつけてしまったのだ。彼らの抱いていた不安感に効く薬はないし、ただちに治す治療法もない——なす術はまったくないのだろうか？　私自身がどん底にいたとき、私は自分のことを低く評価していた。恩知らずで不満ばかり述べている最低なやつだ、と。これがいまの私なのか？　私はこんなやつに成り下がってしまったのか？

ノーマライゼーションにはいくつかの効果がある、と心理学者は言う。中年期に不安感を抱くのはけっして特別なことではないのだ、と患者が理解して納得してくれれば、そういう感情を抱くことに対する恥ずかしさも減り、孤独感も減る。イーストテネシー州立大学でカウンセリング・センター長をしている心理学者ダン・L・ジョーンズは、患者らが経験しているのは過渡期であって危機ではない、と強調しているという。大人が成熟していくために必要な時期であって、不愉快なものだが極めて普通のことである、と話しているそうだ。

不満足感が蓄積していって悪循環に陥るのを防ぐために、中年期のスランプは異常なものではなく普通のことなのだ、という声掛けをするのは効果的だ。失望感や不満足感を抱えた人に、そういう感情を抱くことは極めて普通のことなのだと言ってくれる人が誰もいなければ、彼らは自分が失望感や不満足感を覚えていることに対して、さらに失望と不満を抱えてしまう。ネガティブなフィードバックがあると、周りの状況を客観的に見られなくなる。実際、他者から見て成功している人ほど、自分の成功に感謝することができない自分に失望する。もっと感謝の気持ちをもちましょう、と言われたりする。自分の幸せを数えてみましょう、楽しいことを思い浮かべましょう、感謝の気持ちを手紙に書いて送ってみましょう、と。たしかにどれも、いいアドバイスかもしれない。カウンセリング的なアドバイスだし、感謝の心をもつことは大切だ。

だが、これまで述べてきたように、幸せを数え上げてもさらに追いつめられるだけだ。客観的にみた自分の状況がどれほど恵まれているかを再確認すればするほど、そのことに感謝できない自分は道徳的に欠陥があるか精神的な病気ではないかと思ってしまうものだ。「自分の抱えている不満は〝贅沢な悩み〟だといって、私に謝る患者は珍しくない。そう思うことで、さらに彼らの苦悩は大きくなっている」とコールマンは言う。私の場合、自分の幸せを数えてみたことで気分はよくなったが、それと同じくらい、自分は恩知らずな人間だと感じて困惑したりイライラしたりした。ヘネス・シュワントの言葉を借りれば、幸せを数えるのは満足度の曲線を一時的に上向かせるかもしれないが、同時に期待の高さを表す曲線をも押し上げるため、自己否定につながってしまうのだ。

そうならないためには、期待をうまくコントロールすることが必要だとシュワントは言う。楽観的な予想は当たらないのが普通なので、失望するのは当然のことなのだ、と気づくのが大切だという。つまり、失望することを予測しておくといいということだ。

実際、楽観的でない青年期など、憂鬱で仕方ないだろう。失望するのは当然のことなのだから、傍からはどんなに贅沢な悩みに見えようと、失望感を覚えるのは性格上の欠点でもなければ、病気でもないし、後ろめたい秘密でもない。再適応しようとしているだけで極めて普通のことなのだ。失望するようなことがあっても、そんな自分に失望する必要はない！

「生活満足度のグラフはU字曲線を描くものであること、そして期待していたとおりの結果が得られないのはごく普通のことだとわかっていれば、人生を悲観することもなくなるだろう」とシュワントは言う。彼はノーマライゼーションには二重の効果があると信じている。「トンネルの先には光があると告げるだけでも、相手にとっては救いになる。さらにその言葉は、この悪循環はいつか終わるということも同時に相手に伝えている。これは成熟過程で起こるごく普通のことなのだと知れば、それに思い悩むことも減るはずだ」

50歳になるかならないかのころ、私を覆っていた不満という霧が晴れはじめたのだが、それは物事がうまく行きはじめたからではなく、私自身の何かが変わったからだと感じていた。ちょうどそのころハピネス・カーブの存在を知り、それまでは得体の知れない忌々しいものとしか思っていなかったスランプは、誰にでも起こるごく普通のことなのだと考えるようになったことで、自分は変われたのだと思っている。この本を書いたのは、ハピネス・カーブがU字曲線を描くのはごく普通のことで、考えようによってはとても有意義なものであること――そして正面攻撃をしかける（「こんな感情をもってはいけない！」などと思うこと）のはかえって逆効果であること――を、多くの方に知ってほしかったからだ。

幸せを数えてみるといい。もし幸せを数えても失望感を覚えなければ、あなたには何も問題がない。U字曲線の谷底にいるときは、感謝の心をもつのも難しいはずだ。そんなときは、少しゆったり構えてみるといい。

## 自己批判に耳を傾けない

すでに述べたように、私は40代のころ、お前は人生を無駄にしている、ほとんど何も成し遂げていないじゃないか、同僚に後れをとっているぞ、という自分の内なる声に悩まされていた。これは特に珍しいことではない。

「悩みの最大の要因は、他人と自分を比較することだ」とコールマンは言う。「こうした自虐的な思考はステータス不安からくる。自分は十分な成功を収めたか？　失敗者か？　それとも成功者か？　とつねに不安になってしまうのだ」

これまでみてきたように、さらに高いステータスを求めて競争することは、いくら人間の本能とはいえ、幸せという観点からすれば自滅的なことである。だから、第2章で紹介したように、経済学者のリチャード・レイヤードはこうアドバイスしたのだ。

「幸福になるための秘訣は、自分よりも成功している人と自分を比べないことだ。上にいる人ではなく、つねに自分より下にいる人と比べること。上を見てはいけない」

だが、これはなかなか難しい。人間というのは、特に若いころは、もっともっと多くを求め、志はさらに高くなっていくものだ。若いときは自分よりも上にいる人と比べることで野心が芽生えてワクワクするような計画をたてたり、楽観的になって将来の成功や得られるであろう満足感を思い描いたりする。

もちろん20年後には、若かりしころの野心や夢はかなわず、成功の階段の上部を見上げるはめになるわけだが、上まで行こうにも、もはや時間が足りないことに気づく。私もつねに自分よりも上にいる人と比べていたが、特に厄介だったのは、自分の価値観とは合わない人とまで、節操なく比べてしまうことだった。テレビに出たいとか小説を書きたいとか思ったことなどないのに、テレビのレポーターや小説家と自分を比べたりしていた。

私の場合、50代になる前に、シンプルだが驚くほど効果のある認知療法を行うことによって安心感が増すことがわかってから、自己批判の声が次第に消えていった（認知療法とは、みじめな気持ちになったり気分が落ちこんだりするのは特定の考え方をするからだと知り、その考え方をやめ、より正しい建設的な思考をすることを教えてくれるものである）。

私は自分を誰かと比較しそうになると、ジャンプをして気をそらすことで、何かほかの前向きなことを考えられるようにしていた。そのうち、比較しそうになると半自動的に「比べない！」と呪文を唱えるようになった（「ブレントは僕よりもっと……」「比べない！」「僕は自分の人生を無駄にしている。僕は……」「比べない！」という具合だ)。自分に向かって「比べない！」と叫ぶのが完璧な解決法というわけではないが、ネガティブな思考の悪循環を断ち切ることができるのと、自分の理性はまだ働いていると感じることができるという点で、二重の効果がある。

私の場合も、ほかの多くの人の場合もそうだと思うが、もっとも厄介な上方比較は自分自身との比較、あるいは理想とする、はるか彼方にいる自分との比較だろう。どうして自分はやるべきところまでできないんだろう？　今回の記事は数カ月前に書いた記事に劣るじゃないか。どうして昨日、夫にもっといい言葉をかけてあげられなかったんだろう？　人は毎日、何かしら行き届かないことがあったり間違いを起こしたりするわけだから、自己批判の種には事欠かないし、自己批判もある程度までなら健全なことだ。

だが、40代のころの私は、自己批判だけが一人歩きをしていたような状態だった。そこで、私は自分でできる認知療法を見つけた。自分の中であら探しが始まったなと感じるたびに、こう思うようにしたのだ。「今日の僕は完璧でなくていい」と。自分や自分の人生の至らない点を考えはじめたときには、思考を中断してはっきりと自分自身にそう言うことで、容赦なく自分を責め立てる内なる声を止め、その毒牙を抜くことができる。

自己遮断という私なりの方法は私にとっては効果的だったが、それはその言葉自体にセラピー的な力があるからではなく、すぐに簡単に唱えることができるからだ。思考を遮断するという私なりの認知療法があなたにも効果があるかどうかはわからない。自分で試してみて自分なりの方法を見つけることをお勧めする。

だが、ぜひ知っておいてもらいたいことは、思考を遮断するという認知療法は驚くほど効果があるということだ。自己批判の声をうまくコントロールすることですべてが解決するわけではないが、役には立つ。

## いまのことだけを考える

ハピネス・カーブの谷底は、時間が仕掛ける罠だ。過去の生活満足度は期待どおりではなかったし、これからの生活満足度もますます低下していきそうだ、と思ってしまうと、過去への失望と将来への悲観的な見方から、いまの充足感を得ることもできなくなる。

〝マインドフルネス〟――あるいは〝マインドフルであること〟――とは、いっさいの評価をせずに、いまのことだけを考えることを指し、たとえば、つねに先のことを期待したり過去のことを再評価したりしないことを意味する。

1971年のラム・ダスのベストセラー『ビー・ヒア・ナウ――心の扉をひらく本』(平河出版社)に、その概念が要約されている。マインドフルな状態でいるために古くから広く実践されてきた瞑想とは、雑念を捨てて、つねに聞こえてくる自分の内側の声を抑えるために、呼吸など、より具体的でいま目の前にあることに意識を向けることである。瞑想はここ何十年で科学的な面からも研究されるようになり、いまでは多くの人が行っている。瞑想することで不安感が減りポジティブな感情が増すという、科学的なエビデンスも数多い。企業や軍隊でも取り入れられている。

「瞑想の目的は、習慣的な思考プロセスを変えることにある。それによってゾウをコントロールすることができるようになる」と心理学者のジョナサン・ハイトが書いている。「毎日瞑想する生活を数カ月続ければ、恐怖感、ネガティブな思考、欲深い考えを大幅に減らすことができ、感情のもち方が変わってくる」という。ヨガ、太極拳、そのほかの〝いまここ〟に集中する訓練でも同じ効果がある。たとえば、運動することでもその効果が期待できる。

私はどん底にいるとき、瞑想やヨガを試したことはなかった。そのかわりに、運動をしたり、暗い部屋で音楽を聞いたりしていた。何度も失敗を繰り返しながら、私は自分でできる認知療法をもうひとつ見つけた。自分の意識がいまのことから過去や未来に向きそうになると、その意識をいまここにあるものに向けるようにしたのだ。

たとえば、隣で眠る夫の呼吸に意識を向けたりしていた。私がインタビューをした人のなかにも、中年期のスランプを瞑想や各種のアプリ、頭の体操などでマインドフルな状態にすることでのりきった人たちがいた。彼らもまた、回復のスピードは緩やかだったが、成果は確実に表れたようだ。

コールマンによれば、マインドフルネスは、脳のなかで恐怖や不安を感じる部分である扁桃体《へんとうたい》を落ち着かせるのに効果的だという。つらい気持ちや解決できそうにない状況をきちんと受けとめて、それに対処できるようになる。

「いつもうまくいくとはかぎらないが、たいていの場合は、落ち着いて状況を受けとめて寛容になれば、その状況に対処できるようになる」と彼は言う。マインドフルな状態にあれば、ネガティブなフィードバックを遮断して抑制でき、失望感に苛まれることが少なくなるだろう。だから……いま、ここに集中しよう。

## 人に話してみる

つらい時期をひとりでのりきるのは、社会的な生き物であるホモ・サピエンスにとってはいいことではない。たとえば、がんと診断されたり、リストラされたり、とてもショックな出来事があったりしたとき、もっとも身近にいる最愛な人にしか話したくないこともあるにせよ、人間は本能的に誰かに助けを求めるものだ。

中年期のフィードバックの罠の最大の問題点は、人間が社会的な生き物であるという点が逆効果を生んでしまうということだ。客観的な状況を考えれば、不幸せだと感じるのはおかしい、と思ってしまう。すると、自分に性格上の欠点があるのではないかと思いこみ、不幸せだと思っていることを恥じ、自分の気持ちを誰にも話せなくなってしまう。

「人は自分にできることとすべてを成し遂げられないと、自分には欠陥があると感じてしまう」とコールマンは言う。「恥ずかしいと思ってしまうと、引きこもって心を開かなくなる」

さらに、自分のステータスに不満があることも、ハピネス・カーブに大きな影響を与える。現代では、傷つきやすい人、失敗した人と見られることが、もっともステータスを貶めるものだ。コールマンによると、中年期の不満足感で悩んでいる人にとって「その悩みを他人にさらすことは当然、自分のステータスを下げてしまうことにも等しい。セラピーやヒーリングに足を踏み入れることは、ステータス不安を増すことにもなる」

カールの話を思い出してみてほしい。彼は大事になるのを恐れて、奥さんに自分の不調について話すことができなかった。彼がそのことを話した友人は、ひとりだけだ（私を数に入れるとすると、ふたりだ）。私がインタビューをした40代のスターリンは、奥さんに自分の不調に関する相談したそうだが、奥さんがパニックに陥ってしまって以来話さなくなったという。「こんなこと、普通は人に話したりしませんよね」とスターリンは言った。「親友にも話そうとは思いません」

第5章で紹介したアンソニーに、何人くらいの人に相談したか、とたずねたところ、「そうだな、誰にも話さなかったと思う」という答えが返ってきた。奥さんは気づいていたようだが、それについてふたりで話したことはなかったという。

第7章で紹介したデイヴィッドは、ハピネス・カーブのどん底にいるときにスタートアップを率いていたので、動揺していたり元気がなかったりするところを周囲に見せてはいけないと思っていたそうだ。心理学者によると、男性よりも女性のほうが躊躇せずに自分の弱みをさらけ出しやすく、中年期の不満についても人に語ることができるというが、そうであったとしても、かつては男性の牙城だった地位にもっと多くの女性が進出するようになれば、女性も男性と同じように、自分の弱みを話しづらくなるかもしれない。

これまでみてきたように、ハピネス・カーブの谷底に陥るのは、けっして小さな問題ではない。万能薬ではないにしろ、ひとりで抱え込まないことこそが、心の安定を取り戻し、間違いをおかさずに済む方法だ。助けを求める先はプロによるカウンセリングでもいいしセラピーでもいい。別に病気や機能不全でなくてもそうした場所を訪れて構わない。「カウンセリングにいくのは、自分自身について学びにいくようなものだ」とイーストテネシー州立大学の心理学者、ダン・ジョーンズは言う。

「相談できるコンサルタントを雇うということだ。そうすると、自分のことがもっとよくわかるようになる。話を聞いてもらっていると感じられるようになる」。話を聞いてもらう相手は古くからの友人——社会的なつながり——でも、同じような効果が得られる。

43歳のテリーは、友人に話を聞いてもらったことで、結婚生活も破綻せずにすんだし、人生もうまくいったと考えている。「40歳になって2人目の息子が生まれたころ、格好いい男としての僕は終わってしまった、と感じた」という。

「40歳になったし、子どももふたりいるし、仕事でも責任のある立場になった。自由で気ままな日々は終わってしまった。僕の毎日はオムツを換えて父親でいることだけじゃないか。それも悪くはないが、自分のアイデンティティがまるっきり、しかも唐突に変わってしまったんだ。僕は実存的不安を抱えるようになった。オープンカーこそ買わなかったものの、僕は買い物ばかりするようになった。まずは洋服を買いまくった。高価なものを買っていたわけではないが、僕の友人は当時の僕の様子を思い出して、いまでもからかってくる。僕の生活は一見何も変わらないように見えただろうが、心のなかでは大きな葛藤を抱えていた。いまでは大分よくなったが、それでもまだ少しその気持ちが残っている。心のなかで僕はこう思っていた。なんてこった、僕の人生こんなものなのか、ってね」

彼は奥さんと一緒に教会に通いはじめ、そこで仲間ができた。「いままでは、スポーツが嫌いな男とは友だちになれないと思っていた。共通の話題がなさそうだからだ。けれども、それは間違いだったとわかった。親しい男友だちができたんだ。僕と同年代のやつがほとんどだ」

生活満足度に効果はあっただろうか？

「大きな変化があったよ。僕と妻だけで僕が抱えている問題に取り組んでいたら、そんな変化は望めなかったと思う」

友人が彼の孤独感を癒してくれたわけだが、それ以上にテリーにとってよかったのは、仲間がいることで幸福感が高まったことと、自分の抱えている問題について話す相手ができたことだった。テリーのほうもほかの仲間に同じような影響を与えていた。

「そのうち自分が何か軽率なことをしでかすのではないかと思って心配していたんだ。離婚もしかねなかった。でも、自分の感情や心の内を話すことができる仲間がいたことで、そうならずにすんだ。僕は自分の悩みを彼らに話し、彼らも僕に悩みを話してくれる。もし自分が何か馬鹿なことをしでかしてしまったら、それも話さなければならなくなるな、と思ったんだ。『やあ。妻と喧嘩をしてね、昨晩はホリデイ・インに泊まったんだ』なんて、言いたくないからね」

ひとりで悩みを抱えていると失望感や不満感はさらに大きくひどくなり、それが羞恥心を生み、さらに孤独に陥る。その悪循環を断ち切るために、まずはこうするといい。できれば友だちに電話をかけてみること。

## 一歩一歩進むこと。ジャンプしようと思ってはいけない

ハピネス・カーブの谷底にいるときは、まるで罠にかかったようだと思うかもしれないが、それもそのはず。それは罠なのだ。そこから抜けようとすればするほど、ますます絡み合って抜けにくくなる罠のように、谷底から出ようとすればするほど、本能がそれを阻害する。

悲観的な思考のフィードバックや、ヘドニック・トレッドミル現象、それにひねくれた思考によって満足感が得られなくなり、他者の目から見れば成功しているにもかかわらず、自

分では失望感を覚えてしまう。楽観的な思考が徐々にできなくなり、過去に抱いていた希望は将来への憂いに変わる。感謝の気持ちをもてなくなり、数えてみた自分の幸せも、羞恥心のもととなる。自分が不満を抱いていることを恥ずかしいと感じて困惑すると、もっとも相談相手が必要なときに誰にも話せなくなってしまう。

こうして罠にかかってしまうと、当然ながら私たちはそこから逃れようともがく。ここから出してくれ！　とばかりに。すると、いまいる場所から逃げることを考えるようになり、まったく新しい人生を求めて、仕事や家族を捨てようと思いはじめる。いますぐにでも仕事をやめてやる、という思いに私が駆られたとき、同じ思いを経験したことがある人なら知っていると思うが、逃げようという気持ちが理性的なものでないことは自分でもよくわかっていた。でも理性的でないとわかっていながらも、その気持ちを抑えることはできなかった。私は自分のゾウに向かって、いまの状況に何も問題はないじゃないか、目標も達成していることだし、上司の部屋に行って何のあてもないままに仕事を辞めますと言うなんて馬鹿げてる、と必死に訴えた。だが、私のゾウはこう言った。ここから出たいんだ！

多くの人がそうだと思うが、私がフィードバックの罠にはまっているとき、さらに事態がこじれたのは、仕事へのやる気を失いつつあったせいだ。そのころ40代だった私はずいぶんと慎重で、すべての給料を銀行口座に入金していて、自分の成長のために投資すべき資金まで貯金に回していた。私はジャーナリストだが、当時、業界は大きな変革の時期を迎えており、中堅のジャーナリストが何人も冷遇されるはめになった――その変革の波は私のところにまで及ぶだろうと思っていたが、実際そのとおりになった。

私のゾウ使いはいくつかの選択肢を検討したあと、現状を維持して貯金を増やすのが得策だと考えた。いまから思うと、あのとき焦って衝動的な行動をとらなくてよかった。ジャーナリストとしての仕事が立ち行かなくなるころには、すでに起業することを決めていたので、銀行預金が十分にあって助かった。

だが、それもすべて、いまだから言えることだ。その当時は何の変化もないまま40代を過ごすのかと思うと、どうしようもない倦怠感と不安を覚えていた。もし、当時の私がいまと同じようにハピネス・カーブのことを知っていたとしても、取り入れるべき変化と、避けるべき変化をはっきりと見分けることはできなかっただろう。

たしかに中年期には何かを変えてみなければならないときがある。たとえその変化によって倦怠感や不安感を払拭することができないとしても。カールは40代の前半に転職をした。問題だったのは、転職をしても彼の不満足感が消えなかったことだ。だが、よかった点は、新しい仕事のほうが彼に向いていたということだ。問題は仕事ではなく自分自身にあった、と彼は気づいたのだが、思い切って転職してみてよかったと思っているそうだ。同じように、離婚をしても実存的な不安を埋めることができなかったけれども、もっと自分に合った相手が見つかったという人もいる。

この現象を理解するために、第4章で述べた幸福の公式を思い出してみよう。

H＝S＋C＋V＋T

Hは永続する幸福、Sはもって生まれた性質、Cはあなたの生活環境、Vは自分でコントロールできる要素、Tは時間が生活満足度に与える影響を表している。私が40代のときに不満を抱いていたのは、CかVかTが問題だったと思う。もしCだと知っていれば、たとえば転職をするなど、自分の生活環境を変えればいいとわかっただろう。Vだと知っていれば、物事に取り組む姿勢を変えたり、趣味を見つけたりしようと思っただろう。だが、Tだと知っていたら、とにかく黙って耐えて慎重に行動しようと思ったことだろう。だが、あいにく、実際にはどの要素がどの程度の影響を与えていたかはわからない。

人間はたとえ気分のいい日でも、何が自分を幸せにし、何が自分を不幸せにするのか、よくわかっていないものだ。落ちこむ日々が何年も続いていると、誤って別のもののせいにしてしまいがちになる。では、どうやって騒音のなかから正しい信号を聞き分けたり、過剰反応と適切な反応を見分けたりすればいいのだろう？

そういうときはカウンセリングが役に立つ。カウンセリングには複雑に絡まり合う要因を解きほぐすための方法が確立されていて、とるべき行動の選択肢を整理してくれるし、人がよく陥る落とし穴について詳しい専門家が道を示してくれる。もちろん、自分が経験しているのはハリケーンではなく霧雨程度だとか、危機的な状況にあるわけではなく、つねに気分が晴れない程度のものだという場合には、プロのカウンセリングが必ずしも必要というわけではない。むしろ、ハピネス・カーブの谷底にいる人のほとんどは、プロの手を借りる必要はないだろう――生活満足度が低下しているだけであって崩壊しているわけではないし、緊急事態でもないということを思い出してほしい。そのように危機的な状況でない場合、私がもっとも有効だと思うアドバイス、そして多くの専門家が口にするアドバイスはこうだ。

「何かを変えてみるのもいいが、自分らしさを忘れないこと」

「ここから抜け出したい！」という誘惑にただ従うだけでは、すべてを捨て去ることになる。変化を起こすことで破滅するのではなく成功したいと思うならば、自分がこれまでに培ってきたスキル、経験、人脈を生かせる変化であること、まったく違うことに一から取り組むのではなく、目指すべき方向を変えるという変化であることが大切だ。カルロ・ストレンゲルとアリー・ルッテンバーグは、ビジネス界の人間にとって中年期におこる変化は〝必然の存在〟だと述べているものの、それを「華麗に転身できる」という神話のようにとらえることには違和感があると述べている。

2008年、テルアビブ大学のストレンゲルと、中年期の人を対象にしたサービスを行う会社の創設者であるルッテンバーグが、頑張れば何にでもなれるし何でもできるという考え方は自滅的であるという記事を、ハーバード・ビジネス・レビュー誌に寄稿した。

向上心を煽るような講演会や集中的なワークショップに参加した何百人という人が、これから自分の人生は変わる、と信じこんでいるのを目にしてきた。だが、その行く末はつねに同じだ。魔法は数日で解け、数週間もしないうちに大半の人は、ペップトークに乗せられて自分も変われるなどと思ったのはなぜだったのだろう、と思うようになる。その後、混乱するようになり——自分がどちらに進みたいのかわからなくなる——最終的には変わろうとする努力をやめてしまう。だから、逆説的ではあるが、人を変わらせようと思ったら、変わらせようとしないことだ。

変わろうと思ったら、水平方向に、徐々に、プラス思考で、そして論理的に動くことだ。そうすれば衝動的に動いて失敗してしまう確率を低くすることができるし、うまくいかなかったときも状況をよくコントロールでき、うまくいかなかった要因を誤って認識してしまうリスクを減らすこともできる。また、そう動いたほうがうまくいく。第5章で心理学者のジョナサン・ハイトが述べていたことを思い出してみよう。

私たちがやる気になるのは、目標に向かって前進しているときには、ほんの短い時間ではあるが手っ取り早く満足感を味わうことができるからだ。目標を達成すると束の間の喜びを味わうことができるが、すぐにそこが新しいベースラインになる。私たちは大きく前進しなければ、と感じるが、達成可能な目標に向かって歩幅は小さくとも一歩一歩進んでいけば、いずれは目標を達成できるし、満足感も大きい。

「自分の気分をよくするためには、大きな変化でなくても構わない」と心理学者のスーザン・クラウス・ウィットボーンは書いている。「いつものやり方を少し変えてみるだけでも、世界の見え方が変わるだろう。神経を研ぎ澄ませていれば、長くかかるかもしれないが、小さな変化を積み重ねていくことで真に革新的な変化を起こすことができる」

ここでいいたいのは、ハピネス・カーブのどん底にいるときは劇的な変化を望んだり、大きなリスクを負ったりしないほうがいい、ということではない。そうではなく、あなたが望む変化やリスクは行き当たりばったりなものではなく、よく考えられたものでなければならない、ということだ。それまであなたが培ってきた経験やあなたがしてきた選択を尊重しながら、生活に変化を与えるのでなければいけない。あなたの価値観、義務、機会を反映したものでなければならない。小さな変化でも一貫したものであれば、大きな変化――とても大きな変化につながる。

私は55歳のバーブという教師にインタビューをしたが、彼女の自滅的な中年期がそのいい例だ。私の調査に回答するなかで、彼女は自分の50代のことを「ワクワクする」「満たされている」「楽しい」と表現し、生活満足度に9をつけた。キャントリルの梯子質問では満点に近い――これとは対照的に、40代のときの満足度には4をつけ、「混乱」「ストレス」と表現した。これほど大きな変化をする人はあまり見たことがないので、私はその後もインドにいる彼女とスカイプでつないでインタビューをさせてもらった――現在、彼女はインドに住み、そこで働いている。

バーブはテキサス州の保守的な家庭で生まれ育ったが、家族との折り合いは悪かった。10代のころはドラッグやお酒にも手を出した。20代でいまの夫と出会って結婚し、その後も幸せな結婚生活を送っていたが、自分という人間がわからなくて、ずっともがいていた。30代になって子どもを生み、小学校で特殊教育を担当する教師の職を得た。安定した生活は彼女によく合っていた。「生活はうまくいっていると思っていました」

だが、40代は混乱の時期だった。そのころは子どもも大きくなり、母親の手を煩わすこともなくなっていた。東部への引っ越しはつらかった。「2カ月間、泣いて暮らしていました」

中学校と高校で数学を教え、給料をもらい、生徒のことを一番に考えていたが、東部の学校では問題のある生徒も多く、もともと彼女は特殊教育を担当していただけに、絶え間ないストレスで疲弊してしまった。

「とてもつらい日か楽しい日かの、どちらかです。その中間という日はありませんでした。とても続けられないと思ったのですが、ほかにやりたいこともありませんでした。身動きがとれなくなったように感じました。ちょうどそのころ、夫も仕事に行きづまっていたんです」

無味乾燥な仕事を続けるうちに、彼らの関係も徐々に干上がっていった。「結婚生活が破綻したわけではないのですが、明るい要素を探すのが難しくなりました」

彼らが海外で暮らそうと決意したのは、そんなときだった。そのころバーブは51歳で、ふたりは数年間海外で暮らしてみるのもいいのではないかと考えた。以前カイロに移り住んだ友だちを訪ねていったとき、彼女は自分に活気がみなぎってくるのを感じたことがあった。それが海外で再出発することを真剣に考えるきっかけとなった。

「夫にはこう言ったんです。『いまの生活はとても続けられない。まだまだ働かなければいけないけれど、みじめな思いをしながら働くのはまっぴらだわ』って」そこで、バーブはカイロの学校で数学が得意な特殊教育の教師を募集していないかネットで調べた。「スカイプで面接も受けたんです。面接してくれたのは本当にすばらしい方たちでした。これはいい学校だと思ったんです」

子どももすでに20代になっていた。夫は退職したところだ。行くならいまだ、と彼らは思った。引っ越し先はどうだったのだろう?

「とても気に入りました」。バーブと夫はエジプトの豊かな歴史と文化に魅せられた。彼女はアラビア語も少し覚え、現地の友だちもでき、アラブの遊牧民族であるベドウィンのガイドと一緒に、砂漠でキャンプをしたりもした。彼女の夫も、現地の学校にかかわるようになった。その後、バーブの勤めていた学校の校長がインドのチェンナイの学校に移るというので、バーブと夫も校長についていくことにしたのだ。私が彼女とスカイプで話したとき、チェンナイはすばらしいところだとバーブは話してくれた。人はみな優しいし、学校もとても魅力的だという。

当初バーブは、数年間海外で暮らしたあとアメリカに戻ろうと考えていた。「初めは、そのうちアメリカに帰って余生はそこで過ごすというのが前提でした。ですが、いまではどうするかわかりません。帰らないかもしれませんね。母国にいたときよりも、ここにいるほうが居心地がいいんです」。40代で行きづまりを感じている人には、こう言いたいという。「人生は本当に短いものです。やっていてみじめな気持ちになるようなことなら、やめてしまえばいい。けれども、リスクをとる覚悟は必要です」

カールのように自由になりたい、逃げだしたいと思っている40代の人にとって、バーブの話は背中を押してくれるものに聞こえるかもしれない。だが、忘れないでほしいのは、彼女の話は劇的だけれども、根底にあるテーマには一貫した流れがあるということだ。彼女は自分がもっているスキルと経験を活用して専門職を得て、その職に細心の注意をもって打ち込んでいる。

また、彼女がカイロに移住したのは、子どもが独立して、夫が年金をもらえるようになってからのことだ。夫の年金があれば、いくらか生活資金が足りないとしても、どちらかが働けばなんとかやっていけるとわかっていた。ふたりは、移住する心構えができていること、そして同じ気持ちでいることもしっかり確認し合っていた。チェンナイに移住するときは、住む国こそ変わったが上司を変えることはなく、大切な人間関係を保った。たしかに、彼女の話は変化の話だが、論理的に考えられ、時機を見極め、慎重を期して実行されたものだ。よく練られた計画で、行き当たりばったりなものではない。

私が50代の前半に起業したのはまさに思いつきからで、事業計画としては失敗だった。だが、そのおかげで現状を変えて新しいことに挑戦する機会をもてたわけで、衝動的に逃げ出すことだけを考えていた40代とはまったく違う。私はジャーナリストとしての経験と人脈を活用して事業計画を立てた。退職金と貯金があったので、起業というギャンブルに賭ける資金も十分にあった。人脈を保ち、自分にできることとできないことを見極めるように細心の注意も払った。私はバーブのように、仕事でも気持ちのうえでもホームランを打ったわけではない。それでも、試合から逃げだすことなく打席に立ったのだ。

## 時機を待つ

「必ず上向く日がやってくる」。そう思うことが、何よりも大切な知恵だ。だが、「待つ」というのは何よりも難しい。

U字曲線の谷底で悩んでいる人の心を軽くする方法はたくさんある。けれども、どのみち、私たちが抗わなくてはならない川の流れは深くて急であることは変わらないし、さまざまな対応策を講じてみたところで、不満足感を和らげることはできても取り除くことはできないだろう。そもそも不満を取り除くことがいいことなのかどうか、私は疑問に思う。どん底にいるときはたしかに不愉快だけれども、ハピネス・カーブは個人にとって（そして社会にとって）健全で大切な過渡期なのだ。もし薬を1錠飲んだだけで不満足感が消えていくとしたら、私たちの後半生はもっと貧しいものになることだろう。

おそらく、フロストも言っているように、最善の道はそこを通り抜けることだ。多くの人にとって、中年期のスランプは厄介なものではあるが、深い傷を残すようなものではない――それが普通のことで、いつかは終わるし、悲惨なものではないと知っていればなおのこと。待っていればいいとわかっていれば、たいていの場合は待てるはずだ。何より、待っていれば利子もついてくる。

何でもすぐに手に入るいまの世の中で、目の前の問題を解決するには辛抱強く少しずつ前に進み続けることだ、というのは間違っていないにしても、すぐには受け入れられないかもしれない。人間は、自分が時間を管理しているのであって、時間を自由に使ったり埋めたりするのは自分であると思うのが普通で、時間のほうが自分を支配していて、自分は時間をコントロールすることも理解することもできないとは思いも寄らない。だから「待て」というアドバイスは受け入れがたいのだ。おそらく、ハピネス・カーブや、その独特のフィードバックの罠から抜け出すには、待つことはけっして受け身の戦略ではない、と思うことが肝要かもしれない。待つというのは、何もしないということではない。待つとは、時間との共同作業を行うことであり、時間を私たちの味方につけることなのだ。

辛抱強く待つことがすべての人にとっての解決策にはならないかもしれないが、誰にでもある程度有効な方法だ。実際、40代の私がしたことのほとんどは待つことだった。数々の方法を試したけれども、それがもっとも効果的だとわかった。

トマス・コールが描いた壮年期の旅人は、舵を奪われ、オールも奪われた。守護天使の姿をした安心感は旅人の目の届かないところに浮かんでおり、砂時計は変わらず容赦なく時を刻んでいる。旅人は手を組んで祈りながら救いを求めて天を見上げ、自分の運命を大きな力に委ねている。コールにとってその大きな力とは神だったが、彼の絵は現世風の解釈をすることもできる。人生の航路において、私たちは何か自分よりも大きな力に翻弄され、自分ではコントロールできない流れにさらされている。だから、コントロールしようと思わなくていい。川を信じることだ。時を信じていればいい。

待つときに大切なことがある。誰かと一緒なら、待つのも楽に——ぐっと楽に——なる。

# 第9章　社会からのサポートが中年期を救う——中年期の不調を恥じない社会に

自分ひとりでハピネス・カーブをのりきることができるなら、それはそれですばらしいことだ。自助努力は大切だ。だが、これまで私が述べてきたことだけでのりきるのは難しいだろう。何もかも正しくやり、運動をしてダイエットもして、ビタミンもとってチキンスープを飲んだとしても、十分ではない。

この本を書くためのリサーチをすればするほど、そして自助努力をしている人を見ればみるほど、たしかに自助努力は大切だとはいえ、それだけでは不十分で、肝心なところが抜け落ちていると感じるようになった。見過ごされることが多いものの、効果的な対処法の一部は自分の周りにある。友人のカールや、彼と同じ悩みを抱えているほかの多くの人たちが、自分でなんとかしろと言われてきた。

だが、彼らに必要なのは社会的なつながりや、U字曲線に対応できるような環境だ。ハピネス・カーブの存在を認めない機関や、ハピネス・カーブを軽視するような社会規範ではなく、ハピネス・カーブの谷底を抜けるのを助けてくれる機関が必要だ。自分がいま経験していることは極めて普通のことで、精神がおかしくなったわけではないのだ、と思えるような世の中でなくてはならない。カールには、陸から手を伸ばして彼を川から助け出してくれる人が必要だ。

ゲイリーの場合もそうだった。私がそれまであまり知られていなかったハピネス・カーブに着目するようになったのは、彼に会ってからだ。

カールと同じように、ゲイリーとはもともと仕事上の知り合いだったのだが、その後個人的につき合うようになった友人だ。私がハピネス・カーブについて考えはじめ、どうやって書籍にまとめようかと考えているときに、インスピレーションを与えてくれたうちのひとりが彼だ。インタビューをしたとき彼は50代の前半で、自分の生活満足度に6しかつけなかった。それでも彼がもっとも低い5をつけたときから、数年が経っていた。

「なるほど」と私は応じた。「きみの抱えている不満について誰かと話をしたりしたかい?」

「いや、誰にも話していない。友人にも話していないよ」。彼は自分を成功した強い人間だと考えている。「成功して乗りに乗っているときには、弱みを見せて弱い人間だと思われたくないものだろう」と彼は言った。彼は泣きごとを言うのを嫌う。

「僕は自分が友人たちよりも成功していい生活をしているとわかっている。これで不満でも口にしようものなら、子どもたちがいうように、それこそ贅沢な悩みというものだろう」

奥さんには打ち明けたのかどうか聞いてみた。

「ああ、ほんの少しね。仕事のことはあまり相談していないよ。彼女のほうが仕事はうまくいっていないからね」

多くの人と同じように、彼は自分が中年の危機やうつ病といった病気ではないと考えている。一方、彼の義理の兄は典型的な中年の危機に陥っていた。離婚し、若い女の子に走り、バイクを買ったりしていた。

「中年の危機というのは行動に表れるものだと思っていた。僕ももっと活動的になっていれば楽しかったのかもしれないけれどね。僕はそうはならなかった」。治療を受けるほどでもないと思っていたし、うつ病というわけでもないと思っていたという。

その日ゲイリーが話していたことを、その後、ほかの人のインタビューで何度も聞くことになった。気分の落ちこみ、困惑、羞恥心、そして誰にもいえず、病気ではないと考える。研究を続けるにつれ、ゲイリーがいった言葉の重みがますます増していった。

「人生について語り合える、自分よりも年上の賢明なメンターがいればよかったんだけどな」と彼は言った。「自分の悩みを話しても大丈夫だと思える場所があって、いつでも悩みを話せる相手がいるといいと思わないかい?」

悩みを話せる場所。弱みを見せられる場所。心のなかをさらけ出しても恥ずかしいと思わないような場所。そして〝道しるべとなる人〟。それこそゲイリーに必要なものだったし、自分で自分に与えることはできないものだ。

ゲイリーの回復を阻んだのは、中年期の不満足感に対するふたつの一般的な社会モデルだ。ひとつは〝医療化〟。医者に診てもらうべきだ、薬を処方してもらえ、抗うつ薬を飲んだほうがいい、と周りから言われる。医者に行けば精神的な病気であるという烙印を押されてしまうので、本当にうつ病の人でさえ、適切な治療を受けるのを拒むこともある。

だが、思い出してほしい。ハピネス・カーブの底は長く続くけれども深くはない。ほとんどの人が経験するのは深刻なうつ病ではない。慢性的に不満足感を覚えるだけで、うつ病とは大きな違いがある。価値観や生活が不安定になったり、達成感や満足感が得られなくなったりするのは、どちらも病気ではない。だから、医者に行くのをためらうのももっともだ。

ゲイリーと話したとき、彼は仕事でも成功していたし、よき父親よき夫でもあった。問題だったのは、彼が失敗したことでも、不安定だったことでも、自分の役目を果たすことができなかったことでもない。失敗せず、不安定にもならず、自分の役目もしっかり果たした自分のことを、正当に評価することができなかったことが問題だったのだ。これこそフィードバックの罠だ。

なかにはそれを克服するために投薬治療が必要な人もいるだろう。だが、ほとんどの場合、そう感じるのは普通のことだと知り、周りからのサポートがあると感じることこそ必要なのであり、自分や他人に対して失望を感じる必要はない。

ゲイリーの悩みの種となったもうひとつの社会モデルは、中年の危機を笑いものにする風潮で、これは医療化よりもたちが悪い。悪気はないのだろうが、中年の危機は数々のジョークのネタになっていて、〝中年の危機〟とネットで検索すれば、ものの数秒で多くの画像がヒットする。どんな内容だろうか？　中年の男性が赤いスポーツカーに乗っている画像が何枚も出てくる。なぜかいつもスポーツカー、色は赤でオープンカーであることが多い。典型的なものは、頭の禿げあがった男性が赤いオープンカーに乗って高速道路を走っている画像だ。その下にはこんなキャプションがつけられている。

「あなたの中年の危機はまだ？」ほかにも似たような画像にこんなキャプションがつけられている。「中年の危機——若い女の子はスポーツカーとシミが好き！」

スポーツカーを扱った雑誌にも〝中年の危機に直面している方のための車〟などと書かれたりしている。私がアトランティック誌にハピネス・カーブの記事を寄稿したとき、表紙の写真は予想どおり、赤いスポーツカーに乗った不機嫌そうな男性だった。おそらく悪気はないものと思われるが、スポーツカーは不満を抱える中年の特徴と思われている物欲、わがまま、苛立ちを表す典型的なシンボルになってしまった。

ほかにも中年の危機を表すものとして目立つのは、中年男性がバイクに乗っている図だ。

バイクにまたがってポーズをきめている中年男性の周りを、若い女の子が取り囲んでいる。こちらのほうはスポーツカーに比べると、中年の危機を表しているとは一見わかりづらい。なかにはとてもひどい画像もあって、頭のはげた男性がウサギのぬいぐるみの頭にピストルを突きつけている画像にはこんなキャプションがつけられている。

「頭がはげはじめたら中年の危機の始まり、頭がおかしくなったら中年の危機の終わり」

女性も例外ではないが、女性が画像に登場する場合は服が小さすぎて着られない、というものが多い。ある本では、洋服が小さすぎて着られないことにショックを受けているひとりの女性が、鏡を覗きこんでエドヴァルド・ムンクの『叫び』のように恐怖でゆがんだ表情を浮かべているところが描かれていた。まるでホラーだ！　中年の危機に関する本を何冊か調べていたときにこのイラストを見つけたのだ。中年の危機を論じるには、こんなイラストも必要らしい。

そんなオチや決まり文句のネタにされたがる人はいないだろうし、きみの第二の青年期はもうすぐ終わりだろうとか、ノイローゼに注意したほうがいいぜ、などという忠告をわざわざ聞きたがる人はいないだろう。だから、人に話すのは危険だと思ってしまうのだ。ゲイリーは自分の悩みを人に話そうとしてみたこともあるそうだ。どういう反応が返ってきたかとたずねる私に向かって彼は「いろんな人がいたよ」と答えた。

「話してみてよかったと思える人も何人かいた。でも、そのほかの人は、僕のうわさ話をいろいろなところでしていたよ。話してみてよかったと思ったことの何倍も、いやな気分になった。いいことよりも悪いことのほうが影響は大きいね」

中年期の不調に対して、誰も故意に残酷な態度を示しているわけではない。この問題を考える枠組みが〝医療化〟か〝あざけりの対象〟しかないから、そんなことが起こってしまうのだ。

アメリカにいるゲイも、かつて同じ問題に直面したことがある。同性愛者だと告白すれば、馬鹿にされて偏見をもたれ、反社会的だとか精神的な病気だとかいわれ、先ほどから挙げているのと同じようなあざけりの対象になった。ゲイリーたちがゲイやレズビアンが直面してきた（いまでも直面している）差別や偏見と同じように、厳しい状況にさらされているといいたいのではない。いくつかの大きな点で、似たような状況にあるといいたいのだ。

同性愛は異常なことではないという考え方が社会にないために、自分の感情はどこかおかしいと内向的になってしまう。自分で自分を誹謗中傷するようになると、羞恥心とストレスが生まれ、それが孤立につながり、さらに羞恥心とストレスが高まる。これがフィードバックの悪循環だ。そしてゲイの隠語で〝クローゼット〟の中にいる状態になってしまう、つまりゲイであることを公表できなくなってしまう。問題は同性愛者にあるのではない。現実を誤って理解してしまう社会こそが問題なのだ。

社会がある年代の人たちのことを誤解し、誤った枠組みに押し込んでしまったらどうなるのか？　その誤りはどうやって正せばいいのか？　アメリカの歴史をひもとけば、興味深い事例を見ることができる。

青年期のない世界を想像してみよう。10代の人がいないという意味ではない。青年という概念がない世界のことだ。その世界では、思春期を終えて体つきも大人になった若い人たちは社会から働く準備ができたとみなされて、高校や大学には行かずに働きはじめる。彼らの能力や社会技能はまだまだ未熟で、10代のものの考え方しかできないまま仕事を始めるが、彼らの力が求められている農業や職人の世界では、たいていそれで十分に通用する。彼らは若くして結婚し、まだ若いうちに子どもをもつ。

ちょっと変わった世界だと思うかもしれないが、150年前のアメリカはまさにこんな国だった。洞察力に優れた先祖たちは、思春期前の子どもと成熟した大人との間にある過渡期が混乱した時期であることをよく知っていた。

古代ギリシアの歴史学者ヘロドトスは、紀元前1700年ころのシュメール人の父親が、息子の無頓着で横柄な態度を嘆いていたと書いている。アリストテレスは青年期（思春期から21歳ころまで）を、その前の幼児期（7歳前後まで）と学齢期（7歳から思春期まで）とは分けて考えていた。いまの私たちの考えとほぼ一致する。

だが、社会が子ども時代と大人との間の発達期を特に分けて考えるようになったのは、つい最近のことだ。それまで、学校は子どもが通うところで、思春期後の10代の若者は大人の世界に入るものとされていた。マーク・トウェインの『ハックルベリー・フィンの冒険』で、13、14歳の少年がひとりで人生を歩んでいるのを見ても誰も驚かない。いまの世の中なら、その年ごろの少年がひとりでいたら、すぐに児童保護サービスに引き渡されてしまうことだろう。

19世紀の後半になると、都市化、産業化、集団教育の義務化によって若者の有り様が変わった。テクノロジーの進化と専門性の高まりによって、職場ではより成熟してスキルをもった人が必要とされるようになったことを受けて、社会では子どもの労働が禁止されたり義務教育が定められたりして、若者はもっと上の学校まで進学するようになった。高校が次々とでき、10代の若者は工場ではなく学校に通うことを求められた。都市も次々とできた。

産業革命以前は、10代の若者は小さな町の農家で暮らし、近くに自分と同じ年代の若者がいることもなかった。だが、都市化によって10代の若者が密集して暮らす集団住宅ができると、彼らは一緒に学校に通ったり交流をしたりするようになった。彼らは〝10代の若者《ティーンエイジャー》〟と一括《ひとくく》りで呼ばれるようになり、10代の若者特有の気風やアイデンティティが生まれた。いわゆる若者文化が生まれたのである。

1904年、若者という社会的なカテゴリーが確立されることとなった。アメリカで初めて心理学の博士号を取得したG・スタンレー・ホールが、その名も『青年期の研究』（同文館）という2巻にわたる書籍を出版して反響を呼んだ。ホールは、青年期は心理学的にも独特の時期で、混乱と感情の起伏の激しい時期だとしている。彼の理論の細かな点はさておき、彼の何よりの功績は、それまではただの年齢だったものに特別な名称をつけ、それを広めたことだ。

1900年以前はほとんど聞かれなかった〝青年期〟という言葉は、ホールが本を出版して以降、一般的な言葉となり今日に至る。現在では〝青年期〟という概念が浸透しているため、その概念が存在しない世界は想像しがたい。

社会で青年期の概念が受け入れられるようになると、10代の若者は大人という括りに入れられることはなくなり、子どもから成熟した大人へと成長するように彼らを導くための、さまざまな機関や規範に入れられることになった。高校、大学、コミュニティ・カレッジに通うようになり、インターンシップ、サマージョブ、実習などをしたり軍隊に入ったりした。

また、彼らのためにヘルプラインが開設され、専門の心理学者がおかれ、少年司法制度ができたりもした。さらに注目すべきなのは、青年期は発達の途上にあるといわれるようになったことだ。10代の若者が試練や苦難に直面するのは普通のことである、と考えられるようになったのだ。精神的な問題を抱えて治療が必要な若者もいるが、ほとんどの若者に必要なのは相談相手であり、彼らを支援する環境であり、さらに学校や職場やデートなどでさまざまな経験をして、試練をどう乗り越えればいいのかを学ぶことだ。困ったときや悩んだときは助けを求めるといい、と大人は彼らに声をかけるし、実際に彼らが頼ってきたときは、たいていの大人は彼らを馬鹿にしたりしないだけの分別はもちあわせている。

青年期と同じように、中年期の不調とそこからの再スタートも、ごく普通の、いつかは終わるとわかっている発達過程である。青年期と同じで、特別なものではないし病的なものでもない。しかし、ある人にとっては難なく通過できる期間であっても、ある人にとっては大きなトラブルをもたらす期間であることはたしかだ。

青年期もそうだが、中年期の問題は、たとえ自分ひとりで対処できるとしても、誰かの力を借りることで乗り越えるほうが楽になることが多い。孤立、混乱、自分に批判的になりがちな思考によって問題がこじれることがあるのも青年期と同じだ。青年期同様、中年期はリスクもストレスもある時期で、危機につながる可能性もある（対処法を間違えると特に危ない）が、それ自体は危機でも何でもない。青年期と同じようにあくまで過渡期にすぎず、この時期に問題に直面した人は、その後もっと幸せで安定した後半生を送ることがほとんどだ。

つまり、青年期の人とハピネス・カーブの谷底にいる人は、生物学的な観点でも、感情のうえでも、社会的にも、すべてが同じだというわけではないが、その時期が試練の多い過渡期であるという点で似ており、そうした時期を経ることはごく普通のことであるし、いつかは終わるもので、けっして病的なものではない。問題なのは、青年に対しては社会からのサポートがあるのに、中年にあるのは赤いスポーツカーだけ、という点だ。

第4章で、〝時間〟は絶対的な概念で〝年齢〟は相対的な概念だという話をした。自分がいまハピネス・カーブのどこにいるかは、このふたつによって決まってくるといっていい。

時の流れと人間の生態は私たちの心と体に大きな影響を与えるし、社会や文化は、ある年齢における私たちの期待や感情に大きな影響を与える。時間と年齢は必ずしも一致するとはかぎらない。19世紀の10代の若者がいい例だ。〝青年期〟という枠組みが社会にできたことで、時間と年齢が一致することになった。だが、まさにいま、時間と年齢が一致しないという現象がもうひとつ起きている。幸い、マーク・フリードマンら頭の切れる人たちが、新しい枠組みをつくりだしている。

「いま私たちは、人の一生のなかに新しい時代が生まれるのを目にしているのだと思っています」と、ある夏の日にインタビューをしたフリードマンが言った。彼は〈アンコール〉というNPO団体の創設者兼CEOだ。彼によればこの団体は〝ローラ・カーステンセンの考えを体現した〟事業を行っているのだという。彼の仕事は、歳を重ねることに対する社会の旧態依然とした考え方を、実態に合うように変えるための方法を開発して実践することだ。

フィラデルフィアで育った彼は、ペンシルバニア州のスワースモア大学を卒業した。モダンダンス劇団の運営に携わったあとイェール大学でMBAを取得すると、教育とメンタリングの力について興味を抱くようになる。よくできる子どもは日ごろから年上の子どもによく相談をしていることに気づいた彼は、年齢を重ねた人ならメンターとしての力を発揮できるのではないかと考え、〈エクスピアリアンス・コープス〉という団体を立ち上げた。これは55歳以上の人が市内の学校の子どもたちに読み書きを教える活動を行うNPO団体だ。歳を重ねることに対して社会に沁みついていた古臭い考え方が、彼の活動によって劇的に変わったことを実感しているという。

長い間、人生にはふたつの段階があると考えられてきた。教育を受ける子ども時代と、仕事をする成年期（若者も含まれる）のふたつだ。歳をとりすぎたり、働けなくなったりした人の役割はあまりなく、貧困に陥り、早く亡くなる人も多かった。

1930年代に年金制度が始まったときは、年金をもらえるまで生きていると思われる人はまだ少なかった。だが、寿命革命が思ったよりも早く訪れ、1950年代になると、何百万という人が〝定年退職者〟という新しい社会的な枠組みでとらえられるようになった。定年退職者とは仕事をしない人のことを主に指し、何もしていない人のように見えた。「実態との乖離が起きてしまったのです」とフリードマンは言う。

〝退職者〟と呼ぶよりもはるかにいい、健康な高齢者を指す枠組みが社会に生まれた。フリードマンのいう〝黄金時代〟だ。少し歴史をさかのぼってみると、遅くとも1960年代には〝黄金時代〟という枠組みがすでに存在していたとフリードマンは言う。当時、アリゾナ州のデル・ウェブという開発業者が、フェニックスの郊外にサンシティという退職者のためのコミュニティをつくった。デル・ウェブが提唱しはじめ、その後ほかの業者も宣伝に使うようになった謳い文句が「退職は長い休暇。自由に遊んで楽しもう」というものだった。

それをさらに強調したのは、デル・ウェブの競合相手で、退職者のためのコミュニティを展開しているレジャー・ワールド社だ。フリードマンによると「高齢者は社会からのけ者にされてしまったが、高齢者だけのコミュニティをつくれば誰も高齢者とは呼ばれなくなる。彼らはそこでシャッフルボードを楽しみ、若者に邪魔されることもない」。黄金時代という考え方が広まり、サンシティが初めて高齢者用の6棟の家をモデルルームとしてオープンしたときは、それを見るために押しかけた車の列が何マイルにもわたって連なったという。

さらに寿命は延びつづけ、高齢者はますます健康で元気になった。いまの60歳、70歳は、死期が近いという年齢ではない。神経も研ぎ澄まされ、経験も豊富で優れた技能を備えている年齢だ。家族、コミュニティ、社会に恩返しをする時期でもある。

一方で、30年間仕事を続けることと、中年期に心の安定を得ることが次第に難しくなっている。2008年から2013年にかけて、50代のアメリカ人の4人に1人が職を失った(60歳から64歳までの人の場合は5人に1人だ)。多くの人が経済的な理由から、中年期に新しいキャリアを模索したり積み上げたりしなければならなくなっている。新しい目標を設定し、さらに価値のある人生を求めて、自ら新しい仕事に就く人も大勢いる。

「高校か大学を出たらすぐに会社勤めか工場勤めをして、残りの半生はそこで過ごすというそれまでの既成概念が、いまでは覆ったのです」と、ミネソタ大学の著名な社会学者、フィリス・モーエンが話してくれた。

「退職という概念は変わりました。高齢と呼べる年齢も遅くなってきています。慢性的な問題はあるかもしれませんが、自分が年寄りだとは誰も思っていません。退職によってあらゆる可能性が開けるのです。いってみれば、セカンドチャンスです」

この新しいセカンドチャンスの時期の呼び名はまだ定まっていない。これまでさまざまな名で呼ばれてきた。第4幕、大人の第2幕、中間地点、中年期、セカンドアダルト、第3年代、第3章、そして初老。命名権をもつにふさわしい人物は、２０１６年に刊行して反響を呼んだ書籍のなかでこの年代のことを〝大人のアンコール時代《アンコール・アダルトフッド》〟と呼んだモーエンではないだろうか。

「何という名で呼ばれようと、どれも基本的には同じことをいっています。既存のカテゴリーには当てはめることのできない年代、つまり中年と高齢者の間の年代だということです――爆発的な人数がいまやこの年代に流れ込んでいるわけですが、彼らの能力はまだ十分に活用されていません」とフリードマンは言う。

フリードマンはＮＰＯの〈アンコール〉が行った調査を引用してこんな話をしてくれた。50歳から70歳までのアメリカ人のおよそ9パーセントが、フリードマンのいう〝キャリアのアンコール〟をすでに始めていて、情熱と目的と（必ずあるとはいえないが）請求書の支払いのために再出発をしているという。

中年期以降の人は、より意義のある、社会の役に立つミッションを求めるので、ボランティア活動に転身する人もいるが、多くの人はビジネス上のリスクをとり、専門の知識を生かした新しい仕事に就くという。既成概念に反して、成年の後半にいる人たちは貪欲な起業家だ。〈エウィング・マリオン・カウフマン・ファウンデーション〉がまとめた数字によると、1996年から2015年までの期間の半分以上の年で、55歳から64歳までの人が起業した割合が、若い人が起業した割合とほぼ同じか上回ったという（45歳から54歳までの人が起業した割合も同じように高かった）。

〈アンコール〉の調査から判断すると、およそ2千万人の50歳から70歳のアメリカ人が、キャリアのアンコールを望んでいるということになる。「教育や健康といった分野につぎ込まれる2億5千万年分の人間の英知と社会資本は、初老の人によるものということになる」とフリードマンは言う。

社会変化の先頭に立っているのはベビーブーマーたちだ。50歳以上の人はアメリカ人の3分の1以上を占める。仕事を完全に辞める人はますます少なくなっていて、職を変える人が多くなっている。退職したらゴルフをして過ごすという既成概念を覆し、彼らはボランティアでも介護でも学校やレジャー関係でも、職種に応じてさまざまな仕事をこなす。アメリカ人の半分以上を占める、働いている65歳から74歳までの人、そして就業人口の6分の1を占める57歳から64歳の人は、自分のことを〝引退したけれども働いている〟――矛盾しているようだが――と表現する。

人生の第2幕とか中年期の再スタートというのは、字面で読んでいるかぎりはとてもすばらしいことのように聞こえるが、実際はそう簡単にはいかない。40代までに自分が掘ってきた深い溝から抜け出すことほど難しいことはない。自分が本当に望んでいるものは何だろう？　自分は誰かに必要とされているのだろうか？　頑張って仕事をして生活をやりくりしながら自分の人生を再スタートさせるなんて、できるわけがないだろう？　自分のとるべき道は何だろう、どうやってそれを見極めたらいい？　自分にできることはどれで、かなうはずのないただの夢はどれだろう？　失敗したらどうなってしまうだろう？

再スタートを夢見ている誰もが、こんな自問を繰り返す。再スタートする人が安全にコースを変えられるように、ガードレールが必要だ。彼らには、サポートや新しい枠組みを提供してくれる機関やプログラムや前例が必要だ。パートタイムで働きたいとか、それほど大きな仕事をしなくても構わないとか、昔のスキルを新しい事業に生かしたいと思っている熟年労働者に配慮して雇ってくれる雇用主も必要だ。中年期に新しいスキルを身につけるための大学や財政支援も必要だ。

たとえば、〝引退したけれども働く〟人にも対応できる年金や確定拠出年金プラン、キャリア相談、合同企業説明会、インターンシップ制度や、新しい仕事や機会を模索するための高齢者のギャップイヤー*などが必要だろう。そのほかにも、さまざまなことを試してみて成

＊ 通常、高校卒業から大学入学、大学卒業から大学院入学までの間の期間のことで、あえて長く設定されており、この間にさまざまな経験をすることが推奨されている。

長したり失敗したりすることが許される社会であったり、10代や20代の若者なら当然許されることを、成熟した大人がしても許される社会であることも必要だ。そして、もちろん、55歳の人がギャップイヤーを利用したりインターンシップをしたりしても、それは当然のことでごく普通のことだと思われるような社会でなくてはならないし、自滅的な行為だとか失われた青春を追いかけているなどと思われないような社会でなくてはならない。

「中年期に新たな目標に向けて動きだすための、社会的、文化的な土台は、現在どれくらい整っているのでしょう?」とフリードマンにたずねると、「まったく」とぶっきらぼうな返事が返ってきた。「自分でなんとかするしかない状況です」

2011年に刊行した『ザ・ビッグ・シフト——中年期以降の新しいライフステージを歩む(*The Big Shift: Navigating the New Stage Beyond Midlife*)』のなかでフリードマンは、私たちが語るべきなのは中年の危機についてではなく、中年期の深い溝についてだと述べた。溝とは、中年期の人に必要なしっかりしたサポートと、いま実際に受けられる貧弱なサポートとの差のことだ。

「その溝は大きいだけではない」とフリードマンは書いている。「本当に必要なサポートが何かを取り違えたり、古い概念に縛られていたり、時代遅れな機関をつくったりと、数々の誤解から混乱した無秩序な状態に陥っている。一連のトラブルを見れば、この溝がさらに大きくなっていることがわかる——個人個人のアイデンティティは無視され、一貫性のある機関や方針もつくられず、社会にいま何が広がりつつあるのか、まったく理解されていない」

フリードマンはさらに続けてこう書いている。

「私たちの親世代は中年期以降の人はそのまま〝引退〟という社会的機関に入っていった――あるいは、引退をもう少し先に延ばす場合は、数年間現状を維持したあと、アイデンティティと安全の保たれている港へと入っていけばよかった。だがいまは、この先どうなるのか、自分を受け入れてくれる用意も整っていない社会のなかでどんなことが起こるのかという疑問を抱いたまま、自分の居場所もわからない広い海のなかで、彼らはひとりでもがいている」

大人のアンコール時代の道筋をつくろうとしているフリードマンらは、退職後に訪れるギャップイヤーに備えたり、大人になってからもう一度勉強したりするための資金をプールしておける仕組みをつくるなどの改革や、1年分の年金を先に受け取って、学校にもう一度通ったりインターンシップに行けたりするような改革を考えている。彼らにも可能性はまだまだある。だが、それを認識している人はほとんどいない。教育、年金、退職は、それぞれ段階的に踏むステップとしてしか設定されていない。教育は人生の初期に一括して行われ、年金や医療保険は人生の後半で一括して支払われる。そして〝働き盛り〟の人たちは、その両方を負担しなければいけない仕組みになっている。家族への責任とこうした財政負担がもっとも重いときは、ハピネス・カーブがちょうど低くなっているときと重なるため、中年期の人が押しつぶされそうだと感じるのは当たり前だ。

それでも、社会は確実に変わっていくことだろう。実際、すでに変化が起きている。「多くの分野で、適応しようという動きが起こっています」とフリードマンは言う。まだまだ、その場かぎりでバラバラに行われているだけの個人的な対応にすぎず、トップダウン方式で組織的に実践されている社会変革ではない。だが、自分のスキルや経験を捨てて引退するようなことはせずに、もう一度働こうとするベビーブーマーたちの要望に応えられるよう、雇い主たちも少しずつ変わってきている。

2016年、フィリス・モーエンとエリク・コジョラとケイト・シェイファーが、ミネソタ州のミネアポリスにある革新的な23の組織に、かなり突っ込んだ内容の質問をしたときの内容がゲロントロジスト誌に掲載された。インタビューの相手には民間の企業も、政府機関も、NPO団体も含まれている。これらの組織は「従来の年功序列制度を廃止し、新しい方針での運営を試みている」という。

たとえば、フレックス制度の導入、引退して突然まったく仕事がなくなってしまうのが嫌だという人のために、段階的に仕事を減らしていく制度の導入、高齢者や退職者の雇用や再雇用、若い従業員だけでなく中高年の従業員も対象にした研修の導入などを行っているという。コミュニティ、市民グループ、社会起業家も新しい制度を生みだしている。フリードマンがよく話題にするのは、13歳の男子の成人式バルミツバーを、60歳の人にも行っているというユダヤ人グループの話だ。NPOの〈アンコール〉も、民間で自発的につくられた団体だ。

2000年には、同じような団体がもうひとつ立ち上げられた。ニューヨークに住んでいるシャーロット・フランクとクリスティーヌ・ミレンは友人同士で、女性運動を古くから行っているのだが、ふたりは仕事をやめても引退したくはないと考えた。彼女らの話を私に教えてくれたスーザン・コリンズはこう言っていた。

「ここニューヨークで膨大な時間を持て余して『引退なんてするもんじゃないわ！』と思っているのは自分たちだけではないはずだ、とふたりは思ったそうよ」

私がコリンズに会ったとき、彼女は60代の前半で、〈トランジション・ネットワーク〉の理事をしていた。地元の小さな団体がいくつか集まってできたこの団体は、いまでは2200人のスタッフを抱え、13の支部をもつ非営利団体に成長した。非営利団体としてはさほど大きくはないが、独自のコンセプトを世に広められるくらいには大きい。中年期以降の女性は年間100ドルの費用を払えば、人生の再スタートをした人や、過去にそうした経験のある人を結ぶネットワークに参加することができる。「同じ境遇にいる人と出会う場所ができ、悩んでいるのは自分ひとりではないと思えるのです」とコリンズは話してくれた。

この機関はワークショップやセミナーやネットワークを構築する機会を提供してくれるが、その主な目的は〝転換期を迎えている人たちのグループ〟をつくることだという。毎月、8

人から12人ほどの女性が集まって、あらかじめ自分たちで選んでおいたテーマについて掘り下げていくらしい。

たとえば、アダルトチルドレンの問題にどう対処すべきか、硬くなった体をほぐすにはどうすればいいか、どうしたら満足感が得られるか、人を許すにはどうすればいいか、などのテーマについて語り合うそうだ。この集まりはグループセラピーでもカウンセリングでもない。「精神的な問題を解決するための場所ではありません」とコリンズは言った。グループコーチングでもないという。顧客を獲得するための場でもないし、就職先を探す場でもないし、投資話をする場でもない。あくまで仲間同士で会話をする場であり、自分が何者で、これからどうしたいのか、どうすればそうなれるのかを話す場だという。読書会に似ているが、読んで話し合う対象は参加者の人生であり、目的は次の章の構成を考えることだ。

夏の終わりのある日の朝、私はフィラデルフィアでこの〝転換期を迎えている人たちのグループ〟に参加させてもらっていた。8人の女性が出席していて、ほぼ60代だったが、80歳の女性がひとりだけけいた。温かみのあるベージュと薄い茶色で統一された小さなアパートのリビングで、ビジネス・カジュアルの服装に身を包んだ女性たちが、円形に並べられた柔らかな椅子に座っていた。飲み物が近くのテーブルに置いてあったが、彼女らはすぐに2時間のセッションを始めるようだった。ホスト役が選んだその日のトピックは、荷物――物理的な荷物や精神的な重荷――をどうすべきか、というものだった。「まず、荷物とは何でしょう。肩にのしかかっている重荷を下ろしたとき、どんな感情を抱くでしょうか」とホスト役がグループの面々に問いかけた。

私の右隣に座っていたグレッチェンは、結婚生活にかかわる重荷を下ろせずに悩んでいる、と言った。彼女の隣にいたハイジはまた別のことを話した。

「断捨離をするといいわよ。私にはもう物欲はないわ」。彼女は自分にとって大切なものを見極めて、引退後の〝嫌というほどある自由〟をどう使うべきかを考えているという。彼女の夫は3年間かけて旅行やそのほかの活動をすると決めているそうだが、ハイジはそんなに忙しく過ごしたくはない。自分のお金と時間とエネルギーは、もっとよく吟味して使いたいと考えているそうだ。「残された時間がかぎられていると、よくわかっているからよ」

時間もテーマとして挙がり、まるでビーチボールがある女性からある女性へと跳ね回るように、次々と発言が飛び出した。

「いままでは誰とでも仲良くしていました」とフランシスが言った。「でもいまは、誰かといるより一人でいるほうが好きです。どこで誰と時間を過ごすか、よく考えるようにしています」

向かい側に座っているデッブはこう言った。

「一緒にいると気分が落ちこむ人とは会わないことにしました。それが新しい変化ですね。これまでは、いつも求められるように振る舞ってきました。誘われると断わることができなかったんです」

えり好みをするようになってからプレッシャーを感じることが少なくなったと、何人もの女性が話していた。「スケジュールを埋める必要はないと気づいたんです」というのはアリス。私の左隣に座っている。

「誰とも会わないときがあっていい。自由な時間があっていいんですよね。自由な時間をつくればつくるほど、その生活が心地良くなってきました。開いた穴や空間を埋めようと思わないことが、この年齢になって得た知恵です」

グレッチェンも相づちを打った。「この先どうなるかはわかりませんが、少しも気になりません。たぶん、自分のしたいことをすべてやってきたからそう思えるのでしょう。そのほかのことは、すべておまけのようなものです」

エリザベスは、少し違う意見を言った。彼女は65歳ではなく80歳なので、ほかの人が思っているほど余生というのは短くないものだと言いたかったようだ。

「あなたたちは、世の中の人が65歳は年寄りだというものだから、65歳の自分は年寄りだと思っているようね」と彼女は諭すように言った。「あと数年もすれば、65歳なんてまだまだ若いと思うはずよ」

会話はさらに続き、ボランティア活動をするといいとか、家の片づけができない人の手伝いをするのもいいとか、話は次第に具体的な提案に移っていった。それは、テーマにとらわれた話し合いではなく、そこにいる人たちが何かを得るための話し合いだった。

「この会に参加することは、自分と同じ問題に悩んでいる人、しっかりと人生を歩んでいる人のコミュニティの一員になるということです」とコリンズは言った。

〈トランジション・ネットワーク〉がこれほど興味深く、参加者にとって有意義な活動をしているのは、まったくの民間プロジェクトであることも一因だろう。理事のコリンズと数名のスタッフを除けば、あとはすべてボランティアのスタッフだ。会費も高くない。新しい支部は、地元が主導権を握って立ち上げる。互いに支え合うというこの組織の形は、アメリカの天才たちによってつくられたボランティアのグループや組合のことを書いた、19世紀のフランスの政治思想家アレクシ・ド・トクヴィルの本から、まさに抜け出してきたかのようだ。だが、より広範に、組織だったボランティア活動をするには、社会や文化の指針を動かせるだけの大きな組織が必要になる。

大きな組織はこれまでほとんどなかったが、ある先駆的な団体の例を見てみよう。AARP（旧アメリカ退職者協会）は世界でも一、二を争う規模のメンバーシップ組織で、アメリカでもっとも強力な圧力団体のひとつだ。ワシントンDCに本部を構えるこの組織は、高齢者の利益に関する論争への影響力が高いことで有名だ。AARPは、大人時代の後半は遊んで暮らすという考え方を否定し、AARPの名称だった〝アメリカ退職者協会〟や機関誌の〝最新の老い方〟などという言葉を嫌うベビーブーマーたちに合うような組織にするのに苦労していたが、数年前に組織を一新した。

２０１０年代に入り、ＡＡＲＰが40代、50代の人に自分たちの組織のことを紹介するための事業を模索していたころ、中年期や中年期以降の人に過渡期が訪れるという現象をたびたび目にするようになった。そこで２０１２年、ＡＡＲＰは〈ライフ・リイマジンド（人生を見つめ直す）〉というプログラムを立ち上げた。

このプログラムはライフコーチのリチャード・レイダーとジャーナリストのアラン・Ｍ・ウェバーによる同名の書籍からインスピレーションを受けて立ち上げられたものだ。レイダーとウェバーが強調するのは、過渡期の悩みは自分でなんとかできるものではない、ということだ。孤立は死につながる恐れがあるという。プロジェクトのことを話しているときに「ひとりで悩んでいるのは心細いものです」と、ウェバーが言った。「どの人の人生もその人だけのものですが、ひとりで歩むべきではありません」

人生のなかで起こる変化はけっして生易しいものではなく、特に中年期における変化は脅威でもあり恐ろしく不安定なものなので――当の本人だけでなく、その家族や知り合いにとっても――できるだけ多くの情報がほしいところだが、私たちはそのことに関する情報をほとんどもっていない。〈ライフ・リイマジンド〉プロジェクトは、その手がかりを提示してくれる。「人生の過渡期にある人ひとりひとりに指針を示すプログラムです」とＡＡＲＰのジョン・Ｆ・ウィルソンは話してくれた。

〈トランジション・ネットワーク〉とは異なり、〈ライフ・リイマジンド〉は、参加者同士が直接顔を合わせることを目的としてつくられたプログラムではない（だが、私が本書を執筆している現在、参加者が集まる機会を設けることを検討しているという）。オンラインで情報やサービスを提供するものだ。

ウェブサイトでお勧めの電子書籍を紹介したり、クイズ、瞑想ガイド、人生設計のための練習やワークブックなどを提供したりするほか、頭の健康、人間関係、目的の見つけ方などに関するオンライン講座なども提供する。また、市場価格よりもはるかに安い価格で、ユーザーがオンラインでライフコーチを頼める仕組みも実験的に行われている。AARPのアン・マリー・キルガロンは、プロジェクトの詳細は中年の参加者の要望に応じて変えられるようにしていると話してくれた。

「過渡期にある人に寄り添うという姿勢は変わりません。〈ライフ・リイマジンド〉は抱えている問題がどんなものであっても、電話をして助けを求めることのできる親友のような存在であり、解決への道筋を示してくれる存在だと考えています。私たちの目標は、メンバーだけでなく、50歳以上のすべての人の力になることです」

教育面でのサポートはどうなっているだろうか。U字曲線に対応できるような教育は行われているのだろうか？　ここでも、先駆的な団体の例を見てみよう。

2010年、小児科医のフィリップ・ピッツォは、スタンフォード大学の医学部長の職を辞したあとの人生について思いをめぐらせていたとき、成熟した大人が自分の人生について考え直すときに高等教育機関が何かの役に立てないだろうか、と思いはじめた。

「そこで、世界じゅうの何百人、いや何千人の話を聞いてまわったんです」と話してくれた。「40代後半や50代の人が、いかにフラストレーションや失望感を抱いているかを知って驚きました。私の予想以上だったのです。そこで抱いた疑問は、そんなとき彼らはどうするのか、というこことです。どうやって自分を立ち直らせるのか、どうすれば立ち直れるのか？」

そこで、彼は中年の人が互いに助け合ったり学びあったりできる大学のプログラムがあればいいのではないか、と考えた。

「高等教育機関を利用して、若いころと同じことができないだろうか、つまり、もう一度さまざまな可能性を模索して、考えて、人とつながって、人生の次のステージについての計画をたてることはできないだろうか、と考えたのです。若いころにしたことを、中年期でもう一度やればいいんです」

そして2015年1月、ピッツォの指揮のもと、スタンフォード大学にDCI（Distinguished Careers Institute）というプログラムが誕生し、数十年の職業経験をもつ応募者や、もう一度人生設計をしたいという応募者のなかから、プログラムに参加する24名が選ばれた（彼らはフェローと呼ばれる）。彼らは1年間、大学の講義に参加し、著名な講演者の話を聞いたり、自分たちの希望、計画、もてるノウハウなどを語り合ったりする。「全員が過渡期にある人ですが、そのことについて話せる相手がいない人がほとんどです」とピッツォは言う。「フェローは成功してきた人たちばかりで、自分の弱みを見せるのをためらうような人たちですが、2、3週間もすると、これまで誰にも話したことのないようなことを、互いに話したりするようになります」とピッツォは言った。

「Distinguished Career（卓越したキャリア）」というプログラムの名称どおり、これは誰もが参加できるプロジェクトというわけではない（数万ドルという参加費もそのことを物語っている）。ピッツォはこれを、テスラ社が初めてロードスターを売り出したときと同じやり方だと説明した。

ロードスターは10万ドルもする電気自動車だ。同社は電気自動車を普及させるために、まずはアーリーアダプター*の購買力を当てこんで売り出し、ゆくゆくはもっと手ごろで実用的な電気自動車の市場をつくりたいと考えていたという。

「まずはこの活動の意義を世間に知らせるために、鳴り物入りのプログラムを始めたというわけです」とピッツォは言った。「私たちの始めたプログラムが模範になってくれることを期待しているわけでも望んでいるわけでもありません。もっと多くの人がその恩恵を享受できるような種をまきたいと思っているのです」

＊　新たに登場した商品などを早期に受け入れ、他の消費者へ大きな影響を与えるといわれている利用者層。

ピッツォは再スタートを望む人たちを支援する独自のプログラムを開発したいと考えているコミュニティ・カレッジや大学とも、たびたび話し合いをしているそうだ。ポートランド・コミュニティ・カレッジやペース大学などで、すでに大人のアンコール世代、もう一度キャリアを模索したい人のためのプログラムを提供しているという。

何かを参考にしてプログラムをつくったのか、という私の質問に対してピッツォは、「どんな方法が有効なのか、まだ手探り状態なのです」と答えた。前例がほとんどないため、DCIプログラム、〈ライフ・リイマジンド〉、〈トランジション・ネットワーク〉といった草分け的なプログラムは、小規模で流動的なものになりがちだ。それでも、先駆け的なプログラムには学ぶところが大きいので、ほかにも同じような試みをしているところがないか探してみることにした。中年期の人を冷遇せず、U字曲線に対応できるような環境を整えた企業とは、どんなものだろうか？　うららかな春のある日、気づけば私はシカゴのダウンタウンの、ある広告会社にいた。

オフィスビルの会議室で、私は営業担当のダニエルと向かい合っていた。普通のミーティングと何ら変わらない状況だ。だが、話題はちょっと変わっていた。

ダニエルはレオ・バーネット・ワールドワイドに勤めて10年以上になる。レオ・バーネットは世界でも有数の広告会社だ。コカ・コーラ、ケロッグ、GMなどを顧客にもつ。顧客からの要望やプロジェクトへの期待も高いうえに締め切りにも追われ、ときには容赦ないほど厳しい状況にさらされる。ダニエルにとってとてもストレスの高い環境だが、そのうえ彼女には妻やふたりの子の母親という役割もある。上の息子さんは10代になったばかりだそうだ。さらに追い打ちをかけるように、いまから4年ほど前、40代になったころから仕事がどうもうまくいかなくなった。

「インスピレーションがなくなったように感じました。私が最終的に望んでいるものは何だろう、と考えるようになったのです。昇進なのか、周りから認められたいのか、いいテレビ・コマーシャルをつくりたいのか。仕事をする意味を見失ったような感じでした」

そもそも広告の仕事は、生活満足度に大きな影響を与える仕事ではないのではないだろうか。30秒のテレビ・コマーシャルをつくることにキャリアのすべてを注いで、その意義や目的について何ら疑問をもたないとしたら、その人はどこかおかしいのかもしれない（映画『アメリカン・ビューティー』でケヴィン・スペイシー演じる鬱々とした男性が中年の広告マンだったことは偶然ではないだろう）。ダニエルはこんな疑問を抱くようになったという。

「私が人生に求めているものは何？　こんなことで悩んでいる私はおかしいの？」

そんなある日、幹部からレオ・バーネットの社内で行っているコーチングプログラムを勧められたのだと、当時を振り返って彼女は話してくれた。コーチングはリーダーシップのスキルを高めるのにも役立つし、自分が気づかない点に気づかせてもくれる、とその幹部が言ったそうだ。ちょうどそのころ、消費者の動向を分析する仕事をしていた友人からも、そのプログラムを勧められていた。そこで、ダニエルはコーチングの講師にメールを送った。件名にはこう書いた。「明日の希望のために」

いまでは多くの企業が社員向けに（特に経営幹部向けに）コーチングを取り入れている。コーチングは気づきを得るためのものであるという見方が広がってから、コーチングはビジネスの世界でも、ポテンシャルの高い人材の能力を引き出す方法として取り入れられるようになった。レオ・バーネットの場合がまさにそうだ。２０１５年に私がレオ・バーネットを訪れたとき、同社には12人以上のコーチが常駐していて、幹部だけでなく、数百人の従業員がコーチングを受けていた。

最近では、従業員こそがもっとも大切な資産であると公言する企業も多い。レオ・バーネットもその例にもれない。人事担当者のリネッタ・マッカンはこう言う。

「弊社では、従業員が唯一の資産です。我が社のアイディア、テレビで流れているコマーシャル、消費者の獲得は、すべて従業員たちの手によるものです。従業員のなかから出てきたアイディアを使って、我が社は広告を制作しているのです。もし、いまいる2千人の従業員がそっくり入れ替わってしまったら、同じ作品をつくることはできないでしょう」

マッカンはアフリカ系アメリカ人で、体は小さいが存在感は大きい。大きくて温かい心をもち、世事に長け、つねに人に寄り添った振る舞いをする彼女は、企業人というよりも宗教関係者のような印象だが、彼女は広告ビジネスのことを、1977年に公開された『スター・ウォーズ』で、ルークたちがゴミ処理場のゴミプレス装置に押しつぶされそうになった場面になぞらえる。

「映画のなかでは床も、壁も、天上もルークたちを押しつぶそうと迫ってきますが、それと同じような状況です。組織のなかで中間あたりにいる人には、大変な重圧がかかってきます。ですから、中年期には危機に陥ることもあります。仕事をひとりで抱えこんでいるような状況なら、コーチングをしてもらったほうがいいでしょう。人生とは、自分のためだけ、配偶者のためだけ、パートナーのためだけ、子どものためだけにあるのではありません」

レオ・バーネットで行っているコーチングは、どんな年齢の従業員でも受けることができるそうだ。

「コーチングを受けたいと手を挙げれば、会社がコーチをつけてくれますし、コーチングを受ける時間も設けてくれるし、コーチングを受けていることを秘密にもしてくれます。会社がサポートしてくれるのです」

顧客の要望がすべてという この仕事は、30代後半から40代にとってとても厳しいものだ。ダニエルが自問していたような価値観の問題に悩まされることになる。マッカンはこう言う。

「そうした問題を相談できる場がはたしてあるでしょうか？　35歳や45歳になったときが、自分の価値観がもっともプレッシャーにさらされるときでしょう。それでも人はその場になんとか適応しようとする。親の望むような子であり続ける。配偶者やパートナーとなんとか折り合いをつけていこうとする。そして自分の価値観を問い直し、その答えを見つけなければと、大きなプレッシャーを感じる。答えを見つけなければならないと焦ると、人は自問するのをやめてしまうか、根幹にかかわるような問いを発するのをやめてしまいます」

自分自身もハピネス・カーブをたどってきたマッカンには、自分の悩みを話せる場がある。以前、彼女は同社のある事業部門のグローバルCEOを務めていたそうだ。ところが、52歳で燃え尽き症候群になってしまい退職、再び学校に通って修士号を取得したあとこの会社に戻ってきて、以前とは違う役職に就き、現在は人事の仕事を担当している。その間、彼女は自分が抱いていた疑問に対する答えをいくつか見出したという。

「まず、自分の価値観についてよく考えてみました。そして、自分にはふたつの異なる価値観があることがわかりました。ひとつは感情に関する価値観、もうひとつは知性に関する価値観です。慈悲の心をもった人間、そして、好奇心を失わない人間でありたいと思っています」。彼女は転換期をほぼ自分ひとりで切り抜けてきた。

「心のなかでは、大きな葛藤がありました」と彼女は言う。「周りの人は私が苦しんでいることに気づいていたのかどうか、わかりません。誰か気づいてくれる人がいたら、もっと早くU字曲線の谷底を脱することができたかもしれません。Uの字の形も違っていたでしょう」

ビジネスの世界では燃え尽き症候群はよくみられるし、結果的に高くつくものだが、『アメリカン・ビューティー』の主人公のような状態になる前に、自分の価値観を問い直すのはいいことだ。

「U字曲線の谷底に陥らないようにするには、自分の価値観を大切にして物事を考えることです」。とマッカンは言う。だから、彼女の広告会社では、従業員に自分の価値観を大切した人生を送ることを奨励している。これはコーチングの目指すところでもある。

コーチングとは、あなたには何か問題があってそれを正さなければならない、ということを前提としているのではない。むしろ、あなたはまったく問題なく元気だという前提のうえにあなたの価値観を明確にし、その価値観を大切にしながらどうやって人生をうまく歩んでいくかを考える手助けをしてくれるものだ。

また、コーチングは、アドバイスや専門知識を教えるものではないという点で、メンタリングやカウンセリングとも異なる。いってみればライフコーチというのは盟友のようなものだ。彼らは相手の話にじっと耳を傾け、相手の心の奥底にあるものに気づき、核心をつく質問を投げかけることで、相手という存在、そして相手が真に望むものやそれを得るための方法を浮き彫りにさせるよう訓練を受けた人たちだ。

「コーチングの訓練では、自分のことは意識から取り除き、明確で、有効で、基本的な質問を相手に投げかけることを徹底して学びます」と、サンディエゴの〈アカンプリッシュメント・コーチング〉の創設者であるクリストファー・マコーリフは言う。「数多あるセラピーとは異なり、コーチングは過去を振り返るのではなく未来を見つめるもので、精神的な問題を診断したり解決する方法を見つけたりするものではなく、どうやったら目標を達成できるのかを考えるものです」

そうはいっても、ある意味でコーチングはセラピーとよく似ている。まず、コーチングのセッションで交わした会話は秘密にされる。セッションは通常1時間ほど続く。初めは1週間に1度という頻度で行い、次第に数週間に1度というペースにしていく。また、職場でコーチングを受けている人でも、コーチングの対象は仕事だけにとどまらない。ライフコーチからよく聞くのだが、仕事をするときの自分と、プライベートな自分とは密接にかかわり合っていて、分けて考えることはできないのだそうだ。レオ・バーネットでは、コーチングを行う前の問診票にはこんなことが書いてあるという。

「コーチングではあなたという存在のすべて──体、感情、精神、知性──に向き合います。あなたがどのような〝存在〟であるか、人生をどのように送っているかに焦点をあて、あなたにとって最善の支援の方法をともに考えていきます」。そして、こんな質問が続く。

「あなたが大切だと思うものを上から5つ挙げてください」。「十分な時間と資金があったら、何をしますか？」「行きづまってしまったとき、あなたはどうなりますか？」

いま挙げたような観点からいえば、レオ・バーネットで行っているプログラムは典型的で、コーチングのもっとも優れた点を生かしているといえる。ただ同社が特異的で、私が興味を惹かれる理由は別にある。それは、レオ・バーネットでは、コーチングを受けるのが当たり前になっているということだ。コーチたちも同社に雇われている従業員である。だから、広告会社で働いている人間のことをよく知っているし、その仕事特有のストレスのこともよくわかっている。幹部たちもコーチングを受けているし、そのプログラムを従業員にも当然のように勧めている（「すべての従業員にコーチングを受けてほしいと思っている、と彼らにも話しています」とある上司は話していた）。

同社では、コーチングが日常の風景になっている。エレベーターや休憩室で、同僚からコーチングの話をよく耳にするようだ。ダニエルもそうだった。このように、レオ・バーネットでは、価値観の問題は、特に仕事のうえでは、個人の問題にすぎないという従来の考えを覆したのだ。

「コーチングを受けるのは恥ずかしいこと、という思いこみをなくそうと苦心しました」と、かつてレオ・バーネットで役員をしていて、現在は社内でライフコーチをしているピーター・ダイアモンドが言った。

「当初はコーチングを受けていることを互いに知られないようにしなければならないと思っていたのですが、3年もすると、社内でもごく普通のことになりました」

従業員たちはコーチングのことをミーティングでも話題にしたりするし、顧客に話したりすることもあると語ってくれた——完璧な人などいないし、すべての答えを知っている人などいない、と暗に相手に示すいい方法だ。

レオ・バーネットで実践しているコーチングプログラムとコーチング文化が、具体的にどんな結果となって表れているか、科学的に述べることはできない。業績の変化を検証してみたかどうかたずねる私に、ひとりの経営幹部が「意図的に検証していないんですよ」と答えた。

コーチングプログラムはとても人気が高く、従業員たちの話からもそれがうかがえる。「心が穏やかになるんです」と、クリエイティブチームのチーフをしている38歳のシェリーが言った。「冷静さを保つためにコーチングセッションを利用しています。周りから高い目標を突きつけられると自分の目標を見失いがちですから」。営業担当の38歳のモリーはこう言っている。

「真夜中や朝の5時にメールの返信を打つよりも大切なことが、人生にはあるはずだと思うんです。思っていることを大きな声で言えるというのはすばらしいことですよ。自分ははたしてきちんと物を考えることができているのか、自分自身に問いかけることができるようになります」

44歳のダニエルも自問をしているが、その答えはまだ見つかっていない。彼女のいう〝目的とそこまでの道のり〟は見つかったかどうかたずねる私に、彼女は「まだ、見つけられていません」と答えた。彼女が受けたコーチングセッションでは、何も成果がなかったのだろうか？　彼女からはこんな言葉が出てきた。

「コーチの前では、すべてをさらけ出します。自分の身に起きた嫌な出来事を話すと、悩んでいるのは私だけではないと教えてくれます。自信も与えてくれます。いつも私を励ましてくれます。けっして私を馬鹿にすることはありません。物事を違う角度から考えることも教えてくれます。私とはまた違ったやり方で、点を線につないでくれるんです。それに、客観的な立場で私を評価してくれる点も、とても貴重です。コーチのおかげで私は立ち直る力を手に入れることもできたし、問題を解決する力を手に入れることもできました」

「少なくとも、自分はいたって普通なのだと思うことができるんです」

普通。ここでもまたこの言葉が出てきた。

科学ではなく社会が、人生のなかで何が〝普通〟なのかを決めていることが問題なのだ。大人の成熟の仕方と生活満足度の変化について、社会が形作った標準的なひな型は、ハピネス・カーブをひっくり返した形で、丘のような曲線を描く。この従来の考え方について、レイダーとウェバーは著書『人生を見つめ直す――自分の新しい可能性を探ろう（*Life Reimagined: Discovering Your New Life Possibilities*）』のなかで、こう述べている。

> 私たちは学び、成長し、自分の可能性を探ろうと新しいスタートを切る。若いころから曲線は右肩上がりに伸びていき、中年になるまで上がり続ける。そこで私た

ちは人生の頂点を迎え、放物線も頂点に達する。その後、中年期を過ぎると、曲線は下降しはじめてやがて引退の日を迎え、老齢となり、最後には死に至る。

時代遅れではあるが、いまだに広く一般に信じられているこうしたパラダイムからすれば、ハピネス・カーブのほうが普通ではないことになる。普通とは正反対だといわれる。もちろん中年の危機というのはよく知られた現象だ。だが、〝危機〟というと何か極端で異常で悪いものという感じがする。だから、私たちは中年の危機を逃れようとし、それができないと自分が危機に陥っていることを隠そうとしてしまうのだ。

現実とはおよそかけ離れているものを社会が普通だとみなしてしまうと、私たちは本来であれば極めて普通の変化であるのに、失望を感じたり不幸だと思ったりしてしまう。中年期には最高の状態になるものだといわれてしまうと、中年期に目標を失ったり弱みを見せたりするのは、その人自身に問題があるということになってしまう。自分自身に問題があるといわれると、私たちは孤立を深め、幸せを感じられなくなる。一番いい時期は50歳で、もう過ぎてしまったのだといわれると、私たちは将来に対して暗澹たる気持ちを抱くようになる。こうして、大人の成熟の仕方について間違った話を聞かされることで、中年期の罠にはまってしまうのだ。

中年期に陥る罠が完全に消えてなくなることはない。なぜなら、本能的な一面もあるからだ（チンパンジーやバーバリーマカクの例を思い出してみてほしい）。だが、それ以外は、社会の認識のずれが原因だ。ハピネス・カーブという言葉が浸透していけば、期待値とのギャップ――45歳や50歳のときに実際に感じる満足感と、感じるべきと信じこんでいる満足感との差――は少なくなっていくと、私は信じている。

より多くの人や機関が中年期に訪れる過渡期――個人にとっても社会にとっても有意義で健全な、精神面における再スタートだ――をありのままに理解するようになれば、社会からのサポートも受けられるようになるだろう。コミュニティも会社も大学も、さらには反応の鈍い政府ですら、過渡期を迎えた中年の人に対して資金やサポートを提供するようになるだろう。何より、私たちが加齢や生活満足度について話すときの内容が、現実を映したものになるだろう。

そしてハピネス・カーブをたどるのはごく普通のことと考えられるようになり、青年期のように、誰もが当然通る道として認識されるようになるだろう。そしてそのうち、過渡期にあることを恥じる人はいなくなるだろう。おそらく、スポーツカーが中年の危機の象徴として扱われることもなくなるはずだ――と期待している。

本書で紹介してきた先駆的な企業やスタートアップは、まだまだ変化の兆しにすぎないが、それでもすでに、社会のなかで新しい筋道をつけつつある。レオ・バーネット、スタンフォード大学、ＡＡＲＰ、〈トランジション・ネットワーク〉でさまざまなプログラムが生まれたのは、1人も組織もそれを必要としていて、待ったなしの状況だったからだ。こうして新たに誕生した支援団体のプログラムを利用することで、より楽に過渡期を乗り越えられることはすでに実証済みだ。〈トランジション・ネットワーク〉のことを調べているとき、ニュージャージー州の支部に勤めているクレアにインタビューをさせてもらった。

彼女は40歳のとき、企業弁護士の仕事に対する不満が次第に高まってきたことを感じたという。50歳になると〝ストレスがたまり、疲れきって、変化が必要だと感じ〟非営利団体の仕事のことを調べたりもしたが、ますます混乱するだけだった。自分のスキルには自信をもっていたが「このスキルをつかって、非営利団体で活動するにはどうしたらいいのだろうか、と考えあぐねました。そもそも非営利団体に行けば何か得られるのだろうか、と。どうやってその分野に足を踏み入れればいいのか。まったくわかりませんでした」

ここまでは、よく聞く話だ。だが、彼女はラッキーだった。1通のメールが彼女を〈トランジション・ネットワーク〉へと誘った。

「そのメールを見たとき、思わずこう思いました。『私のスキルを生かせるすばらしい仕事のようだし、社会的にも意義があるわ』。しっかりとした地図をもって島を探検するような気分でした」

ちょうどそのころ、彼女はペース大学からも、人生の過渡期にある人を対象とした新しいプログラムに関するメールを受け取っていた。そのプログラムで受けた講義で、彼女は自分のスキルを再び役立てる方法や再スタートする方法などを学んだ。ペース大学の講義で、彼女は〈アンコール〉のフェローシップのことを知る。これは転職を希望する人が、社会的な活動をしている組織で1年間にわたって働く制度だ。このフェローシップ制度で、彼女は元受刑者とその家族の社会復帰を支援する非営利の活動を行った。彼女のもっている法律の知識と事務処理能力がそこではとても役に立ち、1年間のフェローシップを終えたのち、彼女はその団体の主席顧問となった。

いくつかの社会的なサポートがぴたりとはまり、自分で道を切り拓いたというより、まさにセレンディピティによって、クレアは孤立することもなく、過渡期をスムーズに乗り越えることができた。〈トランジション・ネットワーク〉は旅の友を提供してくれ、ペース大学は地図を与えてくれ、〈アンコール〉が道を切り拓いてくれた。

もし、過渡期に寄り添ってくれるものが何もないまま、ひとりでネットの情報を集めて何から解決すればいいのかと悩んでいたとしたらどうなっていたと思うか、と彼女にたずねてみると、最終的にはうまく過渡期を乗り越えられたと思うが、その道のりはつらく混乱したものになっただろう、という答えが返ってきた。「きっといいことと悪いことの繰り返しで、乗り越えるのには長い時間がかかったと思います」

過渡期を過ぎたいま、その当時のことをどう思うかたずねてみると、彼女は小さく笑いながらこう言った。「娘たちはこう言うんです。『ママ、退職して失敗したね』と。でも私は、いまの仕事が楽しくて仕方ありません」

このように、社会のなかで筋道がつけられていることは大切だ。さまざまな機関、規範、そして前例が人生の道を照らしてくれれば、私たちはゼロから始めなくてもすむ。自助努力もさることながら、カールに必要なのは周りからの支援だといったのは、まさにこういうことだ。ハピネス・カーブに対処するには、トマス・コールの絵には描かれていなかった旅人たちの支援が必要だ。同じ道を先に通っていった旅人たちからの支援だ。彼らなら川の流れで注意すべきところを示すこともできるし、危険を知らせたり、流れが急なところでは川岸で休むことを教えたり、栄養を補給することを教えたりすることもできる。

社会からのサポート体制も整いつつある。ベビーブーマー世代が退職するころには体制もしっかり整い、引退して長いバケーションを送るような人はいなくなるだろうし、ここまで述べてきたようなグループ活動やさまざまなプログラムや考え方が世の中に広まることだろう。だが、子ども時代と大人時代の間に青年期という時期があるという考え方を広め、そのための社会体制を確立するのには、数世代にわたる作業が必要だった。それを考えると、大人のアンコール世代という時期を確立し、中年期についての新しい考え方を広めるのにも、長い時間が必要だろう。友人のカールも、それが確立するのを待っていられる状況ではない。彼にはいま、救いの手が必要なのだ。

いま、私がカールにできることはいくつかある。同性愛はだいぶ異常なこととは見られなくなりつつある。それは少しずつ、ひとりずつ、ゲイの親族、友人、雇い主、同僚らが、同性愛について知り、支援してくれるようになったからだ。私たちの周りにいる人は、私たちを嘲笑ったり、精神病扱いをしたりすることもなく、私たちのことを受け入れ、友人としてつきあってくれている。

本書のためのリサーチをするなかで何度も目にしたのは、中年期の不調についてありのままを話しても、それで自分が評価されることはけっしてないとわかったときにみせる、安堵の表情だった。ハピネス・カーブに陥るのはごく普通のことで、世界じゅうにみられる現象だし、類人猿にもみられる現象だと説明すると、みな驚いて笑みをこぼした。いまこの章を執筆しているときにも、面識のないデレクというカナダ人から、次のようなメールが届いた。

一言、あなたにお礼が言いたくてメールしました。U字曲線についての記事を書いてくれて、とてもとても有難かったです。

私は45歳で離婚歴があり、10代の子どももいます。他者から見れば、私の生活は問題ないように見えると思います。キャリアも積んでいますし、いろいろな物事もうまくいっているように見えるでしょう。

ですが、私自身はうまくいっているとは思えませんし、人生のなかでもっともつらい時期にいると感じています。なぜそう思うのかはわかりませんし、自分には精神的な問題があるのではないかと気になって仕方ありませんでした。

ですから、あなたの研究と洞察に富んだ記事には、本当に助けられました！　あなたの記事に巡り合うことができてよかったです。あなたの記事に影響を受けた人は大勢いると思います。


もちろん、このメールの〝あなた〟は私個人のことを指しているのではなく、ハピネス・カーブをたどることは普通のことで病気でも何でもないし、それどころか、そのひねくれたカーブは建設的ですらあるというメッセージのことを指している。このことを知っているだけでハピネス・カーブの谷底をのりきる助けにもなる。もしデレクの家族、友人、隣人、同僚もそのことを知っていたなら、そしてそれを周りにも伝えていたなら、もっと楽にのりきれたことだろう。前の章で紹介したテリーの場合は、仲間が転覆しないよう互いに支え合っていた。

私たちも誰かの〝仲間〟になることができる。社会全体の改革をするには大きな組織の力が必要だが、個々の状態を改善するには、自分の周りにいる人が安心して過ごせるような空間を、ひとりひとりがつくればいい。私たちひとりひとりが中年の危機に関する思いこみを捨て、新しい考え方に耳を傾け、それを強調し、周りと共有すれば、ひとりで中年期の過渡期に対峙しなければならない人は少なくなるだろう。

相手を評価することなく、ありのままの相手を肯定的にとらえようとする態度で接すれば、人生の荒波に翻弄されているカールのような旅人たちを仲間として救うことができる。それはまた、間接的にほかの旅人をも助けることにつながる。ほかの旅人も荒波から抜け出すことが容易になる。私たちが、社会のなかで交わされる会話に新しい意見を付け加えるのだ。普通とは何か、その認識を少し変えてやろうではないか。そして、川岸に標識を立てようではないか。

当初、この章はここまでで終わるはずだった。だが、最後の部分を書いているときに、ちょうどカールからメールが届いた。それまでにも、私たちは彼の人生とハピネス・カーブについて何度も話し合っていたし、彼に読んでもらおうと思ってこの本の原稿も渡しておいた。感想を聞かせてくれとお願いしていたわけではないし、彼が感想を聞かせてくれるとも思っていなかった。だが、彼からのメールには、ハピネス・カーブは社会的にも正常なものであると考えて、人とのつながりを大切にしていれば、きっとうまく乗り越えられるということが、私よりもうまく書かれていた。

カールの話から本書が始まったことを考えると、彼の言葉で本書を締めくくるのがもっともふさわしいかもしれない。僕はなんとか元気にやっている、という一文で彼のメールは始まっていた。その続きにはこうあった。

悩んでいるのは僕ひとりではないこと、そして思春期と同じように、これは避けては通れない時期であることを知って、とても気が楽になったよ。10代の自分がどれほど不格好でニキビ面だろうと嫌いになるべきではないし、迷ってばかりの中年の自分も嫌いになるべきではないとわかった。

それから、もうひとつわかったことがある。仕事で成功したからといって幸せになれるわけではないと頭ではわかっていたけれども、それを自分は完全には理解していなかったということだ。僕自身も中年期のスランプに直面したわけだけれど、自分よりもはるかに成功した人もヘドニック・トレッドミル現象に陥っていると知って、目が覚める思いだった。もちろん、これからも僕はもっと多くのことを成し遂げようとするだろうし、そのチャレンジを楽しむと思う。けれども、以前ほど必死ではない。仕事で多くの成功を手に入れたからといって幸せになれるわけではないと、いまではよくわかっているからだ。

いま、僕は人生の楽しみを別のものに見出そうとしていて、頭の中に占める仕事の割合を減らそうとしている。ほんのちょっとしたことだが、仕事のメールを確認する回数を減らしたり、何をしているときでも気が散ってしまうような携帯の着信音を消したりした。いまという時により集中するように心がけているし、いまの僕があることに感謝の気持ちをもつようにも心がけている。これが知恵というやつだろう？　それから、この秋は家族や友人にいつもより頻繁に電話をかけるようにしたり、自分のためにアウトドアのレジャーを楽しんだりしたよ。誰かを感心させようと思ってやっているんじゃない。ただ、自分が楽しむだけにやっているし、同じように楽しもうとしている人たちと知り合ったりもしたよ。

そして最後に、感情はそのうち必ず上向くというエビデンスを読んで元気が出た。それから、中年期以降の第二の航海では、僕も（自分がそう望めば）何か新しい仕事を見つけられるし、そこからの半生は自分がもっとも大切だと思う人や物に時間を割くことができると知って、元気が湧いてきた。

それでも、川岸からの支援が僕には必要だろうか？　もちろんだ。僕はまだU字曲線の谷底にいる。でも、もう自分が海をさまよっているとは感じない。そのことにとても安堵している。

# 第10章 エピローグ

## 感謝の心を取り戻す

1990年夏。東京は汗ばむような夜だった。私は麻布十番の通りをドナルド・リチーと歩いていた。彼は世界でも有数の日本映画の権威で、エッセイストや小説家としても有名だ。なんとか伝手をたどって彼に連絡をとってみたのだ。当時30歳だった私は、自分が人生に望むものは何かわかっていた。いつか彼の著書『瀬戸内海（*The Inland Sea*）』のようなすばらしい本を書きたいと思っていた。

1960年代、リチーは日本の3つの大陸に囲まれた細長い内海である瀬戸内海を旅してまわっていた。今日では瀬戸内海に浮かぶ島々や村も、どこにでもあるような近代的な場所になってしまったが、1960年代はまだまだのんびりした片田舎で、日本の古きよき価値観が残っている場所だった。

「瀬戸内海の島々は本当に美しい。移りゆくもののなかに、その美しさを見出すことができる」と彼は書いている。「だから私は、人間らしさの残っているこの場所へ行きたいと思うのだ。穏やかでのんびりしたこの場所で、人々はありのままの自分が望むように暮らしていて、どこよりも幸せそうだ」

リチーは本のなかで、現地で出会った僧侶、漁師、ハンセン病患者、それに学校に通う子どもたち、おばあちゃんたち、役所の人たちや店員たちの話を、少しだけ脚色して織り込みながら、啓発的な言葉や人間に関する深い洞察などを書いている。リチーが40代だった1971年に出版されたこの本は、すぐに名作と評された。

また、リチーは戦後の灰のなかから復興する日本の姿も記録していて、日本文化研究の第一人者になるとともに、日本の芸術界を三世代にわたって後押しする人物となり、小説や新聞のコラムをはじめさまざまな文章を書くかたわら、世界じゅうを講演してまわり、数々の賞や栄誉を手にした。

だから、そんな彼と東京の街を歩いているとき、これほどすばらしい功績を残したリチーでさえ中年の危機を経験したと知って、とても驚いた。彼がいう中年の危機とはどのようなものだろう。

「中年の危機は40代に始まることもある」と彼は言う。「自分の人生を見つめ直して、自分の人生はこんなものなのか？　と思ったときから始まるものだ。それが終わるのはおよそ10年後だね。もう一度自分の人生を見つめ直して、なかなかいい人生じゃないか、と思ったときに終わるんだ」

感謝の気持ちをもつことは健全なことだ。研究でも感謝の気持ちをもっている人は楽観的で、幸せで、体も健康だという結果が出ている。そういう人は医者に行くことも少ないだろうし、眠れぬ夜を過ごすことも少ないだろう。自分の人生を変えてくれた人に感謝の手紙を書くことで、気分がよくなったり体が元気になったりすることもある。感謝の気持ちという薬があるならば、どの医者もその薬を処方することだろう。

感謝の気持ちをもつことは尊いことでもある。世界のどこの国のどんな宗教も、与えられた恵み（不運についても）を神に感謝するものだし、古代の哲学者たちも感謝の心は道徳のもっとも基本的なものだとした。「感謝は最大の徳であるだけでなく、すべての徳の源である」と古代ローマ時代の哲学者キケロは語った。

また、感謝の心は欠くべからざるものでもある。人間という種がここまで生き延びてきたのは、近くにいる人も遠くにいる人も含めて、数多くの人から受けた恩を知り、それに報いようと努力してきたからである。社会全体で感謝の気持ちを表すことができるのは人間特有の能力であり、それがあるからこそ、国という枠を超えて互いに協力し合うことができる。これはほかの動物にはみられない特徴だ。互いに感謝する心がなければ、人生はつらく、殺伐として、もっと短いものになってしまうことだろう。

私自身がハピネス・カーブの谷底にいるときにもっとも苦しめられたのは、感謝の気持ちをもてなくなったことだった。感謝すべきなのはわかっていたし、そうしようと努力もした。感謝しているか、と聞かれたら、もちろん感謝しているさ、と口では答えただろうが、その実、私は感謝の気持ちをもてずにいた。私のなかの批評家は、喜々として私や私の人生の欠点をあげつらい、私が自分に与えられた恵みに思いをめぐらせて説き伏せようとしても、頑として去ることはなかった。二度と感謝の心を取り戻せないのではないかと思い、私はとても落ちこんだ。

突然気づきを得て、新しい目的や宗教を見出したり、あるいは、解決の糸口となるセラピーに出会ったりしたというならば、私の話はいい映画にでもなることだろうが、残念ながらそういったことはなかった。仕事を辞めることもなかったし、パートナーを裏切ることもなかったし、抑うつ症になることもなく、赤いスポーツカーを買うこともなかった。私がとったのはプランA、つまり、わけもわからないまま、なんとかその時期を乗り越えただけだ。重い足取りながら、なんとか前へ進みつづけただけだ。

いま考えると、自分がいた谷がどの辺りに位置するのかがわかってさえいれば安心できていたのかもしれないが、当時はそれすらもわからなかった。だが、リチーの言葉を思い出し、それが励みになった。彼ほどの人でも感謝の心を失うことがあるのだ。その後、彼は感謝の心を取り戻せたのだから、自分も必ず取り戻せるはずだ！　と。

彼の言っていたことは本当だった。50代の前半になると、私のなかの批評家の声は聞こえなくなっていった。突然変わったわけではないが、あるときふと、自分が少し変わったことに気づいたのだ。それから日が経つにつれ、朝起きても自己批判の声は聞こえなくなっていった。月日が経つにつれて、少しずつ、だが確実に、私はその日にやったことに満足感を覚えるようになっていき、自分がやらなかったことや、やれそうもないことを気に病むこともなくなった。ある学者が予見してくれたように、年を追うごとに、私はポジティブなものにより注意を向けるようになっていった。

ローラ・カーステンセンの示唆に富む言葉を借りるなら、私は〝人生の苦みではなく甘みのほうを感じるようになった〟のだと思う。以前より賢くなったかどうかはわからないが、自分が楽園にいるとは思っていない（そうであってほしいとも思わない）が、川底の流れがたしかに変わったのを感じている。私の舟はボロボロになって砂時計の中身もなくなってしまっているかもしれないが、いま川の流れは、私に味方してくれている。

U字曲線が上向いたあとの状態を簡単に言い表すとしたら「あらゆるものに感謝できる」ということだろうか。これこそ、ハピネス・カーブの思いがけない恩恵だ。

待つだけの価値はある。

# あとがき

## 歳を重ねることを誇りに思おう

8歳のとき以来、魚釣りをしていない。私の故郷は砂漠地帯のアリゾナ州フェニックスなので、人工のものではない天然の湖や小川に簡単に行けるような地域ではなかった。おまけに両親はニューヨーク市からの移住者なので、魚といえばオニオン・ベーグルの上にのっているスモークサーモンくらいしか思いつかないような人たちだった。

ところが、ある日突然、松の木が生い茂るアリゾナ州北部の町で、父と父の友人が釣り道具一式を持って現れ、私を連れてグラナイト・ベイスン湖に運試しとばかりに出かけたのだった。岸に立ち、四苦八苦しながら釣り針に餌をつけたり釣り糸にオモリをつけたりしながら、私たちは釣り糸を投げては巻き、投げては巻きを繰り返した。一匹も釣れなかった。だが、その日のことは楽しかった思い出として残っている。当時の私にとって世の中はまだ気楽なもので、学校を煩わしく思ったり友だちとの喧嘩に悩んだりすることもなかった。

それから50年、魚釣りに行く機会はなかった。行こうとも思わなかった。プライベートな時間も予定がぎっしり詰まっていた。そんなある日、カールからワシントンDCで釣りをしないか、と誘いのメールがきたのだ。カールも私と同じように都市生活者だが、子どもが通っている学校の資金集めの行事で、数年前に釣りに行く機会があったそうだ。

カールが誰かの父親に車に乗せてもらって町の北部を流れるポトマック川へ行くと、驚いたことにアロサという魚が数多く泳いでいて、川の流れもとても清らかだったそうだ。感銘を受けた彼はさっそく自分用の釣り道具を買って釣りを始めたのだが、自分の生活に合うように工夫をした。仕事と家庭の用事をすます間のわずかな時間しかとれないので、子どもが起きる前の早朝や、仕事前に寄れるように、町中で釣りをできるところを探したという。

水質浄化法やアメリカ合衆国環境保護庁のおかげで、かつては汚染されていた水路もいまでは魚が泳いでいるし、大通りやオフィス街のすぐ近くにある。都市に住んでいる釣り好きの人にとって、釣りに行くのは案外簡単なのかもしれない。ある日の早朝、カールが公園の橋の下でひとり釣り糸を垂れていると、酔っ払った若者が数人やって来て、これからちょっと俺たちにつき合わないか、と誘ってきたという（彼は断った）。

また別の日に、高速道路の近くで釣りをしていると、こんどは自転車に乗った10代の若者3人が通りがかり、彼を冷やかした。「こんなところで何も釣れやしないよ！」そこでカールは若者を引きとめて釣りをしているところを見せてやり、釣りを教えてやったそうだ（若者たちは見事に魚を釣り上げた）。

そんなわけで、ある秋の早朝、私はMLBワシントン・ナショナルズの球場の裏にある駐車場に車を停めて、川の堤防に向かって歩いていた。600万人が暮らす大都市だというのに、そこには誰もいなかった。目の前にはアナコスティア川が流れ、背後にはワシントンDCの浄水場がある。堤防から川向こうを眺めると、思いのほか遠くに見えた。

8歳のときの自分も、いまでは遠い昔だ。6本の釣りざおと、クールエイドとニンニクでマリネした鶏肉の入ったジップロックの袋を手にしたカールがそこにいて、夜明け前だったこともあり、私たちは静かに挨拶を交わした。この時間にはナマズが釣れるはずだという。


本書の献辞に名前を挙げた故ドナルド・リチーには子どもがいなかったが、彼は自分の作品が自分の子どもだとつねづね話していた。彼が執筆した後、その子どもたちは世に出て彼も驚くほどの活躍をみせた。私自身も『ハピネス・カーブ』(原書)が出版されてからというもの、ハピネス・カーブについて話す機会を幾度も得ることができたし、私の著書に影響を受けたという人の話もたくさん耳にした──本を読んでよかったと言ってくれる人がほとんどで、なかには目から鱗が落ちるような思いだったと言う人もいた。

私がこの子──本書──に望むことは、不可解な中年期のスランプに悩んでいる読者を安心させ、元気づける一冊になってほしいということだ。ハピネス・カーブの存在を知っているだけでも、失望と不安が高まって悪循環に陥るのを防ぐことができ、ハピネス・カーブの影響を和らげることができる、とヘネス・シュワントが言ったことを覚えているだろうか? 私のメールボックスには、シュワントの見解を裏付けるメールがたくさん溜まっている。

ある読者は「私はいたって普通なんですね！」と書いている。「僕はおかしくなったわけじゃないんだ！」という読者もいる。もう少し年齢が上の人からは、人生の終盤になってもまだカーブが上向いているという報告もある。「60代、70代のころよりもハピネス・カーブは高くなっている」という84歳の女性もいる。「これから先の人生も楽しみになったわ」という。

こうしたメールに目を通していて改めて思うのは、ひとつのハピネス・カーブがすべての人にあてはまるわけではないということだ。人生の道筋は人それぞれだと繰り返し述べてきたが、それでも私も含め多くの人は平均的な道筋をたどるわけで、そうしたなか、平均的な道筋をたどらない人は困惑しているかもしれない。

ある作家は、わけのわからない不満足感と失望感についての私の記述は、自分の場合にぴたりとあてはまると言った。だが「じつはね、私は40代でも30代でもないの。29歳なの」と彼女は言う。ほかのある作家は、60代の半ばにスランプに陥ったという。そんな人にもあてはまるような答えを持ち合わせていればよかったのだが。

こう考えてみてほしい。U字曲線があるといったが、それだけが幸福に影響を与えるものではないし、人生という旅路はひとりひとり違う。精神面の幸福は時間によって変化するが、その変化のパターンや相互作用は多種多様なのだ。

年々調査を重ねるなかで、新たな発見もあった。特に、中年期に経験する深刻な問題の事例を頻繁に耳にするようになったが、そうした問題は見過ごされるか、気づかれないことが多いこともわかった。

たとえば、アンドリュー・オズワルドとピッツバーグ大学の経済学者オセア・ジュンテーラは、中年期に極端に睡眠時間が減っていることに気がついた。彼らは9カ国の先進国でとられた膨大なデータ（長期的なデータも含む。個人を長年にわたり追跡して行っている調査でもっとも信頼性が高い）から、50歳前後に睡眠時間が最低となり、その後高齢になるまで徐々に増えていくことを発見した。「睡眠時間のグラフは、どこの国でも傾斜度の高いU字曲線を描く」と彼らは言う。性別、職業、子どもの有無、結婚の有無を問わず、中年期に睡眠負債を抱えることは、どこの国でも共通しているというのだ。

さらに深刻な事実は、不幸せを示すものとしてもっとも憂うべき〝自殺〟に、年齢が大きく影響していることだ。そう、中年期は特に危険な年代なのだ。中年期と自殺との関連は、年々大きくなりつつある。

「75歳以上の人の場合、特に孤独だったり病気になったりすると自殺することが多いというのがこれまでの傾向だった」と２０１５年にエコノミスト誌に掲載された。「だが今日では、その危険性がもっとも高いのは中年期の人である。２０１２年の45歳から54歳までのアメリカ人の自殺率は10万人に20人――どの年代よりも高くなっている」

２０１８年にはアメリカ疾病予防管理センターが、中年期の男性と（特に）女性の自殺率が２０００年から２０１６年にかけて急激に増加していると発表した。２０１８年にはアンドリュー・オズワルドがこう書いている。

「もっとも産業が進んでいる国では、中年期においてもっともリスクが高いのは自殺である――特に40代後半の男性が危ない」。中年期と自殺の問題は緊急の課題であり、けっして見過ごすことなく集中的に取り組まねばならない課題である。

いったん中年の危機という概念から遠ざかった社会科学の振り子が、また戻りつつある。エリオット・ジャックやポップカルチャーによる中年の危機のとらえ方は間違っているが、中年期に何かが起こっているのはたしかだ。中年の危機、いや中年期は、精神的にとても傷つきやすい年代だが誤解されることも多い。

むろん、40代にさまざまな難しい問題を抱える人は多い。転職をしたり、思春期の子どもがいたり、年老いた親の面倒をみなければならなかったり、学校のクラブやボーイスカウト／ガールスカウトの活動にかかわらなくてはならなかったり、自治会の仕事をしなければならなかったりする。誰しも覚えがあるだろう。一方、社会では、中年の人は物事への対処の仕方がもっともうまい、あるいはうまいにちがいないと思われがちだ。

中年には若者の健康と年齢を重ねたことによる経験があり、世の中の頂点に立つだけの強さと能力がある！　と私たちは考える。世の中の頂点に立つだけの強さと能力をもっていることを周りからも期待される。だが、ご存知のとおり現実は、不安定な気持ちを抱えながら、それを周りにも話せないでいる。そして、そう感じる自分を恥じながらひとりで頑張り、みじめな気持ちを味わっている。

この本が発売された後、ジョン・ヘリウェル——第2章で自分のことを〝アリストテレスのリサーチアシスタント〟と公言していたエコノミストだ——が、中年期に孤独でいると精神的に高い代償を払わなくてはならなくなることを示唆する論文を発表した。さまざまな国でとられたデータから、彼と共同執筆者（マックス・B・ノートン、ヘイファン・ファン、シュン・ワン）は、他人との社会的なつながりをもつことと年齢そのものが上がることで、主観的な幸福度が増していくことを発見した。

特に彼らは、サポートしてくれるパートナーのような上司がいること、親友とも呼べる配偶者がいること、コミュニティにしっかりと根をおろしていることが、いい影響を与えると考えた。上司、配偶者、コミュニティと強い信頼関係を結べていれば、中年期のU字曲線の影響を緩和したり、これに対処したりできると考えた。

人生に幸福をもたらすさまざまな要因のなかでも、特に重要なのが社会的なつながりであると本文で繰り返し強調してきた。ヘリウェルと同僚らは、社会とのつながりは、特に中年期において大きな違いを生みだすと述べている。私たちは互いが互いのセーフティネットなのだ。中年期は何かにもっとも熟達する時期だとか、弱みや不満をもらすのは異常で〝危機的〟なことだとかいう神話を捨て去るのが早ければ早いほど、多くの支援の手を互いに差し延べることができる。自殺者の統計が示すように、命は社会的なつながりを必要としている。

中年期というのは、もともと（あまり公にはされないが）傷つきやすい年代であり、これまでみてきたように、自然と起こる（そして自分の殻に閉じこもりがちになる）転換期である。将来に対する期待は現実的なものに変わり、価値観が利他的なものになり、脳はポジティブなもののほうを受け入れやすくなる。第9章で述べたように、この過渡期をひとりでのりきろうというのは無謀だ。

中年期の人に必要なのは、新しい価値観を反映した生活スタイルに変えるための道であり道しるべだ。たとえばライフコーチ、支援ネットワーク、教育、柔軟な雇用制度や年金制度などがあることが大切だと述べた。さらに、これまで前例がないが、キャリアのアンコールが普通のことになったときに個人や社会が使うことのできる、多額の助成金が必要なことも強調した。

この本を出版してから、中年期や高齢期をとらえ直すときに実社会でどんなことが障害になるのか、私は本当の意味でわかっていなかったと気づいた。つまり、歳を重ねることがどういうことなのか私たちが想像できないのは、誤った固定観念のせいだということに気づいていなかったのだ。

事実を直視しよう。歳をとると生産性は低くなり、集中力も昔に比べると続かなくなり、やる気も昔ほどない。変化を嫌い、新しいことを学ぶのは昔より難しくなり、新しい技術に追いつくのも大変だ。健康は衰え、信頼性は落ち、働ける期間も長くはない。若い人と同じように機敏で活発で適応力があるわけでもない。マーク・ザッカーバーグが22歳のときに言った有名な言葉にもあるとおり「若者のほうが頭が切れる」のだ。

申し訳ない、マーク。前段落で述べたことはすべて嘘だ。チップ・コンリーが最近の著書『仕事に生きる知恵（*Wisdom @ Work*）』でその証拠を挙げている。この本の内容は、加齢について研究している者には周知の事実だ。中高年の人も若い人と同じように生産性が高いし、彼らがいることで周りの生産性も高まることがわかっているが、これは何か衝突や問題が起きたときに、経験豊富な彼らがうまくその場をなだめているからだろう。そうした理由から、年齢層が幅広いチームのほうが生産性は高く、全国の産業の平均よりも高い。中高年は若い人と同じように集中力もやる気もある。コンリーはこう書いている。「実際、中高年ほど集中力の高い年齢層はない」

また、中高年を訓練するのは難しくもないし、適応能力も問題ないばかりか、新しいトレーニング方法にもうまく対応できる。認知能力は年齢とともに衰えていくものの、中高年は脳のほかの領域を同時に使うことでその点を補っている（この現象は〝全輪駆動〟と呼ばれている）。中高年のチームは少しスピードは遅いかもしれないが、ミスは少ない。健康面では「毎日の健康状態は、中高年も若者もどちらも同じくらい（身体的にも精神的にも）健康的」だが、コンリーによると「平均すると、中高年は若者ほど休みをとらない」という。

総合的に考えると、子どもが巣立った中高年の人への保険のほうが、家族を養っていて家族の健康保険まで負担しなくてはならない若者よりも、企業にとっては安くつくことになる。それに、若い人と違って、中高年は簡単に辞めて転職をすることもないので、就業年数も若い人と変わらない。

中高年は創造力や発明力に欠けるというのも、たんなる神話だ。特許申請がもっとも多いのは40代の後半だが、それ以降もイノベーションは続く。キャリアの後半になっても、発案者の生産性は高いままだし、2017年にペイガン・ケネディがニューヨーク・タイムズ紙に書いた記事のように（見出しは「天才になりたければ、94歳の人のように考えよう」だった）もっとも価値のある特許申請を出すのは55歳以上の人が多い。

「年齢が上がるにつれて、仕事上のあらゆる面でパフォーマンスがよくなる」と、ウォートン・ビジネス・スクールの経営学の教授で、『中高年の労働者を管理する方法――組織内の新しい序列に備えよう（*Managing the Older Worker: How to Prepare for the New Organizational Order*）』の著者でもあるピーター・カッペリがＡＡＲＰ（旧全米退職者協会）の２０１５年の機関誌で語っている。さらに彼はこんなことも述べている。「現場はもっとうまくいっていると思っていたのだが、そうではなかった。中高年の仕事ぶりは素晴らしいのに、職場で彼らが差別されているのはおかしい」

こうもいえる。現代の生活のなかで、職場ほど専門家の見解と世間の考え方が一致していないところは、ほかにはない。

神話と現実の間には、年齢差別という深い溝がある。心理学者のライアット・アヤロンとクレメンス・テシュ＝ロメールによれば（２０１７年のヨーロピアン・ジャーナル・オブ・エイジング誌に掲載）、ヨーロッパでは年齢による差別がもっとも多い差別であり、19歳以上の調査対象者の３分の１以上が、差別を見たり受けたりしたことがあると答えているという。アメリカを含むそのほかの国々ではもっと多く、年齢による差別を見たり受けたりしたことがあると答えた人は３分の２以上だ。

医療関係者は、高齢の患者にはあまり情報を知らせず、最新の治療法を勧めることも少なくなりがちで、見下した態度で接したり、話がまったくかみ合わなかったりするという（病気を患っている私の父と一緒にいると、よくそんな場面に遭遇する。私の隣に父が座っているというのに、医療関係者やソーシャルワーカーたちは私に向かって話したり、まるで子どもに話しかけるような口調で父に話しかけたりする。父の頭はまだしっかりしているし、イェール大学の法律の学位ももっているというのに。高齢者を子どものように扱うのは、本人にとって屈辱的なことであるだけでなく、治療にも本人の健康状態にも影響してくる）。

職場では、年齢に対する偏見がさらに根強い。「雇用主たちは、中高年の社員はコストが高く生産性も低いと思っている」とアヤロンとテシュ＝ロメールは書いている。「だから、中高年は職探しに苦労したり、経済的に難しい時期に真っ先に解雇されたりするのだ」

調査員が年齢以外の条件をすべて満たした履歴書を送ってみたところ、中高年の応募者は面接を受けたり電話をもらったりすることが少なかったという（この格差は女性の場合はさらに顕著だ）。したがって、中高年は長い期間にわたって無職になりがちだし、そのほかの負の側面はまだまだある。つまり、年齢による差別はもっとも広く行われている差別だと考えられるのに、世間ではほとんど問題視されていないのだ。

一般的にいって、年齢による差別は悪意から行われる差別ではない。知らないことが原因で起こる差別だ。チップ・コンリーによれば、実際のところ「中年はそうでもないが、高齢者は、年齢差別をする人が抱いている固定観念を自分でも是認しているようなところがある」

あるエビデンスによれば、アメリカだけでなく世界じゅうの国々で、子どもは4年生ごろまでに、歳をとることに対してネガティブな感情を抱くようになるという。こうして植え付けられた固定観念は腐った種のように私たちのなかで眠りつづけ、何十年も経ってから芽を出して、歳をとった自分を弁解するようになってしまう。固定観念に沿うような行動をして、それを周りに見せれば、周りの人はそういうものだと思ってしまう。誰にでもある、ちょっとした物忘れをしたときにも、何も考えずに「失礼、歳なもので」などと言ってしまったりする。歳をとることを恥ずかしがり、まるで誕生日がくるのが悪いことのような口ぶりで話をしたりする。

私は本書が出版された後に旅行に行ったのだが、チェックインしたホテルで応対してくれたフロント係は70代の人だった。たいていは自分の子どもくらいの年齢の人が応対してくれるのに、このときは〝老人〟に応対されたことに驚いたが、彼はじつにきびきびと仕事をこなし、颯爽とエレベーターまで案内してくれ、そのとき私は思わず「年齢にしては素晴らしい働きぶりだ」と思ったのだった。だが、そう思う自分がおかしいのだと気づいて、また驚いた。これまで自分が否定してきた態度を、その晩、自分がとってしまっていたからだ。

中高年をおとしめるような固定観念は、あらゆる場面で負の影響を与えている。もっとも顕著なのは50代以上の人が転職をしようとしたり再就職をしようとしたりするときで、この固定観念が大きな障害となる。差別や固定観念が存在すると、貴重な人材や経験が十分に活用されなかったり、誤ったところに配属されたりしてしまう。さらに、個人のなかに固定観念が定着してしまうと、精神的、肉体的な健康にも悪影響を及ぼす（自己嫌悪におちいるゲイやレズビアンの話を聞いてみるといい）。

２０１８年、イェール大学のベッカ・レヴィー、マーティン・スレイド、ロバート・ペチャック、そしてアメリカ国立老化研究所のルイージ・フェルーチは、歳をとることに対してポジティブな感情をもっていると、60代以上になってもジレンマに陥る傾向が少ないことを発見した。また別の研究では、歳をとることに対してポジティブな感情をもっている人は寿命が長いとされている。

幸い、年齢差別という言葉自体は広がりつつある。「年齢差別という言葉は、あらゆる序列社会に浸透しつつある」と、『ディス・チェア・ロックス――年齢差別反対宣言（*This Chair Rocks: A Manifesto Against Ageism*）』の著者アシュトン・アップルホワイトは言う。少しずつではあるが、マーク・ザッカーバーグの言ったことは間違いだということが、社会に広がりつつある（ザッカーバーグ自身も「若者のほうが頭が切れる」という発言を撤回した）。それでも、まだ気づかないところに年齢差別は残っていると思う。年齢差別による被害を受けるのは高齢者だけではなく、中年も同じように被害を受けている。

中年期に生活に満足していなければ、その先も満足できることはないだろうと、なぜ多くの人は考えてしまうのだろう？　50歳になると残された時間はどんどん短くなると考えて、いますぐに何かを根本的に変えたほうがいいと思ってしまうのはなぜなのだろう（その過程でとんでもないミスをしてしまうこともある）。先のことを考えて、将来は悪くなると思ってしまうのはなぜなのだろう。

それは、高齢者に対する固定観念が中年にも影響を与えているから、というのが主な理由だ。こう考えてみよう。生活満足度は年齢が上がるにつれて高まっていく。健康で幸せな日々は50歳になるとなくなるわけではなく、そこから何十年と続く（そして１００歳まで生きる人もこれまでにないほど増えている）。私たちの価値観は体よりも先に変化する。年齢によって衰えたものを補完するものがある。中高年期は価値観が新しくなり新たな目的を見出すためにある時期であって、退屈な毎日を送ったり死ぬための準備をしたりする時期ではない。そう考えれば、50歳になったときの人生の見え方はまるで違ってくる！

ハピネス・カーブは一生をかけて描かれるカーブだ。人生は途切れることなく続く。どの年齢でも、将来への期待が現在の感情を形づくる。この先の何十年という時期の見方が変われば、もっと若いころの経験も変わってくる。それは4年生のころまでさかのぼっていえることだ。

年齢差別をなくすにはどうしたらいいか、とアップルホワイトにたずねると、解決策をいくつも挙げてくれた。歳を重ねることに対して、現実に即した、つまりもっとポジティブなとらえ方を学校のカリキュラムに取り入れること。幅広い年齢層の社員を雇い入れ、会社の方針に年齢層のダイバーシティを加えるよう、経営者に進言すること。歳を重ねることについての真実を広く世の中に知らせ、年齢差別は公衆衛生に反することとして扱うようにすること、などである。

アップルホワイトの提案にはすべて賛成だ。だが方策はまだある。変化をもっとも強力に推し進めるものは、私たちの頭のなかにある。ヘネス・シュワントは個人のなかで悪循環が生じると言った。つまり、期待して失望することを繰り返していると中年期がみじめなものになるということだが、これは社会全体に起きている悪循環と同じだ。

歳をとるとはどういうことか、感情はどのように変化していくか――若いころは不安定で

（それは真実だ）、中年期になると感情をうまくコントロールできるようになり（真実とは言いがたい）、高齢になると感情は落ちこむ（まったく真実ではない）――と、自分で自分に向かって言うことで、私たちはつねに誤った期待を抱いてしまい、そのせいで必要以上に中年期が辛い時期になったり高齢期に生産性が落ちたりしてしまうのだ。ありていにいえば、幸福と加齢について人が考えていることのほとんどは誤りで、その誤った考え方が自分たちを傷つけていることを、人は知らないのだ。

本文で、中年期についての固定観念を捨てて中年期のいい面を見ることが大切だと強調してきた。そのうえで、さらにこう付け加えたい。年齢差別はすべての年齢の人をみじめにする、と。そして、年齢差別をなくすために、私たちひとりひとりにできることがある。事実を知り、それを周囲にも広め、それに従って行動するだけでいいのだ。アップルホワイトが言っていたように「ひとりひとりが歳をとることに対する自分の考え方を改めないかぎり、社会も変わることはない」のだ。

58歳からでも釣りを始められることがわかった。釣りをするのは8歳のとき以来だったが、私はなんとかルアーを川に投げ入れることができた。しばらく、そのまま待っていた。

その日は肌寒い朝で、魚も餌を食べる気分ではなかったらしく、カールと私は話をする時間がたっぷりとあった。その日、私たちの話題は中年期の幸福や私自身に関することではなかった。私たちは魚の話をし、あとはその日そこにいることについて話した。それだけで私たちは十分満足だった。

私がいろいろな場所でハピネス・カーブの話をすると、ハピネス・カーブのことを調べたり書いたりすることで私自身の生活に何か変化はあったか、とよく聞かれる。将来のことを考えるときに、いままでとは違う見方ができるようになった、というのが答えだ。

人生の日暮れ時？　とんでもない！　たしかに、以前のように筋トレを毎日することはできなくなった。2、3年前に比べて体の衰えは感じる。だが、関節が痛んだり年齢を重ねたりすることを、嫌だとか人生の終わりだなどと思うことはもうない。子どものとき以上に、誕生日がくるのが楽しみだ。胸を張って自分の年齢をいえる。恥ずかしくもなんともない（聞いてくれればいつでもお答えする）！

以前よりも敬意をもって明るい気持ちで年上の人に接することができるようになり、高齢の人を恐れたり憐れんだりすることはなくなった。私は競争心が強く、他人と比較する癖があり、自分のステータスに執着してしまうし、まだまだ野望は捨て去れない。野望を捨てたいとも思わない。だが、お前は人生を無駄にしている、まだ何も成し遂げていないと、朝になると聞こえていた私を詰る悪魔の声は、もう聞こえなくなった。

おそらく、私の変化はごくわずかなものだったろう。この本を書きながら、自分はもっと周りの人のことを考えられるようにならなければいけないし、それはきっと素晴らしく価値のあることなのだろう、と考えた。寛容さを身につけることで、私の後半生が変わってくるのだろうと思っている。ポジティブに考えれば、私という人間にはまだまだ改善の余地があるということだ。

他人と衝突したり、ジレンマを抱えたり、苦難にぶち当たったりすることがこれからもたびたびあるだろうし、そのときは怒りを感じたり不安を覚えたりストレスを抱えたりすることもあるだろう。だが、その回数は少なくなっていくはずだ。

ローラ・カーステンセンも述べていたように、年齢が上がるにつれて、以前よりも他者について考えられるようになり、自分にとって価値のあるものだけを追い求めるようになる。もちろん魚についても。あのときのカールと私にとって魚は重大事だった。

しばらくすると、そのときは訪れた。釣りざおがしなって鈴が鳴り、カールはリールを巻きはじめた。釣れたのはヌメヌメとした体長30センチほどのナマズだった。私がよく見られるようにナマズを抱えながら、カールはナマズの口から釣り針を外した。ナマズは口を大きく開けたままこちらを睨んでいた。私も睨み返してやった。ナマズの顔から何か知恵を読みとることはできるだろうか？　その日は、なんだかできる気がした。

私たちはそのナマズを川に放してやり、また釣り針に餌をつけた。もう一度挑戦だ。そのときの私は50年前の子ども時代に戻っていた。

# 謝辞

時間は大切だ。このような本を書くには、大勢の方にインタビューをさせてもらわなければならない。ほとんどが初対面だったが、忙しいスケジュールの合間をぬって数時間に及ぶインタビューに答えていただいた。学者、セラピスト、ライフコーチ、広告会社の役員、起業家、そのほかさまざまな専門職の方や革新的な活動をしている方々は、私の質問にじつに真摯に答えてくれ、またご自分の経験を躊躇することなく話してくださった。全員のお名前を挙げてお礼を述べたいところだが、すべての方をここで名指しするのは難しいのでお名前は割愛させていただくことにするが、ひとりの例外もなく、すべての方に感謝の意を表したい。

なにより、私を信頼して個人的な話をしていただいたことに、たいへん感謝している。科学的にいえばハピネス・カーブは統計の結果であり、何百万というデータを集めた結果であるわけだが、そのデータのひとつひとつは、ひとりの人間の一生を表すものだ。この本の執筆に取り組みはじめた当初は、個人的な〝人生の航路〟を話してくれる人がいったいどの程度いるのか不安だった。だが、とても多くの方が好意的に答えてくださり、まるで日記を開くための秘密の鍵を手にいれたかのように感じた。すべての方の人生を本書に織り込むことはできなかったが、どの方の話も私に深い気づきをもたらしてくれた。ご自分の人生について語ってくださったすべての方に、感謝申し上げる。

カルロ・ストレンゲル（Carlo Strenger）とアリー・ルッテンバーグ（Arie Ruttenberg）の引用は“The Existential Necessity of Midlife Change,” *Harvard Business Review*, February 2008からのものである。

一歩一歩歩むことの価値についてのウィットボーンの言葉は“Four Surefire Ways to Change Your Life for the Better,” *Huffington Post*, February 16, 2015から引用した。

## 第9章　社会からのサポートが中年期を救う――中年期の不調を恥じない社会に

新しい大人のアンコール時代について考えるにあたって、3冊の本がたいへん参考になった。まず、幅広い観点からの調査に基づいて書かれたマーク・フリードマン（Marc Freedman）の“*The Big Shift: Navigating the New Stage Beyond Midlife*”（PublicAffairs, 2011）。この新しい時代が社会に与える影響について、先駆的な考えが記されたものとしてはフィリス・モーエン（phyllis Moen）“*Encore Adulthood: Boomers on the Edge of Risk, Renewal, and Purpose*”（Oxford, 2016）。自助努力についてはリチャード・レイダー（Richard Leider)、アラン・M・ウェバー（Alan M. Webber）の“*Life Reimagined: Discovering Your New Life Possibilities*（Berrett-Koehler, 2013）。

新しく生み出された青年期という括りについてはグレッグ・ハミルトン（Greg Hamilton）の“Mapping a History of Adolescence and Literature for Adolescents,” *The ALAN Review*（the peer-reviewed journal of the Assembly on Literature for Adolescents of the National Council of Teachers of English), Winter 2002、デイヴィッド・ベイカン（David Bakan）の“Adolescence in America: From Idea to Social Fact,” *Daedalus* 100:4(1971)、ジョン・デーモス（John Demos）とヴァージニア・デーモス（Virginia Demos）の“Adolescence in Historical Perspective,” *Journal of Marriage and Family* 31:4(1969)、それからフリードマンの“*The Big Shift*”を参照した。

Encore.orgが行ったキャリアのアンコールについての統計は、同組織の“Encore Careers: The Persistence of Purpose”を参照した。この報告書では、2014年にペン・ショーエン・バーランド（Penn Schoen Berland）が50歳から70歳までの1694人の大人を対象に行った調査結果が記されている。

起業家の年齢ごとの人数については*The 2016 Kauffman Index of Startup Activity*（Table 5）を参照した。

自分のことを「引退したけれども働いている」と称した人の数についてはモーエン“*Encore Adulthood*”を参照した。

の衰えを補うことができるという説は “Wisdom-A Neuroscience Perspective,” *Journal of the American Medical Association,* October 13, 2010を参考にしたものだ。

グロスマンが被験者に時間ごとに日記を書いてもらう実験をした結果、人は賢い考え方をしているときにはプラス思考になれるということがわかったが、それについては同誌にガラーシュ、デニッセンとの共著で寄稿した “Wise Reasoning in the Face of Everyday Life Challenges” を参考にした。

公共の利益は知恵の一貫した要素であるというジェステとミークスによる説は、やはり同誌に掲載された “The Neurobiology of Wisdom” からのものである。

デイヴィッド・ブランケンホーン（David Blankenhorn）によるウィリアム・F・ウィンター（William F. Winter）の記述は “In Defense of the Practical Politician” *The American Interest,* May 24, 2016を参考にしたものだ。

グロスマンらによって2013年に発表された知恵と年齢との関係に関する論文は、同誌に掲載された “A Route to Wellbeing” である。高齢者も若者も賢い考え方に違いはないというグロスマンとクロスの論文は “Exploring Solomon's Paradox: Self-Distancing Eliminates the Self-Other Asymmetry in Wise Reasoning About Close Relationships in Younger and Older Adults” *Psychological Science* 1:10（2014）である。アメリカと日本における知恵と年齢に関するグロスマンの論文は “Aging and Wisdom: Culture Matters” で、これはマユミ・カラサワ（唐澤真弓）、サトコ・イズミ、ジンキュン・ナ、ヴァーナム、キタヤマ、ニスベットとの共著で*Psychological Science* 23:10（2012）に掲載されたものである。ジンキュン・ナ、ヴァーナム、デニス・C・パーク（Denise C. Park）、キタヤマ、ニスベットと共同で執筆し*PNAS* 107:16（2010）に掲載されたグロスマンの記事 “Reasoning About Social Conflicts Improves into Old Age” も参照されたい。

私はアーデルトが作成した39項目の知恵のテストをやってみたが、こちらは*The New York Times*のウェブサイトwww.nytimes.com/packages/flash/multimedia/20070430WISDOM/index.htmlにアクセスして行った。

## 第8章　いま自分にできることは何だろう──U字曲線をのりきるためのアドバイス

本書で中年期における自助努力と再起するための最善の方法を書かなかったのは──書けなかったこともあるが──バーバラ・ブラッドリー・ハガーティ（Barbara Bradley Hagerty）の “*Life Reimagined: The Science, Art, and Opportunity of Midlife*”（Riverhead, 2016）より素晴らしいものが書けなかったからである。この本は素晴らしく、科学的にもたしかな役に立つアドバイスがぎっしり詰まっている。

ハイトの瞑想に関する話は、本文中にも示したが “*The Happiness Hypothesis*” を参考にした。マインドフルネスの効果についてはBoardman and P. Murali Doraiswamy, “Integrating Positive Psychiatry into Clinical Practice,” *Positive Psychiatry: A Clinical Handbook*を参考にした。

Modern Views: Focus on the *Bhagavad Gita*" *Psychiatry* 71:3(2008)である。

賢い考え方や振る舞いは個人によって異なるという発見については、グロスマン、タンジャ・M・ガーラッシュ（Tanja M. Gerlach)、イエップ・J・A・デニッセン（Japp J. A. Denissen)の"Wise Reasoning in the Face of Everyday Life Challenges" *Social Psychological and Personality Science* 7:7(2016)から。グロスマンが実験によって、賢い考え方は学ぶことができることを突きとめたが、これはイーサン・クロス（Ethan Kross）との共著"Boosting Wisdom: Distance from the Self Enhances Wise Reasoning, Attitudes, and Behavior," *Journal of Experimental Psychology: General* 141:1(2011)に書かれている。

知識と知恵には関係がないというグロスマンの発見は、ジンキュン・ナ（Jinkyung Na)、マイケル・E・W・ヴァーナム（Michael E. W. Varnum)、シノブ・キタヤマ（北山忍)、リチャード・E・ニスベット（Richard E. Nisbett）との共著である"A Route to Wellbeing: Intelligence vs. Wise Reasoning," *Journal of Experimental Psychology: General* 142:3(2013)に記されている。知識と知恵は脳の別の領域を使っているというジェステとミークスの報告は"Neurobiology of Wisdom: A Literature Overview," *Archives of General Psychiatry*, April 2009を参照のこと。これは、たいへんわかりやすく書いてある記事だ。知恵と知識の違いについてよく書かれたものには、ほかにもダン・ブレイザー、クレマー、ジョージ・ヴァイラント（George Vaillant)、トーマス・ミークスの"Expert Consensus on Characteristics of Wisdom: A Delphi Method Study," *The Gerontologist*, March 2010や、アーデルトの"Intellectual Versus Wisdom-Related Knowledge: The Case for a Different Kind of Learning in the Later Years of Life" *Educational Gerontology* 26(2000)がある。

知恵が必要とされる状況で、学びを得たり自分が変わったりすることができるというスーザン・ブルック（Susan Bluck）とジュディス・グルック(Judith Glück）の研究結果は"Making Things Better and Learning a Lesson: Experiencing Wisdom Across the Lifespan," *Journal of Personality* 72:3(2004)を参考にした。

知恵を働かせるときに使う脳の領域についての引用は、先に記したものと同じ報告書の"Defining and Assessing Wisdom"からのものである。

知恵が身体面と感情面へ与える恩恵については、さまざまな資料をあたった。

知恵は生活満足度に強い影響を与えるというアーデルトの説は"Wisdom and Life Satisfaction in Old Age," *The Journals of Gerontology, Series B: Psychological Sciences and Social Sciences* 52:1(1997)を参考にした。知恵と健康の関係についてはジェステ、バンジェン、トーマスの"Development of a 12-Item Abbreviated Three Dimensional Wisdom Scale(3D-WS-12): Item Selection and Psychometric Properties," *Assessment*, July 24, 2015に要約されたものがあり、役に立った。賢い考え方をすることで健康にもいい影響があるというグロスマンの発見は、先に挙げたジンキュン・ナらとの共著を参考にしている。また、ジェステとジェームズ・C・ハリス（James C. Harris）による、知恵は体

Health with Aging: A Community-Based Study of 1,546 Adults Aged 21-100 Years" *The Journal of Clinical Psychiatry* 77:8)。

健康の衰えによる精神的な落ちこみから救ってくれるのが年齢であるとしたウーテ・クンツマン（Ute Kunzmann)、トッド・D・リトル（Tod D. Little)、ジャッキー・スミス（Jacqui Smith）による発見については、"Is Age-Related Stability of Subjective Wellbeing a Paradox? Cross-Sectional and Longitudinal Evidence from the Berlin Aging Study," *Psychology and Aging* 15:3(2000）を参考にした。

高齢者の感情の対処の仕方についてメイザー（Mather）が行った研究報告は"The Emotion Paradox in the Aging Brain," *Annals of the New York Academy of Sciences* 1251:1(2012）を参考にした。

高齢者がポジティブな刺激に対してより敏感であることについては、スーザン・T・チャールズとカーステンセンが書き、ジェームズ・J・グロス（James J. Gross）が編集した"*Handbook of Emotion Regulation*" の第15章"Emotion Regulation and Aging"（Guilford Press, 2007）を参照願いたい。加齢とポジティビティ効果についてはほかにも、リアン・C・ムーア（Raeannes Moore)、リサ・T・アイラー（Lisa T. Eyler)、ポール・J・ミルズ（Paul J. Mills)、ルース・M・オハラ（Ruth M. O'Hara)、キャサリン・ウォッチマン（Katherine Wachmann)、ヘレン・ラベツキー（Helen Lavretsky）の"Biology of Positive Psychiatry" *Positive Psychiatry*、ジェステとパーマーが編集した"*A Clinical Handbook*"（American Psychiatric Publishing, 2015)、カーステンセンの"The Influence of a Sense of Time on Human Development," *Science*, June 30, 2006に詳しい。

バーバリーマカクの社会情動的選択制理論についてはローラ・アーメリング（Laura Almeling)、カート・ハンマーシュミット（Kurt Hammerschmidt)、ホルガー・センヘン＝ルーレン（Holger Sennhenn＝Reulen)、アレクサンドラ・M・フロイト（Alexandra M. Freund)、ユリア・フィッシャー（Julia Fischer）の"Motivational Shifts in Aging Monkeys and the Origins of Social Selectivity," *Current Biology* 26(2016）を参考にした。

## 第7章　知恵の力――ハピネス・カーブには意味がある

知恵の科学は新興分野のため統率がとれていないので、さまざまな要素を統合するしっかりとした文献の登場が待たれるところだ。それでもジェステ、モニカ・アーデルト（Monika Ardelt)、イゴール・グロスマン（Igor Grossmann）が、基本的なところをおさえてくれている。最新の知恵の科学を研究するには、まずはキャサリン・バンジェン（Katherine Bangen)、トーマス・ミークス（Thomas Meeks)、ジェステの"Defining and Assessing Wisdom: A Review of the Literature" *The American Journal of Geriatric Psychiatry* 22:4(2014）を参照するのがいいだろう。

ジェステとヴァーヒアがバガヴァッド・ギーターと現代の知恵の科学を比較したのは"Comparison of the Conceptualization of Wisdom in Ancient Indian Literature with

Longitudinal Study" は、ナタリー・ベイリー (Nathalie Bailly)、イェール・サッダ (Yaël Saada)、ミシェル・ジュレイン (Michèle Joulain)、ダニエル・アラフィリップ (Daniel Alaphilippe) との共著として *The Journals of Gerontology, Series B: Psychological Sciences and Social Sciences* 68:4 (2013) に発表された。

精神生活がピークを迎えるのは70歳になってからだというカーステンセンの意見は "Emotional Experience Improves with Age: Evidence Based on over Ten Years of Experience Sampling" からのもので、これはスーザン・シェイブ (Susan Scheibe)、ハル・アーズナー=ハーシュフィールド (Hal Ersner-Hershfield)、キャスリン・P・ブルックス (Kathryn P. Brooks)、ブレント・トゥーラン (Bulent Turan)、ニラム・ラム (Nilam Ram)、グレゴリー・R・サマネス=ラーケン (Gregory R. Semanez-Larken)、ジョン・R・ネスルロード (John R. Nesselroade) とともに執筆し *Psychology and Aging* 26:1 (2011) に掲載されたものだ。

ヘザー・P・レイシー (Heather P. Lacey)、ディラン・M・スミス (Dylan M. Smith)、ピーター・A・エーベル (Peter A. Ubel) が行った加齢と幸福との関係についての誤解をめぐる研究は "Hope I Die Before I Get Old: Mispredicting Happiness Across the Adult Lifespan," *Journal of Happiness Studies* 7 (2006) から。幸福な高齢者はほかの高齢者は不幸だと信じているというエビデンスの多くは、カーステンセンとシェイブの "Emotional Aging: Recent Findings and Future Trends," *The Journals of Gerontology, Series B: Psychological Sciences and Social Sciences* 65B:2 (2010) による。

高齢者と不運についてのエレノア・クーニー (Eleanor Cooney) の鋭い指摘は、クーニー本人からもらった "*No Country for Old Women*" の原稿からのものだ。

サクセスフル・エイジングについてのディリップ・ジェステ (Dillip Jeste) の発見は、L・P・モントロス (L. P. Montross)、C・デップ (C. Depp)、J・ダリー (J. Daly)、J・レイシュタッド (J. Reichstadt)、シアロコフ・ゴルスハン (Shahrokh. Golshan)、D・ムーア (D. Moore)、D・シッツァー (D. Sitzer) との共著である "Correlates of Self-Rated Successful Aging Among Community-Dwelling Older Adults," *The American Journal of Geriatric Psychiatry* 14:1 (2006)、ガウリ・N・サヴラ (Gauri N. Savla)、ウェズリー・K・トンプソン (Wesley K. Thompson)、イプシット・V・ヴァーヒア (Ipsit V. Vahia)、ダニエル・K・グロリオソ (Danielle K. Glorioso)、アヴェリア・サーキン・マーティン (A'verria Sirking Martin)、バートン・W・パーマー (Barton W. Palmer)、デイヴィッド・ロック (David Rock)、ゴルスハーン、ヘレナ・C・クレマー (Helena C. Kraemer)、コリン・A・デップとの共著 "Association Between Older Age and More Successful Aging: Critical Role of Resilience and Depression" で2013年の *American Journal of Psychiatry* に掲載された記事による。2016年、ジェステはマイケル・L・トーマス (Michael L. Thomas)、クリストファー・N・カウフマン (Christopher N. Kaufmann)、パーマー、デップ、マーティン、グロリオソ、トンプソンとともに、精神の健康が年齢とともによくなっていくことに関する新たな発見をした ("Paradoxical Trend for Improvement in Mental

## 第6章　加齢のパラドックス――歳を重ねるほど幸福になるのはなぜか

ローラ・カーステンセン（Laura Carstensen）の驚くほど示唆に富んだ多面的な研究がこの章の土台となっている。参考にさせてもらった記事は膨大な数にのぼるので、ここにすべてをリストアップすることはできないが、真っ先に挙げるべきは、デレク・M・イサコウィッツ（Derek M. Isaacowitz）、スーザン・T・チャールズ（Susan T. Charles）と共同で書いた記事“Taking Time Seriously: A Theory of Socioemotional Selectivity,” *American Psychologist* 54:3（1999）と彼女の書籍“*A Long Bright Future: Happiness, Health, and Financial Security in an Age of Increased Longevity*”（PublicAffairs, 2009）だろう。うまく要約したものを見たければ、2012年4月にカーステンセンが行ったTEDトーク“Older People Are Happier”（www.ted.com/talks/laura_carstensen_older_people_are_happier）や2015年のAspen Ideas Festivalで行われた彼女の講演会“Long Life in the 21st Century”（www.aspenideas.org/session/aspen-lecture-long-life-21st-century）を参照するといいだろう。ほかにもカーステンセンの書籍で参考にさせてもらったのはジョン・ゴットマン（John Gottman）とロバート・レブンソン（Robert Levenson）との共著“Emotional Behavior in Long-Term Marriage” *Psychology and Aging* 10:1（1995）、それからコリーナ・E・ロッケンホフ（Corinna E. Löckenhoff）との共著“Aging, Emotion, and Evolution: The Bigger Picture,” *Annals of the New York Academy of Sciences* 1000（2003）だ。カーステンセンには本書を執筆するにあたってたいへんお世話になり感謝している。

ステファニー・ブラッセン（Stefanie Brassen）の“Don't Look Back in Anger!”の共著者はクリスチャン・ブッチェル（Christian Büchel）、マティアス・ゲイマー（Matthias Garmer）、セバスチャン・グース（Sebastian Guth）、ジャン・ピーターズ（Jan Peters）だ。

老人のうつ病についてのダン・G・ブレイザー（Dan G. Blazer）の記事は“Depression in Late Life: Review and Commentary,” *The Journals of Gerontology, Series A: Biological Sciences and Medical Sciences* 58:3（2008）からのものだ。

「歳を重ねることで幸福になる」というヤン・クレア・ヤン（Yang Clare Yang）の言葉は彼女の記事“Social Inequalities in Happiness in the United States, 1972 to 2004: An Age-Period-Cohort Analysis” *American Sociological Review* 73:2（2008）を参考にした。

アンジェリーナ・R・サティン（Angelina R. Sutin）がアントニオ・テラッチアーノ（Antonio Terracciano）、ユーリ・ミラネッチ（Yuri Milaneschi）、ヤン・アン（Yang An）、ルイージ・フェルーチ（Luigi Ferruci）、アラン・Bゾンダーマン（Alan B Zondreman）とともに加齢と教育の生活満足度への影響を比べた結果をまとめたものは“The Effect of Birth Cohort on Wellbeing: The Legacy of Economic Hard Times” *Psychological Science* 24:3（2013）。

フランスでカメル・ガーナ（Kamel Gana）が発見した加齢と生活満足度の関係について書かれた“Does Life Satisfaction Change in Old Age? Results from an 8-Year

いとU字曲線の転換期が早めに訪れるというグラハムとルイス・ポズエロ（Ruiz Pozuelo）による発見については“Happiness and Age: People, Place, and Happy Life Years,” *The Journal of Population Economics*（2016）を参考にした。そのほかマーティン・セリグマン（Martin Seligman）の著書『世界でひとつだけの幸せ――ポジティブ心理学が教えてくれる満ち足りた人生』（アスペクト、2004年）は洞察を与えてくれたし、幸福の公式を取り入れさせてもいただいた。そのほか第3章と同じ文献も参照した。

## 第5章　期待と現実とのギャップが失望感を生む――中年期の不調は何でもないことなのか

幸福の心理学についての概観はジョナサン・ハイト（Jonathan Haidt）の2006年の著書“*The Happiness Hypothesis: Finding Modern Truth in Ancient Wisdom*”（Basic Books）がもっとも優れている。引用は143ページと第5章のそのほかの箇所から。

1990年にダニエル・カーネマン(Daniel Kahneman)、ジャック・クネッチ（Jack Knetsch)、リチャード・セイラー(Richard Thaler）が行った授かり効果についての実験は“Anomalies: The Endowment Effect, Loss version, and Status Quo Bias,” *The Journal of Economic Perspectives* 5:1（1991）に掲載されたものを参考にした。

ターリ・シャーロット（Tali Sharot）と共同研究者らは、楽観主義バイアスについての記事や書籍を多数発表している。シャーロットは彼女の発見について電子書籍“*The Science of Optimism*”に簡潔にまとめている。ほかにもシャーロットの書籍で参考にさせてもらったものは“The Optimism Bias” *Current Biology* 21:23（2011)、アリソン・リカルディ（Alison Riccardi)、キャンディス・ライオ（Candace Raio)、エリザベス・フェルプス（Elizabeth Phelps）との共著である“Neural Mechanisms Mediating Optimism Bias,” *Nature* 450(2007)、リョータ・カナイ（金井良太)、デイヴィッド・マーストン（David Marston)、クリストフ・W・コーン（Christoph W. Korn)、ギャラン・リース(Geraint Rees)、レイモンド・J・ドラン（Raymond J. Dolan）との共著である“Selectively Altering Belief Formation in the Human Brain,” *PNAS* 109:42(2012)、それから“The Optimism Bias,” *Time* magazine（May 28, 2011)、R・チョウドリー（R. Chowdhury)、T・ウォルフ（T. Wolfe)、E・デュゼル（E. Duzel)、ドランとの共著である“Optimistic Update Bias Increases in Older Age” *Psychological Medicine* 44:9(2013)、クリスティーナ・ムチィアナ（Christina Moutsiana)、ネイル・ギャレット（Neil Garrett)、リチャード・C・クラーク（Richard C. Clarke)、R・ボー・ロット（R. Beau Lotto)、サラ＝ジェイン・ブレイクモア（Sarah-Jayne Blakemore）との共著である“Human Development of the Ability to Learn from Bad News,” *PNAS* 110:41(2013)、コーン、ドランとの共著である“How Unrealistic Optimism Is Maintained in the Face of Reality,” *Nature Neuroscience* 14(2011）も参考にさせてもらった。

らざる素晴らしい作品だ。本文で言及した多くの記事のほか “The U-Shape Without Controls: A Response to Glenn,” *Social Science & Medicine* 69(2009), “International Happiness” (National Bureau of Economic Research working paper, January 2011) を参考にさせてもらった。年齢に関する彼らの発見や抗うつ薬の処方については彼らの報告書 “Antidepressants and Age in 27 European Countries: Evidence of a U-Shape in Human Wellbeing Through Life” (March 2012)、“The Midlife Crisis: Is There Evidence?” (July 2013) を参考にした。どちらの報告書も彼らのウェブサイトに掲載されている。

歳を重ねていくとともにU字曲線が現れることを発見したニックポータヴィー(Nick Powdthavee)、オズワルド、テレンス・チェン (Terence Cheng) の報告書は “Longitudinal Evidence for a Midlife Nadir in Human Wellbeing: Results from Four Data Sets,” *The Economic Journal* (October 15, 2015)である。

ストーンらによる文献は “A Snapshot of the Age Distribution of Psychological Wellbeing in the United States”, *PNAS* 107:22(2010) である。

チンパンジーと人間の幸福の遺伝性や個人による相違については、アレキサンダー・ワイス (Alexander Weiss)、R・マーク・エンズ (Enns)、キング (King) による記事 “Subjective Wellbeing Is Heritable and Genetically Correlated with Dominance in Chimpanzees,” *Journal of Personality and Social Psychology* 83:5 (2002) から。チンパンジーと人間の個性と発達についてのワイスとキングの記事は “Great Ape Origins of Personality Maturation and Sex Differences: A Study of Orangutans and Chimpanzees,” *Personality and Social Psychology* 108:4(2014) から。チンパンジーと人間の幸福の比較について参考にしたのはワイスとミシェル・ルチアーノ (Michelle Luciano) の共著 “The Genetics and Evolution of Covitality”、“*Genetics of Psychological Wellbeing: The Role of Heritability and Genetics In Positive Psychology*” ed. Michael Pluess (Oxford University Press, 2015), pp. 146-160である。

オズワルド、ワイスとともに “Evidence for a Midlife Crisis in Great Apes Consistent with the U-Shape in Human Wellbeing” を執筆したのは心理学者のキングと霊長類学者のミホ・イノウエ＝ムラヤマ (井上－村山美穂) とテツロウ・マツザワ (松沢哲郎) だ。

## 第4章　ハピネス・カーブとは何か——年齢と幸福との関係を示すU字曲線

スーザン・クラウス・ウィットボーン (Susan Krauss Whitbourne) の “Worried About a Midlife Crisis? Don't. There's No Such Thing” は『*Psychology Today*』のウェブサイト (www.psychologytoday.com) に2015年に掲載されたものから引用した。オズワルド・ブランチフラワー、ステュワート・ブラウン (Stewart-Brown) による野菜の消費量と幸福についての研究は “Is Psychological Wellbeing Linked to the Consumption of Fruit and Vegetables?” (National Bureau of Economic Research, 2012) から。幸福のレベルが高

## 第2章　人はなぜ幸福と感じるのか（感じないのか）――生活満足度からみえてくるもの

もっとも重要な出典であり、豊富なデータと多角的な分析的視点を与えてくれたのは、2012年以降ほぼ毎年発表されている世界幸福度報告（*World Happiness Report*）だ。経済学者のジョン・ヘリウェル（John Helliwell）、リチャード・レイヤード（Richard Layard）、ジェフリー・サックス（Jeffrey Sachs）は、世界幸福度報告に基づいて幸福の研究をしている。過去の世界幸福度報告はworldhappiness.reportからダウンロードすることが可能だ。

また、キャロル・グラハム（Carol Graham）と同僚らによるさまざまな記事や文献を参考にさせてもらった。そのほとんどは本文に示してあるが、Graham, "Adaptation Amidst Prosperity and Adversity: Insights from Happiness Studies from Around the World"（*World Bank Research Observer,* 2010）も参考にさせてもらった。キャロルには何度も意見を聞かせてもらったり、メールのやりとりをさせてもらったり、データの分析をしてもらったりした。感謝してもしきれない。

ステファーノ・バルトリーニ（Stefano Bartolini）とフランチェスコ・サラチーノ（Francesco Sarracino）の生活満足度の持続についての研究は "Happy for How Long? How Social Capital and GDP Relate to Happiness Over Time," *Ecological Economics* 108（2014）を参考にさせてもらった。

ケニアの現金給付プログラムの実験については、以下のウェブサイトに掲載されているヨハネス・ハウスホーファー（Johannes Haushofer）らの報告書を参考にさせてもらった。princeton.edu/haushofer

離婚と失業による損害額については、デイヴィッド・ブランチフラワー（David G. Blanchflower）とアンドリュー・オズワルド（Andrew Oswald）"Wellbeing Over Time in Britain and the USA," *The Journal of Public Economics* 88（2004）を参考にした。

アンガス・ディートン（Angus Deaton）とアーサー・ストーン（Arthur Stone）による親の生活満足度についての研究は、以下の報告書を参考にした。"Evaluative and Hedonic Wellbeing Among Those With and Without Children at Home," *Proceedings of the National Academy of Sciences*（*PNAS*）111:4（2014）。

新しく親になった人の生活満足度を調べたドイツの研究については、トイチェル・マルゴリス（Rachel Margolis）とミッコ・ミルスキラ（Mikko Myrskyla）の "Parental Wellbeing Surrounding First Birth as a Determinant of Further Parity Progression," *Demography* 52（2015）を参考にした。

## 第3章　驚きの発見――ハピネス・カーブは類人猿にもあった

ブランチフラワーとオズワルドの生活満足度に関する書籍は大部の作品で、欠くべか

# 参考文献と調査方法について

本書を書くためのリサーチで、大勢の方の人生について聞かせてもらった。科学的な観点から話を聞くのではなく、あくまで記者として話を聞くというスタイルでインタビューさせていただいた。本文中にビッグ・データを扱う研究者の話を書いたが、彼らのリサーチ方法とは異なり、社会科学の観点から見て典型的な人だけを集めたわけではないし、かといって無作為にインタビューする人を選んだわけでもない。むしろ、いい実例として、洞察に富む話をしてくれる人を選んだつもりだ――彼らは快く、細かな点まで話をしてくれた。

私のインタビューは、とても個人的な話や、誰にも話せないような感情にまで話が及ぶので、強い信頼関係が必要だ。初対面のジャーナリストから、いきなり自分の内面についての質問をされたら、誰だって警戒心を抱いたり対応を渋ったりするだろう。そんなわけで、付き合いのある仲間や個人的な知り合いについての話も多くなってしまった――すべてではないが。インタビューをした人の職業に偏りがあったり、有名な人に偏ったりしてしまったことは否めない。読者のみなさんには、そのことをお伝えしておかなければならないし、今後の作品ではぜひ改善したいと思っている点だ。インタビューさせてもらった方が個人的な友人や知り合いだった場合は、包み隠さず（それが通常のやり方だろう）その旨を記しておいた。

本文のなかのほとんどの話は、その人がどういう人であるのかが重要な要素となってくるので、本人の意向があった場合にかぎり匿名にしている。個人を特定できそうな箇所については、詳細を少し脚色してある。だが、社会学的、人口統計学的な文脈には影響がないように配慮してある。

小難しくならないように、参考文献については煩わしくない程度に本文のなかに示してある。追加の注記や参考文献の詳細を以下に示す。

## 第1章　人生の航路――トマス・コールの絵画にみる人の一生

1916年に、トマス・コールの『人生の航路』を修復してニューヨークかワシントンで展示すべきだと主張された話については、1916年10月の『The Art World』に掲載された記事（“Thomas Cole’s Voyage of Life”）を参考にした。コールについては以下の文献を参考にした。Earl A. Powell, *Thomas Cole*（Harry Abrams, 1990）、Joy Kasson, “The Voyage of Life: Thomas Cole and Romantic Disillusionment” in *American Quarterly* 27（1975）、*The Correspondence of Thomas Cole and Daniel Wadsworth*（Connecticut Historical Society, 1983）、the National Gallery’s exhibition history of its set of the Cole quadriptych 。コールについての記述は、研究者マシュー・ｚｓクォーレン（Matthew Quallen）に協力いただいた。

# 解説

田所昌幸

今の日本で「少子高齢化」という言葉を目にしない日はない。だが、これは日本に特殊な現象ではない。豊かな国々では、女性の教育水準が向上し社会進出が進むとともに、保健医療の水準が向上して平均寿命が著しく延びている。よって出生率は低下し、人々はかつてとは比べものにならないほど長期にわたって、活動的な人生を送ることが肉体的には可能になっている。しかし人々の意識や社会の制度が、こういった現実になかなかついて行けないのも、世界中で見られる現実である。

本書の基本的な主張は明らかだろうが、あえて繰り返せばこういうことだろう。人の幸せは様々な要素に影響されるし、一人一人の人生はそれぞれ様々であることは言うまでもない。しかし人の幸福感は年齢に影響され、しかもやや意外なことに年齢の影響だけを取り出せば、壮年期の40～50代前半までに幸福感は最低になり、それを過ぎると年齢とともに増していく。おまけにそれは世界中の人類に見られる驚くほど普遍的な傾向で、類人猿にすら当てはまりそうだというのである。

そうならばこれまで無視されてきた、中年のスランプを乗り切ることこそが、個人的にも社会的にも重要な課題であることになる。わけもなく落ち込む働き盛りの壮年層には、それが決して異常なことではなく、そうした自分を責めないように意識することが求められる。また、ストレスに悩む中年を支援する様々な仕組みも工夫されるべきだということになる。同時に第二の青春を生きる老人は、哀れな弱者ではないのだから、この世代を子供のように保護するのも、誤った態度だということになる。とりわけ現代の「老人」はかつての同年代より、はるかに健康面でも恵まれているので、彼らの活動を制限することは望ましくない。著者の主張をまとめればこうなるだろう。

若さが賛美され、加齢は忌み嫌われる傾向はもちろん日本にもあるが、明るく積極的なことが常に求められるアメリカの文化ではその傾向は一層強い。それだけに、著者の主張はアメリカでは意外なものと受け止められたのかもしれない。

日本の読者にとっては、壮年層にとって重い課題になっている老人介護や終末期ケアといった問題意識が、ほとんど登場しないことに意外な感じがあるかもしれない。また、加齢の要素だけに焦点を当てているために、幸福を左右しそうな年金や医療といった定番とでもいうべき問題にも焦点が当てられているわけでもない。

しかし、どれほど好条件の年金を受け取り、すぐれた医療を受けたとしても、人が年齢を重ね、有限な人生の残りが少なくなることを意識するのは避けられない。加齢という誰にでも確実に起こる人間の条件を深く考える上で、アメリカよりも高齢化が一層進んでいる日本では、なおさら本書から学べることは多いだろう。

もちろんアメリカ人の著者が主としてアメリカ人の読者を念頭に書いた本書では、日本との比較や文化的影響についてはあまり意識されていない。例えばここで論じられているU字カーブは日本ではLに近い形になるとのことである。また、日本人ももちろん「幸福」に何も反対はないだろうが、それが議論の余地なく望ましい状態なのかどうかについては、多少留保をつけたくなるかもしれない。実際、もっとも望ましい幸福度の水準を10点満点で尋ねると、アメリカでは9～10点と答える人が多いのに対して日本では7あたりが平均的だという。こういった点については、本書でも登場するLSEのニック・ポータヴィー博士と、京都大学の内田由紀子准教授を招いて行ったシンポジウムの報告書*を参照されたい。

また幸福追求に邁進するアメリカ人の姿に、多少戸惑いを感じた読者もいたかもしれない。こういった読者には、幸福そのものに対するアメリカ人の態度の背後には、反知性主義と宗教があると論じた、森本あんり氏の興味深い論考を是非一読されるとよいだろう（「幸福を追求するアメリカ人」『アステイオン』79号、２０１３年）。同時に年齢を重ね人生の有限性を意識すればするほど、「今ここ」を生きようという態度が強くなる一方で、それをほどよい距離感を持った人間関係の中で共有する人間関係に依存するという主張は、茶道などに表現されている「社交の精神」（山崎正和）そのもので、多くの日本人には合点がいくかもしれない。

ところで、この分野の専門家でもない私がここで本書に解説を寄せているのは、著者のジョナサン・ラウシュが30年以上にわたる非常に親しい友人だからである。ジョナサン・ラウシュは、1960年にアリゾナ州の生まれ。イェール大学で歴史学を専攻し、ワシントンDCで活動するジャーナリストである。ナショナル・ジャーナル誌やエコノミスト誌で働いたこともあり、現在はアトランティック誌の編集委員にも名をつらねているが、書きたいことを自由に書きたいということなのだろう。フリーランスのジャーナリストとして、自分の問題意識を展開した論考をニューヨーク・タイムズ、ワシントン・ポスト、ウォールストリート・ジャーナルなどのアメリカの主要メディアに寄稿している。

書物も何冊か出版しており、アメリカ社会が、特殊な利益団体によって動脈硬化に陥る危険性を警告した「デモスクレロシス（Demosclerosis）」、自身早くから同性愛者であることを公言していた彼が、その制度化を強く提唱した「同性婚（Gay Marriage）」、その一方で、セクシャルマイノリティ、フェミニストや環境保護などの「リベラル」なものも含む政治運動も、言論や思想の自由を圧迫するリベラルという名の言論抑圧に陥る危険性を警告した“*Kindly Inquisitor*”（邦訳『表現の自由を脅すもの』（角川書店、1996年）、なお同書では著者名がジョナサン・ローチと表記されている）などがある。

彼によると、書いたもので非常に広く読まれているのは、「内向的な自分を愛して」

＊ https://www.suntory.com/sfnd/jgc/forum/002/pdf/002_JPN.pdf

("Caring for Your Introvert: The habits and needs of a little-understood group", *The Atlantic* (March, 2003) で、とかく陽気で活発であることが重視されるアメリカで、内向的な性格を擁護したものである。実際に著者自身も、陽気で外向的なアメリカ人のステレオ・タイプから遠い人物である。

著者について私の一貫して変わらない印象は、鋭利にして繊細な人物だというものだ。彼に最初に会ったのは1990年のことだ。友人から、今度「ジャパン・ソサエティ」のフェローとして日本に行くことになっている、若い優れた同僚がいるので会ってくれと言われたという、まったくの偶然がきっかけである。待ち合わせたレストランで、その時何を話したのかは忘れてしまった。しかし、即席の「日本専門家」達が現れて、日本は特殊だから封じ込めろといったいわゆる対日レビジョニストが幅を利かせていた当時のワシントンで、そんな流行に頓着せず、予断を持たずに自分の疑問をぶつけてくる誠実な知的態度がとても好きになったのはよく覚えている。その後の半年の日本滞在中には、私の自宅にまで来てくれて、東京大空襲を命からがら生き延びた私の母に、「アメリカ人が憎いと思わなかったか?」とくり返し訊ねていたのを覚えている。その時の日本滞在の経験をもとにまとめた『The Outnation(ジ・アウトネーション)』(経済界、1992年)の頁は、今でも時々めくることがある。異質の国日本といったオリエンタリズムとは無縁の目で日本を眺める著者の姿勢が良く出ていると思う。

彼の立場は、どう分類すればよいのだろうか。ユダヤ人で同性愛者とくれば、民主党系のリベラルな進歩主義者がすぐに連想されるかもしれない。事実、トランプ大統領には極度に批判的だが、個人の自由や思想言論の自由を重視するという意味では、リバタリアンに近いかもしれない。先日会ったときに尋ねてみると「地質学的な時間軸では進歩主義者で、バーク的な自由主義者だ」という答えが返ってきた。つまりこんなレッテルには興味がないということなのだろうし、実際どうでもよいことなのだろう。彼は自分の問題意識を自由に掘り下げて、見事な文章で人々に語り続ける真のジャーナリストなのだ。今でも何か問題にぶつかるごとに、「ジョナサンなら何を言うだろうか」と知りたくなる。そのためなのだろう。もう30年にもなるが、用はなくてもワシントンに行くたびに彼とのアポは欠かさないし、特に愛想が良いわけでもないが、なぜかいつでも時間をとってくれる。

（たどころまさゆき・慶應義塾大学法学部教授）

**著者**　ジョナサン・ラウシュ　Jonathan Rauch

ブルッキングス研究所シニアフェロー。ジャーナリスト。公共政策、文化論、政府についての書籍や記事を多数執筆。2005年、全米雑誌賞受賞。「アトランティック」編集者。「ザ・ニュー・リパブリック」、「ニューヨーク・タイムズ」、「ウォール・ストリート・ジャーナル」、「ワシントン・ポスト」、「アステイオン」などにも寄稿している。現在はワシントンDCで夫と暮らしている。

**解説**　田所昌幸　Masayuki Tadokoro

慶應義塾大学法学部教授。専門は国際政治学。通貨、国際機構、国際報道のほか、国際人口移動に関する研究をしている。論壇誌『アステイオン』編集委員長もつとめる。主な著書に『「アメリカ」を超えたドル』（中央公論新社、サントリー学芸賞）、『越境の国際政治』（有斐閣）、『社会のなかのコモンズ　公共性を超えて』（共著、白水社）など。

**訳者**　多賀谷正子　Masako Tagaya

上智大学文学部英文学科卒業。銀行勤務などを経て、フリーの翻訳者に。訳書に『トロント最高の医師が教える　世界最新の太らないカラダ』（サンマーク出版）、『THE RHETORIC　人生の武器としての伝える技術』（ポプラ社）など。

装丁＆本文デザイン　竹内淳子（株式会社新藤慶昌堂）
校　　閲　円水社
翻訳協力　株式会社リベル

# ハピネス・カーブ
## 人生《じんせい》は50代《だい》で必《かなら》ず好転《こうてん》する

2019年6月21日　初版発行

著　者　ジョナサン・ラウシュ
訳　者　多賀谷正子
発行者　小林圭太
発行所　株式会社CCCメディアハウス
〒141-8205東京都品川区上大崎3丁目1番1号
電　話　販売　03-5436-5721
編集　03-5436-5735
http://books.cccmh.co.jp

印刷・製本　株式会社新藤慶昌堂


ISBN978-4-484-19105-8